BEAUTY AND MISOGYNY

Harmful cultural practices in the West

SHEILA JEFFREYS

美とミソジニー

美容行為の政治学

シーラ・ジェフリーズ

GCジャパン翻訳グループ 訳

慶應義塾大学出版会

日本語版序文

私はテレビでウィンブルドンのテニスの試合を見ながら、『美とミソジニー』の日本語版序文を書いていた。女性プレイヤーは短いスカートを履いていて、ほとんど常に下着が見えており、しばしば両脚の間も見えている。ウェアの上は、胸や胴体の輪郭が見えるようにタイトになっていて、肩が覆われていないので、腕は剝き出しになっている。一方、男性プレイヤーは、膝までのゆったりとしたショートパンツに、肩がすべて隠れるゆったりとしたポロシャツやTシャツを着ている。この対照的な光景は、本書のテーマである、女性に押しつけられた美や外見の規範といったものが、女性の従属的な地位を示し、男性の快楽のために女性を提示する有害な文化的慣行であることをよく表わしている。

私が本書の初版を書いたのは二〇〇〇年代前半のことだが、二〇世紀後半の一時期にフェミニズムの影響で女性が厳しい美の基準から脱却しはじめた後、ヒールの高い靴などの有害な慣行が再び文化的に女性に課せられていることに心を痛めていた。私は、イギリスのマンチェスターの大学に進学した一九六〇年代後半、当時の女性に求められていた通りの外見をしていた。金褐色に染めたロングヘアを肩から垂らし、化粧をして、体の大部分を脱毛し、高いヒールの靴を履いていた。一九七〇年代になると、こうしたルールは緩和された。女性解放運動が起こり、何千人もの若い女性たちが化粧やハイヒールをやめて、ジーンズやTシャツ、トレーナー、そしてショートヘア（しばしば非常にショートな髪）というスタイルを採るようになったからだ。これは一個の革命だったが、長続きしなかった。

現在、女性のセクシュアライゼーションは非常に進んでいるので、欧米でもかつてこのような一定の体制変革がなされたことを思い出すのは難しいかもしれない。一九九〇年代までは、女性はゆったりとした着心地の良い長袖のシャツとズボンを身につけ、髪をショートにし、フラットシューズを履くことができた。スーツやジャケットを着て体のラインを覆ったり隠したりする男性たちに許されている尊厳を、女性も持つことができたのである。しかし、この快適さと自由は常に脅かされていた。より保守的な時代になって、フェミニズム運動が強いバックラッシュをこうむるようになると、男性ファッションデザイナーやポルノ業界は、女性の外見に関する侮辱的な規範を復活させ、それを推進した。この外見規範は、男性支配の権力ヒエラルキーの中で私たち女性が劣等な地位にあることを表示するものだ。本書の初版が出版された二〇〇五年にすでにこの規範が強固なものになっていたが、それ以降、年々ますます有害な行為が生み出されるようになっている。

一九七〇年代の女性解放運動以降、欧米では公的世界における女性の目覚ましい進歩が見られるようになった。議会に選出される女性議員の数は大幅に増大し、四〇年前にはほとんど女性が存在しなかったような多くの機関や職業に女性たちが進出している。しかし、その一方で、私的世界での女性の抑圧はより強固なものとなっている。急成長したポルノ産業は、男性の支配と女性の従属というセクシュアリティを、女性の寝室で構築するようになった。女性はその性的関係において、ポルノの中で推進されている暴力的行為（たとえば首絞めなど）を受けるようになった。また、女性は自分自身の身体との関係においても、その運動性、快適性、尊厳などの観点から有害な文化的慣行（ピンヒールを履いたり、体を露出するような服を身につけたりなど）にさらされている。このような装いは、転びやすかったり痛みを伴ったりするだけではない。権威ある振る舞いをしようとしたり、ちゃんと話に耳を傾けてもらいたいと思っている女性たちの威厳を深いレベルで掘りくずしている。女性は、公的世界では平等を求めて闘う一方で、「私的」生活においては従属的な地位に囚われたままなのである。

本書の新たな版が出版されるたびに、私は希望のメッセージを伝えようとしてきた。つまり、公的世界で活躍したいと願う女性たちの状況は悪意をもってコントロールされているが、変化は必ず訪れ、事態は良くなっていくだろうと。しかし、本書の初版が二〇〇五年に出版され、二〇一四年に改訂版が出されて以降、女性に対する有害な外見的慣行の拘束は、ますますダメージの大きなものになっている。とりわけ増大したのは、男性の興奮を誘うためにボディラインをくっきりと見せる極端にタイトな服、アジアの被抑圧女性から持ち込まれたエクステンションでつくられた極端に長い髪、そして異常に高いヒールの三つである。これらは政界やメディアで活躍するエリート女性のあいだでは、どこにでも見られる光景となっている。この慣行の厳しさは、テレビニュースでの女性のアナウンサーやレポーターの外見に端的に表わされており、さらにジョー・バイデン大統領、エマニュエル・マクロン仏大統領、ボリス・ジョンソン英首相の妻たちも、国家行事や国際会議の場でトロフィーのように紹介されている。二〇二一年六月にコーンウォールで開催されたG７会議での催しでは、ジル・バイデン、ブリジット・マクロン、キャリー・ジョンソンの三人（みな結婚で旧姓を失っている）は、高いヒールの靴を履いているせいでバランスを崩しながら歩いていた。彼女らはみな、長い、あるいは非常に長いブロンドの髪をして、脱毛した脛が見えるスカートを履いていた。このような格好は非常に居心地が悪いにちがいなく、身なりを整えるのに膨大な労力が必要だったはずだ。肉体労働をする女性がこのような髪型をすることはできないので、それはステータスを示すものだが、男性の髪フェチを満足させるものでもある。この会議の種々の写真は、社会的に構築された性的差異、つまり権力格差の両極性を示すのに役立つ。これらのエリート女性は、新しい世代の少女や女性に対して、女性の従属性を示す「美」の実践をモデル化しているのである。

今日では、一九七〇年代と一九八〇年代に非常に強力で影響力のあった、美容行為に対するフェミニストの批判は、西洋では徹底的に葬り去られてしまった。性差の極端な表現についてさえ論評の対象とされず、多くのフェミニストにとっても当然のことのように思われている。現在、フェミニズム運動が再び盛り上がりつつあるが、美に対する批判はまだその射程に入っていない。一九七〇年代の女性解放運動では、美に対する批判が土台そのものにあったにもかかわらずである。しかし、韓国では非常に心強い発展が見られる。韓国で急激に盛り上がっている「脱コルセット」運動は、屈辱的な美容行為を拒絶することをその中心に据えている。二〇一九年一〇月、私は著書『有害なジェンダー(Gender Hurts)』の韓国語版のプロモーションのために韓国で講演ツアーを行なったが、会場を埋め尽くすショートヘアの頭、頭、頭を見て驚き、深い喜びを感じた。韓国のフェミニストたちは、美容行為に縛られたり、男性の興奮のために提供される商品となることを拒否しており、彼女らの活動は実に刺激的なものであった。ソウルの江南《カンナム》地区は、美容整形ツーリズムの拠点となっており、多くの美容整形クリニックや病院が施術を行なっている。私がソウルに滞在していたとき、ティーンのときにふくらはぎの筋肉にボトックスを注入した若い女性にこの地区を案内してもらった。彼女は、もう二度と長い距離を歩くことができないと語った。韓国ではボトックスは、女性の筋肉を目立たなくするために使用される。筋肉は男性にとって魅力的ではないからだ。美容行為がこれほどまでに女性に対して有害な影響を与えている国で、それを拒否する強力なフェミニズム運動が起きているのは、実にもっともなことである。

本書は二〇一四年に改訂版が出され、とくに豊胸インプラント業界の野蛮さに関する新しい資料を追加した。それ以降、本書で取り上げた有害な美容行為の各側面は、いっそう悪化することはあっても、大きな変化は見られなかった。しかし、文化的に女性に強要されている行為の種類には、いくつかの小さな変化があった。それらはすべて本書の枠組みに当てはまるものである。つまり、このような「美」の実践はいずれも、女性や子どもの健康を害し、男性の利益となる有害な文化的慣行だということだ。女性が露出しなければならない体の部位は、男性ファッションデザイナーの気まぐれによって年々変化している。現在はお尻を出すことが流行っている。アメリカの人気ラッパーであるミーガン・ジー・スタリオン〔米国の女性ラッパー。性的に過激な歌詞とコスチュームで人気を呼んだ〕などは、Ｔバックを履いて臀部を丸出しにした衣装でパフォーマンスをしている。このような格好は普段着にも広がっている。私は海辺の町に住んでいるのだが、カヌーやサーフボードに乗る男女をよく見かける。女性は臀部を丸出しにした格好をして男性を楽しませているが、男性は膝上までのゆったりとしたショーツを履いている。

ここ一〇年で急増し、文化的にも重要になってきた有害な慣行に、つけ爪がある。現在、つけ爪はしばしばやたら長くなっており、いくつかの非常に有害な影響を及ぼしている。それは体の動きを不自由にする。つけ爪をしていると、女性は服を着たり、人の体に触れたり、手を使う仕事（ほとんどの仕事がそうだが）をしたりといった日常生活に支障をきたす。この習慣は、他のもっと不自由な慣行やもっと屈辱的な慣行と同様、ポルノから生まれたと思われるが、いずれにせよ男性の性的フェティシズムに奉仕するものだ。それは、医学の辞書にはまだ載っていない最近の造語である「オニコフィリア（爪性愛）」と呼ばれている。実際にそういう名前のヘアサロンもいくつかある。これは女性の指を不自由にするだけでなく、使用される化学物質によって爪が弱くなるなど、健康面でも悪影響を及ぼしている。ヒールの高い靴とフェティッシュなつけ爪のせいで、女性は四肢がすべて不自由にされている。

また、専門のサロンで現在人気が高まっているのが「まつげのエクステンション」である。この施術では、女性の地まつげにつけまつげを接着する。施術時間は二時間以上、費用は一〇〇～五〇〇ドルで、六週間ごとに繰り返す必要がある。まつげの手入れには細心の注意を払わなければならず、寝具に挟まれないようにシルクの枕が必要になることもある。つけまつげによる健康被害としては、まぶたや角膜の感染などがある。

最近開発されたもう一つの有害な文化的慣行は、「クールスカルプティング」または「クリオリポリシス」と呼ばれるもので、一般的には「脂肪冷却」と呼ばれている。これは、機械を使って身体組織を吸い上げ、脂肪細胞を凍らせて破壊する。脂肪吸引よりも侵襲性が低く、危険な副作用も少ないと言われており、一回の施術費は七〇〇ドルから一五〇〇ドルだが、問題となる副作用もある。たとえば、脂肪細胞が破壊されるのではなく固まってしまい、凍結装置が肉を持ち上げる際にできた見苦しいくさびのような形になってしまうことがあり、これには脂肪吸引で対処する必要がある。

本書では、トランスヴェスタイト（性的満足のために女性の服を着ることにマゾヒスティックな関心を持つ男性）についての一章を設けている。この行為を分析することで、「女らしさ」なるものが女性にとって自然なものではなく、社会的に構築されたものであることを明らかにした。なぜなら結局のところ、男性にも同じことができるからである。また、この行為を例に使って、「女性的」な美容行為が男性にとって品位を落とし劣等性を示すものだと理解されていることを示した。この問題については、ここ数年の間にかなりの進展があった。二〇一四年に出版した拙著『有害なジェンダー――トランスジェンダリズムの政治学のフェミニスト的分析』では、これらの男性が公共の場で女装して女性用空間に入る「権利」を推進する運動を展開したことで何が起こったかについて論じている。これらの男たちによるキャンペーンは並外れた成功を収めており、たとえば自治体や職場、医療サービスにおいて、「女性」という言葉を抹消した新しい言葉が押しつけられている。たとえば、母親が「出産親（birth parent）」という言葉に置き換えられたり、母乳育児は「胸乳育児（chestfeeding）」という言葉に置き換えられたりしている。このテーマに関する自分の著作をアップデートした著作、『男根帝国主義――男の性的権利と女性の従属』を近く出版する予定だ。しかし、本書『美とミソジニー』は、この性的パラフィリアを理解するための第一歩として有益であろう。

本書で分析されている有害な「美」の実践は、あらゆる公共の場で、女性という従属階級と男性という支配階級との間の権力格差を表示するものだ。しかし、それらが注目されることはほとんどなく、当然のこととみなされている。『美とミソジニー』は、それらがすぐれて政治的なもので、女性はすでに平等を達成したという発想の欺瞞性を暴くものであることを明らかにしている。これらの諸慣行は、女性の不平等を女の身体に刻み込み、自由に動いたり考えたりする女性の能力に制限を課している。女性の劣等な階級的地位が公共空間で目に見えるものになっているかぎり、女性の自由を想像することはできないし、ましてや実現することはできない。すべての国で「脱コルセット」運動が必要である。

本書の翻訳をしてくださった日本の翻訳グループと、この日本語版の出版を担当してくださった慶應義塾大学出版会の村上文さんに感謝したい。本書が日本の読者に受け入れられるなら、それに優る喜びはない。

二〇二一年七月一五日

美とミソジニー——美容行為の政治学　目次

凡例

●本訳書の底本は以下の通り。Sheila Jeffreys, *Beauty and Misogyny: Harmful Cultural Practices in the West*, Second edition, Routledge, 2015.
●著者本人から特別に「日本語版序文」を寄せていただいた。
●日本の読者の便宜を考えて、表題や小見出しを変えたり、小見出しや改行箇所を若干増やしたりした場合がある。
●原著にあったケアレスミスは、特に断ることなく適宜修正した。
●引用で既訳のあるものについては、できるだけそれを参照したが、必ずしも訳文は既訳通りではない。
●本文中の〔 〕は訳者による補足説明であり、引用文中の［ ］は原著者による挿入である。

美とミソジニー——美容行為の政治学

新版序文

一〇年間の変化

私は本書『美とミソジニー』の中で、化粧やハイヒールなどの美容行為は女性にとって有害であり、女性の従属的な地位から作られたもので、それを維持することに役立っていると主張している。この主張は、出版されてから一〇年経った今日でも非常に物議を醸している。この考え方は、主流のフェミニズムやアカデミック・フェミニズムの中で取り上げられたり、よりいっそう展開されたりすることはなかった。それにもかかわらず、この『美とミソジニー』の新版は、変化した政治的光景の中に浮かび上がってくる。私が原稿を書いていた二〇〇〇年代初頭には、フェミニスト運動が復活する気配はほとんどなかった。それどころか、この本は、女性が行なうことを期待されていた美容行為の野蛮さが増していることと、それに対するフェミニストの反応がないこととの対照性に動機づけられていた。化粧、脱毛、美容整形、ハイヒール、下品で窮屈な衣服の着用など、文化的に女性が自分の体に行なうよう求められている有害な美容行為に対する批判が、驚くほど欠如していたのである。当時は、フェミニストの学者や活動家によるポルノ批判も少なく、本書で検討しているような、ポルノや急拡大する性産業と美容行為など女性の日常生活との関連性についても、ほとんど理解されていない時代であった。この頃は、「第三波」フェミニズムとかポストフェミニズムと呼ばれていた時代で、フェミニストと名乗る女性たちが、女性が個人的な選択を行使し、自分自身をセクシーに見せることでエンパワーされるという考えを推進していた時代である。この時期をおそらく最もよく表わしているのは、二〇〇二年に出版された『セクシーをめざすジェーン――フェミニスト的欲望の真の告白』（Johnson, 2002）という論文集である。

この本は、この時代の他の多くの人たちと同様に、一九七〇年代と一九八〇年代のより批判的でより個人主義的ではないフェミニストたちを、反セックスでピューリタン的なものとして攻撃していた。しかし現在では、批判的なラディカル・フェミニズムの新しい波がネット上でもリアル世界でも発展しつつあり、つながりを形成し始めている。ポルノに異議申し立てをする活発で新しいフェミニストの学問分野は存在するが、高いヒールの靴はまだフェミニストの議論対象にはなっていない。

この本が出版されてから一〇年が経ったが、私が本書で叙述した美容行為が一般的なものでなくなったわけではなく、まったく逆で、いくつかのケースではより有害で下劣なものになった。二一世紀初頭にはまだ黎明期にあった女性器の脱毛は、若い女性の間では必須のものとなったか、あるいは日常的に行なわれるようになった。例えば、アメリカでの二〇一〇年の研究では、一八歳から二四歳までの女性の六〇%が時々、または常に陰部を脱毛しており、二五歳から二九歳までの女性のほぼ半数が同じように脱毛していることがわかった (Fetters, 2011)。女性のファッションはますます屈辱的なものになってきており、ヒモのような「マイクロビキニ」や、六インチ〔約一五センチ〕のヒールのついた透明なサンダルである野蛮な「スラット・パンプス」などが宣伝されている。

加齢を隠す必要があると感じている女性や、「トランスジェンダー」と呼ばれている、異性の身体部分や外見を模倣しようとする男女のための手術が急増したことで、美容整形業界はその利益と規模を大幅に拡大させた。女性が美のルールを尊重し男性の目を楽しませることを期待されている男性優位社会では、加齢が自分たちの地位に深刻な害を及ぼすことを女性たちは心配しているが、このことが美容整形産業の規模の大幅拡大へとつながっている。二〇一二年の英国では、経済不況にもかかわらず、眉リフトが一七%、フェイスリフトが一四%、眼瞼手術が一三%増加した (Pietras, 2013)。最近の美容整形に関するテレビ番組は、露骨にも『年を取らない方法』というタイトルを採用している。このような心配から奇怪かつ危険な手術が行なわれるようになっている。その一つが「ヴァンパイア・フェイシャル」というもので、セレブのキム・カーダシアンのような女性が、お金を払って腕から血を採取し、それを顔に注射するのだが、まるで殴られた後であるかのように見える施術である（ibid.）。ヴァンパイア・フェイシャルは、コラーゲンの生成を促し、肌をより滑らかに見せる方法として宣伝されている。これらの行為は、本書が主張するように、女性の従属性から生まれたものであり、女性の従属を表わしている。それは女性の健康を害し、女性の人間としての完全な地位を得る機会を害し続けている（MacKinnon, 2006）。

本書『美とミソジニー』を執筆するきっかけとなったことの一つは、男性のファッションデザイナー、写真家、ポルノ写真家がハイヒールに焦点を当てて、ますます興奮する性的カルトと化していることに危機感を感じたことだ。歩くのが不可能になるほど高い靴を履かせるこの性的フェティシズムは、この本が出版されてからの一〇年間でピークに達した。たとえば、二〇〇八年、ミラノの主要なファッションショーで、フェティッシュな靴が目玉となっていた（Porter, 2008）。プラダのショーでは二人のモデルが転倒し、一人はヒールが壊れて退場しなければならなかった。プッチ〔イタリアの有名デザイナー〕のショーでは、モデルが転倒して膝を負傷したほか、ディースクエアード〔カナダのファッションデザイナーであるケイティン兄弟のブランド〕やグッチでも転倒があった。ドルチェ＆ガッバーナやヴェルサーチのような他のショーでも、「ヒールの高さがショーの焦点になることが多かった」と『オブザーバー』のファッションライターはコメントしている。残念ながら、これらの靴はキャットウォーク〔ファッションショーでモデルが歩く舞台〕にとどまらなかった。ファッション業界がそのような「女性用」靴の拷問的性質を強めたため、ハイヒールは公的生活において政治家や弁護士を含む女性たちの必須アイテムとなった。このことは、これらの女性たちから尊厳を奪い、本来受けてしかるべき敬意を掘り崩した。

この一〇年間、女性は、政治のような伝統的に男性的な領域で活躍する機会が増えてきたが (Debaise, 2013)、彼女たちは、ハイヒール、化粧、動きづらい服装など、職務の重大さにふさわしくない格好をすることで男性への恭従を示すよう求められてきた。公的世界に入った女性は、反発を避けるために、自己客体化して身体に有害な美容行為を行なうよう余儀なくされていると本書は主張する。この問題は、法学者のデボラ・ロードが『美のバイアス――生活と法における外見の不正義』(Rhodes, 2010)〔デボラ・ロード『キレイならいいのか――ビューティ・バイアス』亜紀書房、二〇一二年〕という著作の中で的確に特徴づけている。彼女は、アメリカ法曹協会の女性法律委員会のトップに選ばれたときに、美容行為をしなければならないことに気づいた。有害な美容行為に特別な関心を持ったことがなかった彼女は、「おしゃれな靴で痛そうに足を引きずる同僚たちが、職場にごまんといる」ことに気づいてゾッとした。「国の指導的役割を担う女性たちが、高校生の頃の私たちが『キラーシューズ』と呼んでいたものを履いて、よたよたと歩いているのだ」(ibid., p. 3)〔前掲ロード『キレイならいいのか』、二九〜三〇頁〕。彼女が「ショックを受けたのは、国内屈指の優秀な女性たちが、タクシーの順番待ちに時間を取られて、会議に遅れてくることだった。ちょっとの距離でも歩くなんてことは問題外だったのだろう」。それでも彼女は、〔ヒールや化粧などの〕過酷な要件にある程度従うことを余儀なくされ、自分の外見を新しい役割に合わせて変えることを我慢しなければならないと感じた。彼女の経験が示すように、女性がより影響力のある地位に昇進すると、屈辱的で苦痛を伴う外見のルールに従うことを余儀なくされ、本来なら抵抗するべき男性支配に従わなければならなくなるのである。

この一〇年間に、西洋の民主主義国で主流の政党政治における女性の存在感が高まっているのは喜ばしいことだ。しかし、この喜ばしい事実も、彼女たちが転倒の原因となるような歩きづらい靴を履くよう圧力をかけられていることによって、かなり損なわれている。男性の支配する諸機関への女性たちの忠誠は何より、女性の足を不自由にするような履物を通じて表現される。人口の半数が不自由で歩行困難な履物を履かされていることを本書では中国の纏足になぞらえているが、このような慣行は、社会的地位が高くて男性権力への敬意を示す必要がないと思われていた女性たちにさえ影響を与えている。このことが示しているのは次のような痛ましい対照性である。一方で、女性は政治生活の中で男性とわずかなりとも平等を得るが、他方で、一部の男性同僚や攻撃者たちは、オンライン・ポルノや女性憎悪的なフォーラムを通じて、ポルノ化された文化に参加している。

オーストラリアの最初の女性首相ジュリア・ギラードはオンラインでの悪質な中傷キャンペーンにさらされた。ディルドを装着した彼女の裸体の漫画、その他大量の下劣な画像、「ビッチ」などの蔑称、等々である。彼女もまた女性向けにつくられた場違いな靴を履いていて、首相としての義務を果たそうとするときに、不格好によろめくことがあった (Summers, 2013)。ジュリア・ギラードの靴はとくに高いヒールではなかったが、典型的な女性用の靴で、歩きづらく、女性の足どりを不自然にし、走ることや危険から逃れることを困難にし、転倒の原因となっていた。彼女は二〇一二年に公共の場で何度か転んだ。その一つでは、オーストラリアで公式行事中にセキュリティ上の事件が起こり〔先住民擁護の抗議者の一団が会場に乱入しようとした事件〕、ギラードは、ボディガードたちによって咄嗟に建物から外に出されたが、ギラードは転倒し、男たちに両脇を支えられて車の中に逃げ込んだ。その際、靴が脱げ落ちて、後で取りに戻らなければならなかった (Shears, 2012)。報道機関はその顚末を、女性首相が男性に支えられなければならなかったと報じた。それは間違いなく彼女の敵を喜ばせたが、女性首相のような役割に憧れるであろう少女や若い女性にとっては良い印象を与えるものではなかった。別の機会には、インドのガンジーの墓に花輪を置いたときに、片方の靴のヒールが芝生に引っかかって、転んだこともあった (Kwek, 2012)。女性が権威ある地位に就いていても、外見で従属的な態度を示さなければならない場合、その権威的役割は大いに損なわれるのである。

残念なことに、公の場で女性に、動きを不自由にする靴を履いて二流の地位にあることを示すよう要求する習慣は、人気テレビドラマでも健在である。デンマークのテレビドラマ『コペンハーゲン』〔二〇一〇年から二〇一三年まで放映された政治ドラマ。日本でも放映〕の女性首相は、家の片付けをしているシーンでも、非常に高いヒールを履いている。このシリーズは人気があるが、その理由はまさに、女性が権威を行使することができるがその代償は女性の痛みであることを示しているからだ。この番組はスコットランドの政治家にも人気があり、二〇一三年初めには女性の副首相ニコラ・スタージョン〔その後首相に〕が『コペンハーゲン』のスターを自国に迎え入れた。スタージョンは、「『コペンハーゲン』の世界には、私にとって間違いなく身近に感じられる面があります。ハイヒールを履いて議会でタフな一日を乗り切る気持ちはよくわかります」(Herald Scotland, 2013) とコメントしている。公的生活の中で女性は、そのように拘束され痛みをこうむらなければならないという想定は、一般的な世間の反応と同じく、ここでも疑う余地がないものとされている。権威ある地位にいる女性をそうした拘束的な状況の中に置くという慣行は、たいていのテレビ番組で共通しており、たとえばイギリスのドラマシリーズ『ニュー・トリックス～退職デカの事件簿』〔二〇〇三年に始まったイギリスBBC制作のドラマ。日本でも放映〕で警察ユニットの女性上司を演じた二人の女性キャラクターにも示されている。どちらにおいても、女性の主要登場人物の足やハイヒールに無造作にカメラが向けられ、彼女らの履いている靴が男性視聴者のフェティシズム的な興奮を満足させるだけでなく、一見強力に見える女性の権威を掘り崩す役割を果たしている。

フェミニズムと新自由主義

過去二〇年間、ハイヒールを履くといった行為に対するフェミニストの批判が完全に欠如していたのは、個人の生活領域を政治的分析から除外するさまざまなリベラル・フェミニズムが、フェミニストのネット空間とアカデミズム空間の両方を支配していたからである。本書が書かれた当時も、そしてかなりの程度今日でも、ラディカル・フェミニストによる異議申し立てが存在していたとはいえ、ネットでもアカデミズムでも、フェミニズムの主要な形態は、新自由主義の経済的諸条件によって生み出され、それに適合したものであった。新自由主義経済の時代には、市民たちはみな、自らの人生のチャンスは完全に自分自身の責任であると教えられ、能動的で選択のできる消費者であることによって最高の幸福を達成できると言われていた。その一方で、福祉国家は縮小され、国家は市民に対する責任を市場の自由に委ね、責任からどんどん手を引いていった。こうした状況によって生み出されたフェミニズムは、「第三波」フェミニズムないし「ポストフェミニズム」と呼ばれた。この種のフェミニズムは、ポスト構造主義的政治とクィア理論に触発され、軽くてふわふわした上部構造的なフェミニズムであった。それは、ポルノ的な混ぜ物で魅力を高めたセレブ文化や娯楽産業というアヘンに囚われた買い物客や顧客の役割に女性を引き下げることに熱中した。女性は機会均等という目標を達成したのであり、今では「選択」と「主体性《エージェンシー》」の行使に集中することができるし、まさに女性はポルノ業界とファッション業界という非常に収益性が高く影響力のある産業の求める規範に従うことでエンパワーされるのだ、と説いた。女性はバラバラの個人として理解され、共通点などほとんどないとされた。「ガール・パワー（女子力）」なる概念が作り出されることで女性は小児化された。それがいかにばかばかしいかは、「ボーイ・パワー」なる概念と比較すれば容易に理解できよう。男性はそもそも「ボーイ」とは呼ばれないし、男性が関わっている解放運動がこんな風に小児化されることはない。この時代、解放運動が全体として時代遅れだとみなされ、抑圧の構造が存在するなどという考えは、フェミニストを名乗る者たちのあいだでさえ馬鹿にされていた。

「スラット」パンプス、革と鋲、半裸のファッションなど、この数十年でファッショナブルな服装や美の実践として表現されてきた性産業の影響のいくつかは、第三波フェミニストやポストフェミニストによって、女性の抵抗に不可欠なものとして意図的に採用されたものであると本書は主張している。ポストフェミニストたちは、フェミニズムが焦点を当てるべき対象は、自己表現をよりセクシーなものにし積極的な性的主体であることで自己の主体性とエンパワーメントを表現している女性や少女であると主張する。フェミニストの批評家たちは、「例えば、フリルのような可愛い女らしさと『男らしい』スタイルとを組み合わせた『エッジの効いた』服や、よりポルノにインスパイアされたみだらさを示唆する服を通じて」、そのような主体性が見て取れるのだと説明した（Jackson *et al.*, 2012, p. 144）。ポストフェミニズムの時代には、女性は、消費者としての選択権を行使できるからという理由で、力のある存在だとみなされ、女性や少女は「強い市民であって、そこでは、服や靴など女の子っぽい商品を購入することができるということがエンパワーされた選択の表現としての地位を意味する」とされている（ibid., p. 145）。このような形態のフェミニズムは、急進的、批判的、変革的であったかつてのフェミニズムとは大きく異なっており、この古いフェミニズムはニューモデルでは投げ捨てられている。ポストフェミニズムが提供するのはエセ解放の一形態であり、そこにあっては女性たちは自分たちの地位向上のために集団的に活動するのではなく、靴の高さで男性の注目を求めて競いあうことで地位を上げることができるとされる。

ポストフェミニズムは、「スラットウォーク」という取り組みを通じて、いっぱしの活動家の顔を持つようになった。二〇一一年に、警察官がヨーク大学の学生たちに、レイプを避けるために「あばずれ《スラット》」のような服を着てはいけないと言った後、トロントで最初のスラットウォークが開催された（Valenti,

2011)。これらのスラットウォークは、その後いくつかの国で行なわれたが、表向きは、女性の挑発的な外見をレイプの原因だとして非難することに示された性差別に対する抗議であった。このウォークには、女性に対する暴力にうんざりし、怒りを示したいと思っていた若い人たちを中心に何千人もの女性が集まった。しかし、多くの女性たちは、網タイツ、とても短いショーツ、破れた服など、性産業を連想させるような服を身に着けており、行進者たちは体に大きく「slut」と書いたり、「Slut Pride」と書かれたプラカードを持っていたりした (ibid.)。このような自己表現と「スラット」という言葉自体が、ポルノや「女性に対する暴力」と闘ってきたフェミニストたちからの強い批判を招いた。たとえば、『ポルノランド』(Dines, 2010) の著者で「ストップ・ポルノ文化」を掲げるゲイル・ダインズは、スラットウォークを組織し推進している人々は男性至上主義的価値観に取り込まれていると論じた。「あばずれ」というのは女性に対する性的侮蔑語であり、そこから女性憎悪の男性至上主義的価値観を剝ぎ取ることはできない。そのような侮蔑語を女性を描写するために意図的に採用することは、フェミニズムではなく、その反対のことを意味する結果にしかならない。性産業に由来する服を着たり性的な侮蔑語を体に書いても、それは、半裸や「セクシー」な服を着ている女性の写真や映像をいつでも喜んで提示している男性優位のメディアから注目を浴びることはできても、そこに革命的なものは何もない。ゲイル・ダインズとウェンディ・マーフィーは『ガーディアン』で次のように述べている。

スラットウォークの主催者たちは、誇らしげに自分自身を「あばずれ」と呼ぶことが女性をエンパワーするための方法であると思っているのかもしれないが、彼女らは実際には、さまざまな罠に満ちた思春期の起伏ある道を歩もうと苦闘している少女たちの人生を困難にしているだけである。……女性は、ジェンダー化された暴力を誘発する文化的に押しつけられた性の神話から解放される

ためにに闘うべきである。(Dines and Murphy, 2011)

スラットウォーク現象は、おそらく、フェミニストの活動家、学者、政策立案者によって、この一〇年間に進行してきた「セクシュアライゼーション」と呼ばれるものの好例とみなされるべきであろう。

性的客体化とセクシュアライゼーション

この間、スラットウォーク的ポストフェミニストとはまったく異なる観点を持つフェミニストの活動が復活している(Tankard Reist and Bray, 2011)。このフェミニズムは、ポルノと性産業に厳しく批判的であり、一昔前の反ポルノ・フェミニストたちによって「性的客体化」と呼ばれていたものを説明するために「セクシュアライゼーション」という言葉を使用している。「性的客体化」とは、女性が男性にとってその性的快楽のための性的客体(sex object)として扱われることを意味する。セクシュアライゼーション論は、少女たちがその従属的な地位にふさわしい実践と振る舞いを身につけるよう訓練されていく子ども時代に焦点を当てている。これらの女性たちは、ポストフェミニストたちのような、意図的に自分たちをよりセクシーにし、性的客体にすることを選択する「フェミニスト」たちにも批判的である。本書『美とミソジニー』は、ハイヒールや口紅などのより一般的なものだけでなく、陰部のワックス脱毛、ラビアプラスティ(ラビア(小陰唇)を切除して女性器の形を整える手術)のような女性器の整形手術など、本書で説明されているより極端な美容行為の多くの起源が性産業にあると主張している。本書の議論のこの部分は、現在、一般にセクシュアライゼーションと呼ばれている研究分野に入るだろう。学者も活動家もセクシュアライゼーションを深刻な社会的害悪とみなしており、とくにポルノ産業の影響により、少女が、通常は成人女性に期待されるような装飾をするよう誘導されていると主張している。このような行為は、少女たちを男性の性的関心の範囲内に置くことになり、その結果、少女たちは早熟に「セクシュアライズ」される。この議論には大いに共感するところがあるが、若干の懸念がある。子どものセクシュアライゼーションだけを問題として取り上げることは、それが成人女性に適用される場合にはそのようなセクシュアライゼーションは完全に受け入れ可能だということを示唆しているからだ。それに対して「性的客体化」という用語は、成人女性にも少女にも同じように適用されうるので、より有効な概念である。

セクシュアライゼーションへの懸念は、この一〇年間にかなりの数の影響力ある報告書や勧告につながったが、そのすべてが女児に関係している。『美とミソジニー』が示唆するように、成人女性がポルノ的な美容行為やファッションによって悪影響を受ける可能性があるという事実については、まったく考慮されていない。とはいえ、性産業とその代弁者たちが子どもたちに悪影響を及ぼしていることが認識されるようになってきたことは、歓迎すべき第一歩である。セクシュアライゼーションという言葉に意味を与え、この問題に対するフェミニスト的懸念を明確にしたのは、二〇〇七年にアメリカ心理学会（APA）が発表した『少女のセクシュアライゼーションに対する緊急対策』（APA, 2007）という題名の報告書が最初である。これは、彼らが「セクシュアライゼーション」と呼んでいるものが少女に与える有害な影響、とくに自尊心に与える害悪、摂食障害や他の形態の自傷行為との関連性について、医療専門家の間で懸念が高まっていることに応えたものである。彼らは、セクシュアライゼーションには「いくつかの構成要素」があり、それが「健全なセクシュアリティとは異なる」と説明している。「セクシュアライゼーション」が起こるのは、「人の価値が、他の特徴を排除して、彼ないし彼女の性的魅力や振る舞いからのみ得られる場合、人が（狭義の）身体的魅力とセクシーであることを同一視する基準を持っている場合、人が性的に客体化されている場合、すなわち、自立した行動や意思決定の能力を持つ人格として見られるのではなく、他人の性的利用のためのモノにされている場合、セクシュアリティが不適切に押しつけられている場合」である（ibid.）。他人に「セクシュアリティ」がどのようにして適切に「押しつけられ」うるのかを想像するのはかなり難しい。というのも、「押しつけ」は強制の行為だからだ。このフレーズは、性的対象とすべきでない少女と、本来の性的対象である成人女性とを恣意的に区別していることを示唆しており、この点は同報告書の主たる欠陥である。

その後、オーストラリア（Standing Committee on Environment, Communications and the Arts, 2008）やイギリスでも政府の調査が実施され、報告書が出された。イギリスの労働党政権は、アメリカ心理学会の報告書に続いて、より明確にフェミニスト的なアプローチをとった報告書を出したが（Papadopoulos, 2010）、その後すぐに保守党が主導する新連立政権が依頼した別の報告書が出された。この報告書はフェミニスト的アプローチを放棄して家族に焦点を当てた（Bailey, 2011）。議員たちのこのような関心の高さは、セクシュアライゼーションへの懸念がこの一〇年間に与えた影響を示唆している。二〇一三年後半には、この問題に関連して、イギリスの児童委員会が委託したいくつかの報告書が公表された（Horvath *et al.*, 2013; Coy *et al.*, 2013; Beckett *et al.*, 2013）。これらの報告書は、セクシュアリティに対する若者の態度を構築する上でのポルノの影響、若者にとってセックスが、男性の性的衝動とそれへの女性の同意を中心に構築されていること、ギャングが関与した性暴力と少女の搾取について取り上げている。同時に、現在は「ガールガイディング」という名称で運営されているガイド協会が毎年行なっているイギリスの女子生徒の実態調査では、女子生徒が被っているセクシュアルハラスメントが高い水準に達していること、そしてその結果として彼女たちが自尊心の欠如に苦しんでいることが明らかにされている（Girlguiding, 2013）。

これらの報告書を合わせて読むなら、イギリスの若い女性たちが日々生きている環境が非常に有害なものであることがわかる。ガールガイディングの報告書は次のように述べている。「少女と若年女性は、学校や路上、ネットやメディアとの接触の中で、日常的にショッキングなレベルのセクシズムや差別を経験している」(ibid., p. 6)。一一〜二一歳への少女のセクハラは学校から始まり、路上でも続いており、一〇人中六人の少女が「学校で容姿について大声であれこれ言われた」経験があり、六二%の少女が「路上で容姿について大声で何か言われたり、口笛を吹かれたりした」経験がある。一三歳以上の少女のうち、七〇%の少女はさまざまなセクシュアルハラスメントを経験している。たとえば、学校や大学で「性的なジョークや嘲笑を受けた」(五一%)、「少女や女性を不快にさせるような画像を見た」(三九%)、「少女や女性についての卑猥ないし猥褻な落書きを見た」(三三%)、「望まない性的言い寄りをされた」(二八%)、「触られた」(二八%)」などだ。またネット上でも、ポルノ写真を送られたり、自分の恥ずかしい写真を他人に送られたりして、同様の性虐待に直面したことがある。性差別について尋ねたところ、七五%の少女たちは、「今日の社会では非常に広まっており、生活のほとんどの分野に影響を与えている」と感じていた。調査対象となった少女たちは、自分の外見について以前よりも肯定的ではなくなっている。中学に達するまでに、九〇%の少女は、社会的に受容されている「美の基準」を満たすために外見を変えており、一一〜一六歳の少女の大多数(七七%)は足の毛を剃ったり脱毛したりしていると答え、六四%は学校に化粧をして行っていると答え、四〇%はビキニラインを剃ったり脱毛したり、パッド入りのブラジャーを着用しており、これらの行為をしていないのはわずか九%であった(ibid., p. 16)。一六〜一八歳のほぼ四人に一人が「あまり幸せではない、またはまったく幸せではない」と答えた(二四%)が、これは前年の数字(一四%)を大幅に上回っている。

セクシュアライゼーションに関するこれらの最近の報告は、少女や若い女性が美容行為を取り入れる際に本当に主体性を発揮しえているのかということに疑問を投げかける。本書が執筆された当初、美容行為に関するフェミニストのアカデミックな研究の大半は、女性たちがそれを自覚的に選択する能力を強調していたが、それも変わってきている。今では、少女や若い女性の選択能力に関してより批判的でより丁寧な研究が多くなっており、その点で本書における選択論批判は以前より理解しやすく、消化しやすくなっているかもしれない。たとえば、「イングランドの若者がどのように同意を理解しているか」という問題に関する二〇一三年のイングランド児童委員会の報告書は、学齢期の少女たちが自分の体をセックスやセクスティング〔携帯やスマホで自分の裸や半裸の画像などを他人に送信する行為のこと〕に使うよう圧力をかけられているという憂慮すべき強制的状況を明らかにしている。聞き取りとフォーカスグループを用いた調査では、若者たちは、セクスティングは「若者の生活の一部であり、彼らにとってはショッキングでも驚きでもない」と述べている（Coy *et al.*, 2013, p. 47）。この調査を行なった研究者たちは、ポルノの利用があまりにも普遍的であることを発見し、「インターネットという言葉は、若者たちによってポルノの婉曲表現として使われていた」と述べている。著者たちが言うには、ポルノは、少年が少女に性的に何をし、何を要求するかにかなりの影響を与えている。それは性教育の役割を果たしているのだが、「ポルノグラフィにおける性の力学は、より一般的には性虐待の力学を反映している」（ibid., p. 44）。著者たちは、セクシュアライズされた大衆文化は子どもや若年者だけの問題であるという考えに反論し、「若い男女のあり方がセクシュアライズされた大衆文化の影響を受けている」（ibid., p. 45）ことに対してもっと批判が必要だとしている。

『美とミソジニー』が書かれた当時、本文で後述するように、化粧品会社はすでに幼い子どもたちに製品を売り込むべく心理操作的なテクニックを用いていた。このような宣伝手法は現在、子どもたちに美容整形を売り込むことによって、いっそうひどいものになっている。二〇一四年一月には、反対運動によって、少女がダウンロードできる「整形手術アプリ」がiTunesやグーグルプレイから削除された。『ガーディアン』紙でローラ・ベイツはこうコメントしている。これらのアプリは「少女たちに、自分の体が欠陥のあるものかもしれないと思わせ、スレンダーであることが何より重要であるとか、太っていることは女の子を不幸にし、そのことで嫌われるようになるだろうと思わせるものだった」(Bates, 2014)。

学者の中には、セクシュアライゼーションに対するフェミニストの懸念を、「モラルパニック」、つまり、実際には何も心配する必要のない行動に対するピューリタン的な懸念であるとみなし、若い女性のセクシャリティを規制するものだとして、猛烈に批判している人もいる。たとえば、ロビー・ダシンスキーはそのような見解をとっている。ダシンスキーは、「セクシュアライゼーションに関するフェミニスト・メディアの膨大な言説は、若い女性を汚染から守られるべき未成年者として扱い、女性のセクシュアリティと欲望を規制し訓育するための手段を提供するものだ」と主張している(Duschinsky, 2013, p. 137)。だがこのような主張は、若い女性がセクシュアリティを探求しようとする際の強制的で虐待的な文脈については何も語らない。この種の議論の大部分は、少女たちの日常生活の状況よりも、メディアや表象に関心を持つカルチュラル・スタディーズの研究者たちによるものである。

しかし、反暴力・反ポルノ派のフェミニストたちは、まったく異なるアプローチをとっている。たとえば、マディー・コイとマリア・ガーナーは、セクシュアライゼーションは女性に対する暴力を「助長する文脈」であると主張している(Coy and Garner, 2012, p. 285)。彼女らは、このようなアプローチは「直接的な因果関係を仮定することを避けつつ、大衆文化のセクシュアライゼーションを権力の構造的分析の中に位置づける」と論じる(Ibid., p. 289)。彼女らは、セクシュアライゼーションをめぐるフェミニスト学者たちの間で起きている論争は、一九八〇年代におけるフェミニストのいわゆる「セックス戦争」を反映していると指摘する。この論争において、反暴力・反ポルノ派のフェミニストたちは「言論の自由」派フェミニストたちから攻撃された。「言論の自由」派のロビー団体は、反ポルノ派フェミニストを「反セックス」として非難し、自分たちを「親セックス（pro sex）」と呼んだ。あたかもセックスがそれ自体として、社会的影響をこうむっていない神聖な善なるもので、批判から免れなければならないかのように。セックスや性的行為は女性の従属性を管理し維持するために構築されていると主張するフェミニスト（Jeffreys, 1990）と、セックスを非難の対象外とみなすフェミニストとの分裂は、過去にフェミニストの社会変革の試みを挫折させてきたきわめて分断的な断層線である。フェミニズムの現在の流れの中で、男性至上主義的なセックス・モデルの擁護論がどれほど成功するかは明らかではない。

本書で取り上げているセクシュアライゼーションの一側面は、女性の服装や外見が、ポルノや売買春で描かれている女性の姿と一致していなければならないとする文化的要求である。しかし「セクシュアライゼーション」という言葉にはいささか問題がある。なぜならこの現象は、「セックス」――それは平等に基づいて行なわれる相互に楽しめる性的営みを潜在的には指しうる――に関わるものというよりもむしろ、女性とその身体とを、男性の性的ファンタジーを満たすための性的玩具としてパッケージ化することに関わるものだからである。この問題をより厳密に「性的客体化」ないし「ポルノ化」として記述すべき場合に、「セクシュアライゼーション」という用語を用いるのは、いささかミスリーディングである。性的客体化やポルノ化という用語は、子どもと成人女性の両者を完全な人間の地位から引き下ろして、社会的に優位な存在である男性という性階級（male sex class）のメンバーのための性的奉仕者としての機能を割り当てることで、子どもと成人女性の両者に有害な取り扱いをしていることを指し示す用語である。

子どものジェンダー化

第三波フェミニストやポストフェミニストは、クィア理論の影響を受け、ジェンダーと「戯れる」ことの喜びを強調する傾向があるが（Jeffreys, 2014）、女性の従属性を生み出し維持する上での性差の機能を批判することはない。しかし、より批判的なフェミニズムが台頭してきているのは、この一〇年間に行なわれてきた残忍なジェンダー化に対する懸念からであり、過度の女らしさ（ハイパーフェミニニティ）や過渡の男らしさ（ハイパーマスキュリニティ）が成人女性や成人男性の振る舞い方として大衆文化の中で推進されてきただけでなく、それが幼い子どもたちにまで拡大されてきているからである。子どもたちのセクシュアライゼーションへの懸念は、極端にジェンダー化された振る舞いが子どもたちに押しつけられていることへの先鋭な批判を伴っていた。たとえば、一九七〇年代の第二波フェミニストたちは、子ども向け教科書や教材におけるステレオタイプ化された性役割に対抗することにある程度の成功を収めたが、この数十年間に、子どもに対する極端なステレオタイプの押しつけが、復讐のような形で復活してきている。それは、美少女コンテストや、子ども用玩具の極端なジェンダー化という形を取っている。それは、男の子と女の子の服に許容される色の範囲が狭くなっていることからも明らかだ。ピンクは女の子向けの服やおもちゃに全面的に使われるようになった。女性と少女はピンク色をポジティブに捉えているとされている一方で、刑務所システムのような男性支配が強力な場所では、ピンクが無力さを表す色であり、屈辱を与える目的で使用しうることが認識されているようだ。二〇一三年、オーストラリアのクイーンズランド州では、組織犯罪に関与する暴走族へのより効果的な対応を可能にする法律が導入された。この新法のもとで起訴された者は、ピンクの囚人服を着用することが義務づけられているのだが、これが彼らの力を奪って心理的な処罰になるとの判断にもとづいてのことだ（Lee and Spooner, 2014）。このことから明らかになるのは、ピンクは屈辱を連想させる色であるにもかかわらず、女性と少女は、無力化というこの政治的意味を無視してそれを着るよう期待されているということである。子どものジェンダー化——本書では、振る舞いや外見に極端な性役割のステレオタイプを子どもに押しつける有害な行為として理解されている——は、今では、子どもたちがジェンダー的に典型的でない行動を示すことに対応して、第二次性徴を遅らせるホルモン（思春期ブロッカー）や異性ホルモンの摂取、外科手術を施して、子どもたちの体に特定のジェンダーを刻み込もうとする地点にまで達している。

トランスジェンダーとされた子どもたちにこうした行為を施すことは、極端なジェンダー・ステレオタイプの社会的構築の縮図である。子どもがトランスジェンダーであることを示すものとされている行為は、ほとんどが衣服の嗜好にもとづいている。このことは、本書での議論、すなわち、男性支配のもとでは、男女という性階級間のヒエラルキーを表示する上で性的に差別化された服装が重要であるという議論を裏づけるものだ（Jeffreys, 2012, 2014）。このヒエラルキーからの逸脱は、男性の支配と女性の従属の基盤を危険にさらすものであるため、医療関係者たちは残酷な方法でそれに対処しようとする。パーティードレスを嫌がる少女は、母親から、この子は本当は少年ではないかとみなされる。あるケースでは、「トランスジェンダー」の子どもの母親は、その子が最初の誕生日に自分のパーティードレスをハサミで切り刻んだとき、自分の娘が男の子であることに気づいたと説明している（Pepper, 2012）。『美とミソジニー』の初版が出版された当初、このような特に下劣で極端な児童虐待の実践は、リアリティ番組やユーチューブ動画、人気の相談コラムや著作などにおける流行の定番にはなっていなかった。しかし、この一〇年間、成人男性の身体を持つトランスジェンダーの活動家たちは、子どもたちのトランスジェンダー化を普通のこととし、それを促進するためのキャンペーンを展開した。彼らは、さまよえる本質的「ジェンダー」の不幸な担い手としての自分たちの立場を強化するためにこうしたことを行なってきた。子どもたちも「トランスジェンダー」になれるなら、その状態は生まれつきのものであるにちがいないというわけだ。これは、トランスした男性の大多数が実は、男性支配下の女性たちに適用される外見や行動のステレオタイプを模倣することに性的関心を持っているという事実から目を逸らすものである（Jeffreys, 2012, 2014）。『美とミソジニー』はこのような性的ステレオタイプの創出は有害な文化的慣行であると批判している。子どもや大人のトランスジェンダー化を通じて、ますます狭いステレオタイプが押しつけられるようになった。このことからして、女らしさや男らしさの振る舞いが自然なものであるという考え（奇妙なことに、トランスジェンダーにあっては、異なった生物学的性別の中にそうしたものが内在しているようだが）を覆すことが、現在ますますもって必要になってきている。

フェミニズムの復活

性的ステレオタイプの押しつけはさまざまな点でひどくなっているが、この一〇年で良い方向に変わったこともある。本書が最初に出版されて以降、真に新しい発展が見られた。それは、ラディカル・フェミニズムの復活である。英語圏〔やその他の地域〕において女性たちがポルノと売買春に宣戦布告し、音楽業界からベビー服に至るまでポルノグラフィの女性憎悪的な価値観を生活のあらゆる分野に浸透させるポルノ化の過程と闘っていることである。いわゆる「セックス戦争」によって一九八〇年代に一掃された批判的フェミニズムが復活しつつあることは明らかなようだ。この『美とミソジニー』の新版は、一方では、女性の外見のポルノ化が極端な形態にまで達しているもとで、他方では、そのことがフェミニストの新たな激しい抵抗という形で独自の対抗者を生み出しているという文脈の中で、出版される。

アメリカとイギリスでは、ポルノに反対するフェミニストの活動が新たな形で行なわれている。アメリカでは、これはストップ・ポルノ文化という形態を取っており、ゲイル・ダインズの著作『ポルノランド』（Dines, 2010）に代表されている。イギリスでは、フェミニストのキャンペーン組織「オブジェクト（Object）」が、ポルノ、男性誌、ストリップクラブなどをターゲットにしている（Long, 2012）。これらのキャンペーンは、性産業およびそれが女性たちの生活に及ぼす影響には挑戦しているが、女性が文化的に行なうよう求められている伝統的な美容行為を批判するものではない。これまでのところ、このラディカル・フェミニズムの新しい波は、一九七〇年代と一九八〇年代における第二波フェミニストが断固として明確に行なっていたのとは異なって、女性の従属的慣行としての化粧やハイヒールに焦点を当ててはいない。しかも、この新しい運動は今のところまだ主としてネット上の現象であり、フェイス・ツー・フェイスのフェミニズムはまだわずかである。一九七〇年代に多くの女性が美容行為を放棄した原因となった個人生活の変革は、集団としての女性たちを通じて、そして女性たちが種々のグループとして活動し、密接に交流しあい、共通のスタイルや価値観を創造することによって、最も効果的なものとなる現象なのであろう。私は現在、第二波におけるレズビアン・フェミニストの思想と実践を記録し、当時のフェイス・ツー・フェイスのフェミニズムと今日のよりネット中心の多様な運動との違いを示す新しい本に取り組んでいる〔以下の著作として出版。Sheila Jeffreys, *The Lesbian Revolution: Lesbian Feminism in the UK, 1970–1990*, Routledge, 2018〕。

『美とミソジニー』の初版が書かれて以降の一〇年間に変わったもう一つの点は、アカデミズムのフェミニストの間でも、美容行為に対する批判的な関心が生まれてきたことである。この一〇年間に、とりわけいくつかの美容行為に対して批判的なフェミニストの研究が急増した。たとえば、脱毛の習慣に関してかなりの研究が行なわれてきた（Terry and Braun, 2013; Toerien *at al*, 2005; Fahs, 2012）。また、美容整形に焦点を当てた、加齢と美容行為の様態との関係に関する研究も増えてきている（Clarke and Griffin, 2008; Eriksen, 2012）。美容整形と性差別的な態度や自殺のリスクとの関連については、より批判的な注目が集まっている（Witte *et al.*, 2012）。その一貫として、フェミニスト雑誌の『リプロダクティブ・ヘルス・マターズ』のある号は、美容整形産業の成長と普及、そしてそのことが女性の健康に対して持つ意味について分析している（Berer, 2010）。

しかし、すべての美容行為がこれほどの研究上の関心を集めているわけではない。化粧については研究されておらず、フェミニストの監視レーダーの下をかいくぐっているが、それは批判をさせないほどノーマルなものとされているからかもしれない。ハイヒールを履くことの動機や意味に関する研究も存在しない。また、フェミニズムの観点から全体としての美容行為を批判的に分析しようとする研究もない。本書で私が取り組んだ課題を試みた本は他にまだ出版されていない。残念ながら、フェミニズムないし政治の発展にもかかわらず、本書の必要性が薄れたわけではない。本書は、女性が完全な人間としての地位を主張するフェミニズムの「抵抗の文化」を創出することに寄与することだろう。そこにあっては、毛を剃ったり、唇を塗りたくって顔をつくったり、下着を見せずに座ることも棚に手を伸ばすこともできないような露出した服を着たり、つまずくのを恐れながら歩いたり、大いなる不快感を抱えながら歩くような、痛みと屈辱の文化は拒否されるだろう。これらはいずれも、女性に下層階級としての印をつけ、その地位の低さを固定化するためのメッセージ伝達行為である。

この新版の各章は、しかるべき箇所に新しい諸事例を入れることでアップデートされている。たとえば、旧版では歌手マドンナのポルノ化が美容行為に与えた影響を検証したが、新版では、ファッション写真家テリー・リチャードソンが監督したミュージックビデオにおいて、全裸に見える格好でレッキングボール〔建築物を破壊するための鉄球〕の上でオーラルセックスやその他のポルノ的な行為を行なっている歌手マイリー・サイラスについても論じている。「レッキングボール」のミュージックビデオは二〇一三年の最も人気のあるビデオに選ばれた（*Huffington Post*, 2013）。豊胸インプラントについて論じた箇所では、フランスの会社が安価な工業用シリコンを使ったインプラントを販売して、世界中で約四〇万人もの女性たちが被害に遭ったＰＩＰ社インプラント事件のことを新たに入れた（Health Committee, 2012）。化粧やハイヒールの着用などの美容行為は、女性と少女の健康を害する有害な文化的慣行として理解されるべきだという議論はこの新版でも一貫しており、本書の初版が出版された時と同じくらい、今日でも論争の的になっている。

二〇一四年

序章　女性の従属と自傷としての美容行為

一九七〇年代、化粧やその他の美の実践／美容行為《ビューティー・プラクティス》に対するフェミニズムの批判が意識向上《コンシャスネス・レイジング》グループから出てきた。アメリカのラディカル・フェミニスト理論家キャサリン・マッキノンは、この意識向上をフェミニズムの「方法論」と呼んでいる（MacKinnon, 1989）。これらのグループでは、女性たちは自分自身と自分の身体についてどのように感じているかを話し合った。彼女たちは、ダイエット、脱毛、化粧をすべきだと感じるようになった原因が男性支配における圧力であるとみなした。フェミニストの著作家たちは、女性たちが自分の身体が不完全であると感じたり、高価で時間のかかる行為に従事したりする原因となった男性中心の美学を拒否した（Dworkin, 1974）。そのような「美」は女性にとって抑圧的なものであると認識されたのである。

この二〇年間に、女性が自分の身体に対して行なう美容行為の残虐性はますますひどくなっていった。今日の美容行為は、皮膚を傷つけたり、血を流したり、体の一部をずらしたり切断したりすることを必要とする。乳房の形をしたインプラントという異物が心臓の横の肉の下に入れられ、女性のラビア（小陰唇）は形を整えるために切り取られ、太ももや臀部の脂肪吸引が行なわれ、時には頬やあごなどの他の部位に脂肪が注入される。現在のカッティング＆ピアッシング産業は、女性の舌を二つに割るだけでなく、乳首やクリトリス、ヘソに穴を開けて、ボディアートのようにジュエリーを入れるようになって

いる (Jeffreys, 2000)。こうした行為は、フェミニストによる批判が形成された一九六〇年代や一九七〇年代に一般的に行なわれていたものと比べても、女性の健康にとって格段に有害で危険なものだ。このような、女性の身体の不可侵性に対するより全面的な攻撃に対応して、フェミニストによる美容批判がより先鋭になり、批判の妥当性が改めて確認されることになるだろう、と予想されてもおかしくはなかった。しかし、そのようなことは起こらなかった。それどころか、何千人もの女性たちを美容文化や美容製品から遠ざけたフェミニスト的観点は、一九八〇年代から一九九〇年代にかけて強い反発を受けるようになったのである。

異論は二つの方面から来た。一方で、ナターシャ・ウォルター（イギリス）やカレン・レーマン（アメリカ）といったリベラル・フェミニストたちは、口紅をはじめ美容文化のすべての製品や行為を通じて女性が自分自身を美しく見せようとすることには何の問題もないと主張した (Walter, 1999; Lehrman, 1997)。フェミニズムそれ自体が女性のための選択をつくり出すのだと彼女らは言う。かつては女性たちに押しつけられていた口紅を今では自ら「選択」することを可能にするのがフェミニズムなのだ、と。他方、アカデミズムにおけるポストモダン思想の影響は、一部のフェミニスト理論家や研究者を通じて、「選択」のレトリックとかなり似たもの——たいていは「主体性《エージェンシー》」という形で——へと行き着いた (Davis, 1995)。また、美容行為はむしろ社会変革的なものなのだというような、より大胆な命題も提出された。ジュディス・バトラー (Butler, 1990)〔ジュディス・バトラー『ジェンダー・トラブル——フェミニズムとアイデンティティの攪乱』青土社、一九九九年〕のようなポストモダン・フェミニスト理論家たちの、ジェンダーの行為遂行性に関する思想は、クイア理論家たちのあいだに次のような観念を触発した。女らしさの美容行為が、そういうことを通常しない行為者たち〔つまり男〕によってなされた場合には、あるいは大げさになされた場合には、規範侵犯的なものになりうるというのだ (Roof, 1998)。エリザベス・グロスのような別のポストモダン・フェミニストは、身体は単にその上に書き込むことのできる「テクスト」であり、口紅はもちろんのこと、タトゥーを入れたり、身体の一部を切除したりすることも、身体の上に書き込むための興味深い方法にすぎないのだと主張した（Grosz, 1994）。本書が書かれたのは、美容行為に対するフェミニスト的批判に対する最近のこうした擁護論に対抗するためである。

『美とミソジニー』の中で、私は、美容行為は女性の創造的表現のための女性の個人的選択や「言説空間」などではなく、他のラディカル・フェミニスト理論家たちが私以前に論じたように、女性抑圧の最も重要な一側面だと論じている。フェミニスト哲学者であるマリリン・フライは、何が理論をフェミニスト的なものにするのか、また、ある実践が女性およびその利益にプラスになるかどうかについて、女性の個人的な確信に頼るだけではなぜ不十分なのかについて、次のように鋭く指摘している。

> フェミニズムの大きな力の一つは、女性の経験や人生を理解できるようにすることである。男性への女性の従属を維持している諸力を考慮に入れずに、自分自身の感情、動機、欲望、野心、行動、反応を理解しようとするのは、摩擦を考慮に入れずに大理石の転がりが止まる理由を説明しようとするようなものだ。フェミニスト理論とはかなりの程度、そうした力を明らかにすることであり、……そして、集団（または階層）としての女性と個々の女性にこの力が作用するメカニズムを明らかにすることである。理論の成功の尺度はまさに、それまで理解できなかったものがどれだけ理解できるものになっているかによるのである（Frye, 1983, p. xi）。

本書で私は、美の実践／美容行為《ビューティー・プラクティス》に関して、この「男性への女性の従属を維持している諸力」のいくつかを明らかにしようと試みている。

フェミニズムによる批判が展開されてから三〇年が経った今日でも、なぜ美容行為が蔓延しているのか、なぜそれが多くの点でより極端なものになっているのか、本書はその理由を解明しようとする。そうするために、二一世紀の女性に期待されている残酷さのエスカレーションを説明するのに適した新しいアプローチをいくつか用いている。この本を書くきっかけとなったことの一つは、「有害な伝統的・文化的慣行」という国連の有用な概念が西洋的バイアスをこうむっていることに対する私の危機感が高まったことにある。「有害な伝統的慣行に関するファクトシート」(UN, 1995) のような国連文書では、有害な文化的・伝統的慣行とは、女性や少女の健康を損なうものであって、男性の利益のために行なわれ、男女のステレオタイプな役割を生み出し、伝統によって正当化されているものと理解されている。この概念は、西洋女性にとっての有害な慣行、たとえば美容行為などを検証するための恰好のツールを提供している。しかし、西洋の諸慣行はこの定義に含まれてこなかったし、国際フェミニスト政治の中で、このようなものとして理解されてこなかった。実際、このカテゴリーに当てはまる諸慣行の選択には、西洋的なバイアスが顕著に見られ、そのため、西洋の諸慣行の中では、「女性に対する暴力」だけがそこに含まれている (Winter et al., 2002)。このことが含意しているのは、西洋文化には、女性器切除（FGM）のような懸念すべき有害な慣行はないということである。私は本書『美とミソジニー』において、化粧からラビアプラスティに至るまでの西洋のさまざまな美容行為はこの基準に合致しており、国連の言う「有害な文化的慣行」の概念に含められるべきだと主張する。このアプローチの大きな有用性は、個人の選択の概念に依存していないことだ。そして、有害な文化的慣行の根底にある価値観には強制力があること、それは変えることができるし、変えるべきであると認識していることである。

私が用いている第二のアプローチは、女らしさの美容行為における男性の関与を二つの観点から見ていることである。すなわち、トランスヴェスティズム／トランスセクシュアリズムと、ファッション業界におけるデザイナーや写真家の役割である。つまり、女らしさの美容行為が持つ文化的意味や、それがどのように強制されているかについては、それを実践する男性や、それをデザインする男性の行動を見ることで、有益な手がかりを得ることができるということだ。私は、女らしさの一形態を模倣することで性的興奮を得る男たちを対象とした書籍やインターネット・リソースから得られた知見を用いている。一九七〇年代以降の数十年間で、トランスヴェスティズム／トランスセクシュアリズムの男たちの実践、すなわち、通常は男性優位のもとで従属的な性階級のメンバーに割り当てられている衣服や身体部分を利用することは、広範で大っぴらなものとなり、はるかに影響力を持つようになった。インターネットのおかげで、個々の実践者や支援グループのウェブサイト、商業的な化粧サイトや、こうした男性の実践に特化したポルノが増殖するようになった。このことは、「女らしい」美容行為が自然なものでも女性に限ったものでもないということを示す格好の機会を提供している。そのような行為が男性にとって何を表わしているのか、儀式化された従属の性的興奮についても、多くの有益な情報が存在する。私はいくつかの章でそのようなウェブサイトを利用し、男性による女らしさの創造や「トランスフェミニニティ」〔男による女らしさの実践〕について分析している。そのような分析が提供する洞察にもとづいて、私は、男性のこのような行為が、トランスフェミニニティに既得権を持つ男性ファッションデザイナー、ファッション写真家、メイキャップ・アーティストの影響を通じて、女性にとって有害な美容行為の構築に影響を与えていることを論じる。

私が用いている第三のアプローチは、ポルノ産業と売春産業がこうした美容行為の創造に与えた影響を分析していることだ。二〇世紀後半、これらの産業の成長は、女性に求められる美容行為に大きな影響を与えたのではないかと私は考えている。これらの産業は、インターネットなどの新しい技術の発展や新自由主義的な政府の諸政策を通じて、堂々と表舞台を闊歩するようになり、社会的に認められるようになった。そのことによって、美の構築に求められる文化的要件が変化した。美容業界では、性的客体化産業〔ポルノ・売買春〕のシンボルを用いることが不可欠になっている。ポルノ産業からの圧力は、豊胸手術、陰部の脱毛、女性器の外科的改造、黒革やビニールなどのＳＭの道具、胸や臀部を大きく見せる方法など、一般女性の新しいファッション的規範を生み出した。

本書はその最終章において、女性や一部の男性に対する深刻な身体的危害は、現在では性産業を通じて、また芸術やファッション業界での美化やインターネットを通じて、常態化していることを指摘している。この害は、代理的自傷行為（self-mutilation by proxy）として理解される必要がある。これには、代理人が美容外科医である美容整形手術や、代理人がピアス専門店であるカッティング&ピアッシング産業などが含まれる。一九九〇年代以降になると、代理人が外科医である四肢切断や、体の一部を切除するサドマゾヒズムなど、きわめて残酷な行為も含まれるようになった。これらの行為の一部は、女性だけでなく、弱い立場にあるゲイの男性もこうむっている。医療専門職の人間たちが利潤のためにそういう行為に進んで従事しているかぎり、身体損傷の多様性はとどまるところを知らないように思える。被害者の「同意」という擁護論があいかわらず横行しているが、同意の概念全体が疑問に付されなければならないほどひどく不均衡な状況のもとでそれは行なわれているのだ。私は、たとえ何らかの同意があったとしても、二一世紀初頭に外見への不満や美の名のもとに女性や一部の男性の身体の不可侵性に対してなされているこのおびただしい攻撃には、何らかの制限が設けられるべきだと主張したい。

第1章　身体を支配する文化
――主体性か従属か

一九九〇年代、西洋における美容行為が女性の従属的な地位を表わしているのか、それとも女性の選択や主体性の表現とみなすことができるのかをめぐって、フェミニストの間で根本的な意見の相違が生まれた。思想というのは、それを可能にする社会的諸力の結合と連鎖によって特定の時代に出現する。一九六〇年代と一九七〇年代には、フェミニズム、ブラックパワー、動物の解放、レズビアンとゲイの政治といった新しい社会運動の数々が、社会変革の可能性に対する希望に満ちた雰囲気に呼応して生まれた。これらの社会運動を推進したのは、社会構築主義への信念であり、社会的平等の追求を通じて急進的な社会変革が可能であるとの考えだった。これらの思想は、同時期に生まれた、美に対する徹底したラディカル・フェミニストの批判を支えるものでもあった。

しかし一九八〇年代になると、ラディカル・フェミニズムの思想は、他の社会変革イデオロギーの思想と同様に、右翼イデオローグから軽蔑的に扱われるようになり、「ポリティカル・コレクトネス（政治的正しさ）」呼ばわりされるようになった。市場原理主義という新しいイデオロギーが発展し、規制緩和された「ならずもの資本主義」の拡大のためのイデオロギー的支えを提供した。エンパワーされた市民の選択によってのみ制御される自由市場が、国家からの干渉のない理想的な社会・経済構造を生み出すというわけだ。この新しい世界観における市民権は、権利をめぐるものではなく、責任をめぐるものであり、市民は消費者の選択によってエンパワーされるとされた（Evans, 1993）。

一九九〇年代には、選択の力に関するこうした考え方は、多くのフェミニストの考え方にも影響を与えた。たとえば、女性は「美容・ファッション複合体」〔軍産複合体のもじり〕によって美容行為を強要されているという考えは（Bartky, 1990）、新手のリベラル・フェミニストによって異議を唱えられ、女性はフェミニスト運動によって十分にエンパワーされたので、自ら美容行為を選択することができるようになったのであり、それはもはや抑圧的とはみなすことはできないと語られるようになった。広く普及した右翼的レトリックからフェミニストの思考に浸透するに至った新しい言語は、「主体性《エージェンシー》」「選択」「エンパワーメント」だった。女性は、市場で選択する力を行使できる知識ある消費者へと変貌した。女性は、さまざまな慣行や諸製品をピックアップし選択することができるようになったのだ、と。いや、女性の選択は厳しく制約されているし、それは女性の相対的な無力さと男性支配の文脈の中でなされていると主張し続けたフェミニストは、「被害者フェミニスト」、すなわち、女性の主体性を否定することによって女性を被害者に仕立て上げていると辛辣に批判された（Wolf, 1993）。

この章では、美に対するラディカル・フェミニズムの批判を検討し、それが、新しいリベラル・フェミニズムとアカデミズムにおけるその仲間たち、すなわち同じく選択と主体性を強調するさまざまなポストモダン・フェミニズムの双方からどのように異議申し立てを受けるようになったのかを示す。次に「選択」の提唱者たちと、女らしさの美容行為に女性を適応させる上で文化と強制が果たした役割を強調する者たち〔ラディカル・フェミニスト〕との間に生まれた緊張関係について考察する。最後に、性的な「差異／服従（difference/deference）」に基づいた男性支配の文化の中で、女性の美容行為をめぐる主体性の可能性を制限するものについて、説得力ある説明を提供してきたフェミニストの理論家や研究者たちの考えを紹介する。

美に対するフェミニストの批判

美に対するフェミニストの批判者たちは、美は文化的慣行（実践）であり、女性にダメージを与えるものであると指摘してきた。アンドレア・ドウォーキンのような作家にとって最も重要な問題は、女性がどの程度、主体性を表現し化粧することを「選ぶ」ことができるかではなく、美容行為が女性にどのような害を与えているのかということだった。彼女の著書『ウーマン・ヘイティング（女性憎悪）』は、一九七〇年代にラディカル・フェミニストたちが美の概念に対して行なった強力な批判の好例である（Dworkin, 1974）。彼女は「美」という概念を、男性至上主義文化における女性憎悪の一側面として分析している。ドウォーキンは、女性憎悪文化が女性たちに対して行なってきた「死、侵害、暴力」を非難し、フェミニストは「オルタナティブを探している。すなわち、私たちが知っているような文化を破壊し、私たちが想像できるような文化を再構築する方法を探している」と述べている（ibid., p. 26）。

ドウォーキンは、美容行為は女性の身体と生活に多大な悪影響を与えるものであると考える。それは、時間を浪費し、費用がかかり、自尊心を傷つけるだけではない。

> 美の基準とは、個人が自分の身体とどのような関係にあるかを正確に記述するものだ。それは可動性、自発性、姿勢、歩き方、身体の使い方を規定する。それは女性の身体的自由の度合いを正確に規定している。（ibid., p. 112）

美の基準は女性に対して心理的効果をも持つ。というのも、それは「身体的自由、心理的発達、知的可能性、創造的潜在力と密接な関係にある」からだ。ドウォーキンは、美を批判する他のラディカル・フェミニストと同様に、女性が美の基準を満たすために行なわなければならない多種多様な諸行為について説明している。

> 私たちの文化では、女性の身体の中で手つかずの部分、変更されない部分はない。容姿から手足の先端に至るまで改良（あるいは痛み）を施されずにすむ部分はない。髪は染められ、オイルを塗られ、まっすぐにされ、パーマを当てられる。眉毛は抜かれ、ペンシルで描き加えられ、染められる。目はラインを引かれ、マスカラをつけられ、アイシャドーを入れられる。まつ毛はカールされ、偽物をつけられる。頭のてっぺんからつま先まで、女性の顔のあらゆる特徴、体のあらゆる部分が、修正、変更の対象となる。（ibid., p. 112）

興味深いことに、このリストでは美容整形手術が抜け落ちているが、今日ではありえないことだろう（Haiken, 1997）〔エリザベス・ハイケン『プラスチック・ビューティー――美容整形の文化史』平凡社、一九九九年〕。また、女性の顔の筋肉を麻痺させるために注入されるボツリヌス毒素（ボトックス）の広範な使用も抜けているが、この毒物は「これまで知られている中で最も有毒な生物学的物質の一つ」（Nigam and Nigam, 2010, p. 8）なのである。ボトックス治療は、ドウォーキンが分析に乗り出してからの三〇年間に、美容整形手術や毒物注射を化粧品の代替形態とする点でいかに大きな進捗があったかを示している。ドウォーキンが言及している美の他の抑圧的要素は、それが「経済にとって不可欠」であり、「男性と女性の役割分化の主要な実体であり、女性であることの最も直接的な身体的で心理的な現実」（Dworkin, 1974, p. 112）であるということだ。美容行為は、男女を区別するために必要なのであり、支配的な性階級（sex class）と従属的な性階級とを区別するために必要である。美容行為は男女間の「差異」を表象すると同時に創造するのである。

サンドラ・バートキーは、女性の置かれた状況に対する深い批判が美の分析を含んでいた一九七〇年代のあの熱い時代にドウォーキンの考えをいっそう発展させ、なぜ女性は「選択」しているように見えるのかという問題に取り組んだ。バートキーは、女性に美容行為をさせるうえでどうして明白な力の行使が必要ではなかったのかを説明している。「身体的自由の剝奪や法的な不平等、経済的な搾取が含まれていなくても、抑圧することは可能である。心理的な形で抑圧することが可能だ」（Bartky, 1990, p. 23）。この主張を裏づけるために彼女は、植民地化された人々の「心理的疎外」について論じた反植民地理論家フランツ・ファノンの著作を用いている。女性の心理的抑圧は、女性が「ステレオタイプ化され、文化的に支配され、性的に客体化されている」（ibid.）ことから成り立っているとバートキーは言う。バートキーはこの文化的支配を、「人々の一般的な生活の中にあるすべての事柄——私たちの言語、制度、芸術と文学、大衆文化など——が性差別的であり、そのすべてが多かれ少なかれ男性至上主義を示している」（ibid., p. 25）ような状況として説明している。女性が女性であることを別の形で示すことのできるオルタナティブな文化が存在しないせいで、抑圧的な慣行が強いられている。「女性の従属は、それが私たちの文化の特徴としてあまりにも浸透しているため、（異議申し立てがなされないかぎり）自然なものに見え、そして自然であるがゆえに変更不可能なものに見える」（ibid.）。

この文化的支配の基盤となっているのは、女性を性的客体として扱い、女性自身をこの文化的条件と同一視することである。バートキーは性的客体化の実践を次のように定義している。「女性の性的部分や性的機能が人格の残りの部分から切り離され、単なる道具のような地位に還元されたり、あるいはあたかもそれが女性そのものを表すことができるかのようにみなされるとき、人は性的に客体化される」

(ibid., p. 26)。女性は、女性を性的に客体化する男性の価値観を自分自身の中に取り入れる。これは、キャサリン・マッキノンが頭の中での「モノ化」と呼ぶプロセスである (MacKinnon, 1989)。女性自ら、自分の身体を自分自身から分離された対象として扱うことを学ぶ。バートキーは、それがどのように機能するかを説明している。通りすがりの女性に対して口笛を吹く男たちの行為は女性を外から性的に客体化する。その結果、「ほんの一瞬前まで私がとくに気にしていなかった自分の身体が、今では私の意識の中に氾濫している。私は一個の客体とされてしまったのだ」(Bartky, 1990, p. 27)。彼女は、男にとって単に密かに女性を見るだけでは十分ではないと説明する。男は女性に口笛を吹くことで、彼が見ていることを彼女に意識させなければならない。なぜなら、彼女に対して「自分が『エロい女』であることを、い、い、知らしめなければならない。彼らが私を見るのと同じように私も自分を見なければならない」(ibid.)。このような男性の統制的振る舞いの効果は、「判定者たる男たちの評価の目にさらされることで、女性は自分自身を誰よりも厳しく評価することを学ぶ」(ibid., p. 28) ことである。このようにして女性は自分自身の身体からも疎外されるようになる。

ファッション業界と美容産業に関係する諸企業からなる「美容・ファッション複合体」は、「『女らしさ』の中心的な創出者にして規制者」(ibid., p. 39) としての地位を家族や教会から引き継いだと彼女は主張する。「美容・ファッション複合体」は、「女性身体を賛美し、ナルシスト的な耽溺の機会を女性に提供する」存在として自己宣伝しているが、実際には、その目的は、「女性の身体を貶め、女性のナルシズムに打撃を与える」ことで、女性がより多くの製品を購入するよう駆り立てることである。その結果、女性たちは常に自分にどこか欠陥があると感じ、女性の身体は「改造を施すか、あるいは単に体型を維持するためだけであっても涙ぐましい努力」が必要だと思わされる (ibid.)。

ドウォーキンとバートキーが美に対する批判を行なったのは一九七〇年代と一九八〇年代初頭のこと

だったが、それ以降に出版された美に関する最も力強いフェミニスト作品である『美の神話』(Wolf, 1990)〔『美の陰謀――女たちの見えない敵』阪急コミュニケーションズ、一九九四年〕は、時代がどのように変化したかを示す興味深い事例を提供している。著者であるナオミ・ウルフは、その批判の力にもかかわらず、あるいはむしろそのせいで、わずか三年で『火には火を』(Wolf, 1993) を出版する必要性を感じた。この本は実質的に彼女の分析から鋭いトゲを取り除いて、自分自身をラディカル・フェミニストから区別しようとするものだ。最初の本の中で、ウルフは、女性は美容行為を行なうよう求められているのだが、この要請は一九八〇年代に、女性解放運動の脅威に対するバックラッシュとして、とくに女性が労働の場にアクセスする機会が増えたことへのバックラッシュとしていっそう強化されたと主張している。彼女が説明するように、「女たちが法的・物質的な障害を乗り越えていけばいくほど、女性美のイメージはますます厳しく、重く、過酷に女たちにのしかかってきている」(Wolf, 1990, p. 10)〔『美の陰謀』、一二頁〕。ウルフの分析は、女性は職場における女性への期待によって、美容行為を強要されていることを示唆している。一九七〇年代に女性は大量に職場に入っていったのだが、その際、男性を脅かさないために、また、男性の同僚の性的な喜びの対象となるべきだという条件を満たすために、女性は、男性の同僚には期待されていない諸行為――痛みを伴い、高価で、時間のかかる諸行為――をしなければならなかった。そうしないと女性は仕事を得られないし、雇用を維持できないのである。女性が職場に参入するには一種の「美の職業資格」があったのだ。興味深いことに、美容行為に対するウルフの批判の力強さにもかかわらず、彼女は美容行為そのものが有害であるとは考えていない。最後の章である「美の神話を超えて」において、ウルフは「では口紅をつけるたびに罪の意識を持たなければならないということなのだろうか」(ibid., p. 270)〔同前、三三一頁〕と問いかけている。彼女は「その反対だ」として、こう説明する。

女性が真の選択権を持つ世界では、私たちが自分の容姿について行なう選択は、やっとその本来のものになるだろう。つまり、たいしたことではないものに。私たちが客体ではないことにいかなる疑問もなくなったとき、女たちは何らかの思惑なしに、きれいな物で自分を飾ることができるようになるだろう。自分の顔や服や体を、さまざまな自己表現の一つとして用いることができるようになったとき、女性は美の神話から自由になるだろう。(ibid., p. 274)〔同前、三三四頁〕

ウルフの分析は、男性ではなく女性が美容行為をしなければならないという事実に潜む問題を指摘しておらず、ただ、女性が美容行為に対する選択の自由がないことを問題にするものであった。『美の神話』をラディカル・フェミニストの本ではなくリベラル・フェミニストの本にしているのは、なぜ美容行為が女性と結びついているのか、なぜ革命後も女性が美容行為を続けたいと思うのかという根本的な問いを投げかけていないからである。彼女の次の著書『火には火を』は、彼女のリベラル・フェミニストとしての立場性を明確にするものだった(Wolf, 1993)。この本の中でウルフは、女性は化粧をすることを選ぶことができるだけではなく、パワーを持つことを選ぶこともできると主張している。女性の従属を構造化している物質的な諸力は後景に追いやられて、解放が個人の意志のプロジェクトに委ねられている。「二一世紀になっても私たちが……平等を実現していないとすれば、それは女性たちが、あるレベルでは、私たちの生得的権利であるパワーを行使しない選択をした［強調はママ］からであろう」(ibid., p. 51)。

ウルフは、『美の神話』のラディカリズムに対して読者から否定的な反応を受けたことに苦悩を感じたことを書き記しているが、このことは、なぜ彼女が全面的なリベラル・フェミニストへと急速に進化したのかについての手がかりを与えてくれるかもしれない。出版後に起きたことについて、彼女は次のように説明している。「テレビやラジオの番組での私の仕事は、私が批判した業界の人々と大いに関わるものだった。多くの人は当然のことながら、怒っていて自己防衛的だった。司会者が敵意を示すこともあった。……私は針のムシロに座っている心地だった」(ibid., pp. 237-238)。この経験は衝撃的であった。「私はいつも自分のことを温かく、フレンドリーで、女らしいと思っていた」。「激しい議論の後、家に帰ってきてパートナーの腕の中で泣いた」(ibid., p. 238)。ウルフの経験は、男性支配的な西洋文化の根底にあるものを「美の実践」として批判することがいかに難しいかを示している。この彼女の反応は、『美の神話』の力強いメッセージと矛盾しているように見える『火には火を』をその後あれほど急いで執筆することにした理由を説明するのに役立つ。彼女は脅威とならないタイプのフェミニズムをつくり出そうとし、ラディカル・フェミニストを攻撃することにした。男性の暴力に反対するラディカル・フェミニストは「被害者フェミニスト」であり、「無力さに自己同一化し」、とりわけ「他の女性のセクシュアリティや外見」に対して「一方的に判定を下し」、「反セクシュアル」であると(ibid., p. 136)。彼女は、『美の神話』によって搔き乱されたかもしれない男の胸中をなだめるために、「男性の性的注目は、私の花を咲かせるための太陽である。男性の身体は私にとって大地であり避難所であり、私の生涯の目的地である」(ibid., p. 186)とまで宣言している。ウルフは、男性支配の利益を脅かすような著作を書くという自分の若気の至りを過剰に償ったのである。彼女は確固たる公私の区別に舞い戻り、「私的」生活の領域を政治的検討から除外し、女性の選択のための場に変えてしまった。

個人的なことは政治的なこと

美に対するフェミニストの批判は、個人的なことは政治的なことであるという理解から始まる。リベラル・フェミニストが「私的」生活の領域を、女性が政治の影響を受けずに選択の力を行使できる場とみなす傾向があるのに対し、アンドレア・ドウォーキンやキャサリン・マッキノンのようなラディカル・フェミニストは、男性優位主義の根底にあるこの公私の区別を打ち破ろうとする。この区別は、男性に男性支配の私的世界を提供し、その中で男性は女性の感情的・家内的・性的・生殖的エネルギーをわがものとすることができ、その一方で「プライバシー」の保護という盾の背後にこの領域の封建的な権力関係を隠すことができる。男性支配の観点からは通常、私的世界は、政治的分析によって掻き乱されるべきではない「愛」と個人的充足の場として擁護されている。その中で女性がどれほど男性によって暴力や虐待を受けようとも、それは女性が自らのエネルギーと身体を男性に委ねることを「選択」した世界である。この世界の「私的」性質は、公的な世界でのみ適用される法律の外にあるとみなされてきたため、長い間、男性は処罰を免れてきた。したがって、この世界観にあっては夫婦間レイプは犯罪ではなく、ドメスティック・バイオレンスは個人的ないさかいでしかなかった。

　ラディカル・フェミニストの批判者たちは逆に、この「個人的なこと」、すなわちこの私的世界の行動はむしろ「政治的」であると主張した。「個人的なことは政治的なこと」だと認識することで、女性たちは、意識向上《コンシャスネス・レイジング》グループや経験交流を通じて、自分たちが個人的な失敗だと思っていたこと、たとえば、自分のふっくらしたお腹を嫌悪したり、男性パートナーを怒らせることなく性交を避けようとして頭痛がする振りをしたりすることは、単なる個人的な経験ではないということを認識することができた。それらは、いわゆる私的世界の不平等な権力関係から構築された女性の共通の経験であり、むしろ、すぐれて政治的なものであった。私的世界は、仕事や政府という公的世界で男性が振るう権力の基礎として認識されるようになった。男性の公的権力と成果、つまり市民としての地位 (Lister, 1997) は、家庭内で彼らが女性から受けるサービスに依存していた。女性は男性支配に不可欠な基盤を提供していただけでなく、自分たちのために同じことをしてくれる人がいなかったため、男性に比べて公的世界では二重に不利な立場に置かれていたのである。個人的なことは政治的なことであるという概念のおかげで、フェミニストたちは男性支配の仕組みが男女関係にどのように浸透しているかを理解することができた。フェミニストたちは、男性支配の権力のダイナミズムが異性愛を政治的制度にするとともに（Rich, 1993）〔アドリエンヌ・リッチ『血・パン・詩――アドリエンヌ・リッチ女性論』晶文社、一九八九年〕、男女のセクシュアリティを構築し（Jeffreys, 1990; Holland et al., 1998）、そしてそれらがどのように強制されているかを認識することができたのである（Bordo, 1994）。

「新しい《ニュー》」フェミニズム

男性支配が女性の生活全体を通じて働いていることを明らかにしたラディカル・フェミニズムは、セクシュアリティと美容行為を私的なものとして脱政治化しようとするさまざまなフェミニズムと常に対立してきた。たとえば、一九八〇年代には、リベラル・フェミニストと社会主義フェミニストの両方から挑戦を受けた。両者は、セクシュアリティに対するラディカル・フェミニストの批判からセクシュアリティを救い出そうした（Vance, 1984）。一九九〇年代には、それまでラディカル・フェミニストの作品を出版することにおよそ熱心ではなかった主流の出版社から、「新しい《ニュー》」フェミニズムだの、「パワー」フェミニズムだの、「セクシー」フェミニズムだのといったものを体現していると称する著作があいついで出版された（Wolf, 1993; Roiphe, 1993）。これらの著作には、ラディカル・フェミニズムを拒否し、「個人的なことは政治的なこと」という概念を猛烈に否定するという共通点があった。これらの本は、セックスと「個人的」生活の抜本的な脱政治化を求めていた。「新しい《ニュー》」フェミニズムは、女性が二〇世紀後半に、仕事という公的世界で男性と対等な機会に向けて大きな進歩を遂げたと主張した。新しいフェミニズムにあっては、今や女性の私的生活は単に「選択」の結果であり、フェミニズムの分析や活動から除外されるべきものであった。

これら新しいフェミニストたちの作品のイギリスにおける事例は、ナターシャ・ウォルターの著書『新しい《ニュー》フェミニズム』である。ウォルターは、マドンナのような「文化的アイコン」から、女性の自立とセクシュアリティについて学ぶことができると説明した。ポルノ的なコスチュームと実践に身を包んだ新たなセクシャライズされたフェミニズムを創造することにマドンナがどのように貢献したかについては、本書で後述する。ウォルターの「新しいフェミニズム」は、個人的なことと政治的なこととの間の確固とした線引きを復活させることに基づいていた。政治的批判から除外されるべき個人的なものには、「服装とポルノ」も含まれていた。フェミニズムの問題点は、フェミニズムが「あらゆるレベルで私たちの個人的生活を方向づけようとしてきた」（Walter, 1999, p. 4）ことであり、この「新しいフェミニズムは、七〇年代のフェミニズムが私たちの個人的な生活と政治的な生活との間に作った強固な結びつきを解きほぐさなければならない」（ibid.）と言う。女性は今ではその個人生活において自由である。なぜなら、「ほとんどの女性は自由だと感じているし、母親の世代よりも自由だと感じているからだ。ほとんどの女性は、何を着るか、誰と人生を過ごすか、どこで働き、何を読み、いつ子どもを産むかを選ぶことができる」（ibid., p. 10）。ウォルターは、女性が本当に必要としているのは、より多くの収入を獲得したときに得られる「パワー」であるとするナオミ・ウルフ（Wolf, 1993）に同意する。女性がパワーを手にしてもなお、「脚を脱毛したり、爪に色を塗ったりして過ごしたい」と思っているようだが（Walter, 1999, p. 86）、フェミニストはそれについて「気にしない」だろう。つまり女性は、ピューリタン的なフェミニズムによって罪悪感を感じさせられることなく、「自分の服装や身体との真の、しばしば邪悪なほど楽しい関係」を満喫することができるようになる（ibid.）。彼女は、どうやらほとんどの男性がしなくてよいこのような「選択」や快楽の謎について、それらが女性の生活にとって何を意味するのかについて合理的な問いかけをすることを避け、美の実践（美容行為）を政治的な問題関心を超えた自然の一側面に変容させているのである。

この種のリベラル・フェミニズムのアメリカ版とも言えるのが、カレン・レーマンの『リップスティック・プロヴァイゾ』（Lehrman, 1997）であり、化粧はフェミニズムと完全に両立すると主張している。レーマンは、アメリカでは「女らしさ」への回帰があったと考え、次のように述べている――「近年、多くの女性が、かつて男性の抑圧を手助けすると考えられていた慣行に舞い戻った。挑発的な服を着たり、ヒールを履いたり、顔や爪に色を塗ったり、肌の手入れや髪に最新のスタイルや流行を取り入れたりしている」（ibid., p. 8）。フェミニストは、「官能的なガリアーノのガウンを着ることから、子どもを育てるために家にとどまることまで、女性の選択を尊重することを学ぶ必要がある」（ibid., p. 13）。ナンシー・エトコフの著書『最美貌者生存（The Survival of the Prettiest）』はほぼ同じような感覚を表現しており、美は必然的で普遍的なものであり、「原始本能」であるとしている（Etcoff, 2000, p. 7）〔ナンシー・エトコフ『なぜ美人ばかりが得をするのか』草思社、二〇〇〇年、一六頁〕。エトコフは、美に対するフェミニストの批判者のように、「外見の美しさ」に無頓着な人々に対して厳しい評価を下している。この鈍感さは「深刻な抑うつの兆候」である、と（ibid., p. 8）〔同前、一九頁〕。これらのリベラル・フェミニストは、女性の選択能力を制限し排除する力を認めていない。彼女たちは、美容行為が提供する「喜び」と「パワー」の限界や、それが女性の従属的状態にどのように貢献しているかを考慮していない。こうして結局、これらのリベラル・フェミニストは女性の文化的な性的客体化の現状を擁護しているとみなすことができる。

美容行為に対するこのようなリベラル・フェミニストの擁護論は、二〇〇〇年代に入ってからも、アメリカの芸術と女性学の教授であるリンダ・スコット（Scott, 2005）の著作によって継続されている。彼女の著書『フレッシュ・リップスティック』は、女性のための衣服・美容・外見が男性支配の権力関係と何らかの結びつきがあることを示唆する向こう見ずなフェミニストたちに怒りをぶつけている。彼女はこれらの批判者たちに「アンチビューティー」というレッテルを貼っている。スコットは、アメリカの一九世紀フェミニストたちがファッションや美の規範を批判したのは、階級主義的で人種差別的であったからに他ならないと論じている。「服装に関する彼女らの『改革』思想は、英国プロテスタント、ホイッグ党シンパ、移民排斥主義者、ジェントリーとしての彼女らの優位性を補強するのに都合のよいものだったのだ」(ibid., p. 51)。スコットの見解では、美容行為を批判するフェミニストは他の女性たちを抑圧している。「フェミニズムのアンチビューティーのスタンスは支配のジェスチャーである」。彼女は、「第二波フェミニズムの欠陥はそれが実際に機能し始めたときに露わとなった。美しさへの愛情が欠けていたのだ」と言う(ibid., p. 278)。彼女自身がファッションや美容行為をするのが好きで、自分の個人的な好みが政治的批判の対象になることに我慢ならない。「女性の平等に貢献しつつも、自己装飾の楽しみを手放したくない人たちの励ましになれば本望だ」(ibid., p. 331)。

ここで検討した美容擁護者たちの一部は、スコットがそうであるように、自分自身をフェミニストだと考えているが、この弁護論の陣営に最近加わったキャサリン・ハキムは、はっきりと自分自身をフェミニズムの分析に反対する立場だと位置づけている(Hakim, 2010)。ハキムは、どうして美容行為とセクシュアライゼーションが、女性にとって抑圧的であるというよりはむしろ、パワーと利潤の一形態として理解されるべきなのか、その理由を説明するための理論を発展させ、これを「エロス的資本(erotic capital)」と呼んでいる。彼女は、社会学者たち〔ブルデューなど〕が経済的資本、文化的資本、社会的資本などとは別に、「エロス的資本」が存在することを認識していない点で、家父長制的なバイアスを示していると主張する。このエロス的資本は主として自然の産物ではなく、種々の人工物〔ドレスや化粧品など」によって構築されるのであり、そのために人々──といっても実際にはほとんどが女性なのだが──は、自分自身をより美しくセクシーにしようとする。そこには、本書で検討されたすべての美容行為が含まれている。一九五〇年代の伝統的な性科学者たち（Jeffreys, 1990）とその弁護者たち（たとえば『コスモポリタン』誌の創刊者で『セックスと独身女』の著者であるヘレン・ガーリー・ブラウン）と同じく、ハキムは、エロス的資本があれば女は金持ちの夫を捕まえることができると言う。だが彼女はまた、誘惑や化粧は労働市場や特定の形態の仕事で女性を助けるだろうとも言っている。売春や芸者システムは、美容行為が男性の利用できない優位性を女性に与えている雇用分野だと説明している。ハキムがこのような考えをいっそう発展させた著作は、いみじくも『ハニー・マネー』（Hakim, 2011）〔キャサリン・ハキム『エロティック・キャピタル』共同通信社、二〇一二年〕というタイトルがつけられている。「ハニー・マネー」というのはジャカルタ女性の売買春に関連した用語だ。美容行為と売買春とを結びつけているのは実にこの本にふさわしい。この著作は、日常的な美容行為が性産業から生まれたものであると主張しているが、この関連性を批判するのではなく、女性がうまく世渡りするための方法として推奨している。売買春や美容行為に反対するフェミニストは、単なる「モラリスト」であると彼女は言う。彼女の議論には、いくつかの明らかな欠陥がある。女性が伝統的に、そして間違いなく前世紀を通じてずっと、結婚や職場で生きていくために美容行為をしなければならなかったことを考えると、女性が今なお経済的・社会的・政治的優位性を獲得していないのはなぜなのか。美容行為は権力のある者がとる手段というよりも、むしろ権力のない者がとる手段であり、男性は別にそんなことをする必要がないのである。これは、一九三三年の古い映画『ロマン・スキャンダル』での反フェミニスト賛歌「若さと美しさを保て（愛されたけりゃ）」という古風なポピュラーソングを思い起こさせる。ハキムのメッセージもだいたいそれと同じだ。「エロス的資本は、恋愛市場と結婚市場における女性の切り札である」（ibid.,

p. 512)。

しかし、本書が出版されてからの一〇年間に、「選択」へのリベラル・フェミニストの強迫観念に対する歓迎すべき力強い批判が、アカデミズムや市井のフェミニズムの中から展開されるようになってきた。ナターシャ・ウォルター自身も新著『生きた人形――性差別の復活』を書いて、その中で選択論へのかつての忠誠心を否認し、「私は完全に間違っていたことを認める用意がある」と述べている（Walter, 2010, p. 8）。以前の立場を修正したこの著作の中では、自分の娘と同じく、現代社会の少女たちが高度にセクシュアライズされた文化の中で成長し、女性になるすべを学んでいる状況に大きな懸念を抱いていると述べ、「選択とエンパワーメントという言葉を採用することで、この文化は、そのようないわゆる選択がいかに制限されているかを多くの人が見るのを妨げる煙幕をつくり出している」と論じている（ibid, p. 39）。

第三波フェミニストやリベラル・フェミニストの間では、たとえば大衆文化について書いているフェミニストに見られるように、いまだ選択を特権化する傾向が存在するが（Duits and van Zoonen, 2006）、カルチュラル・スタディーズ系の他のフェミニストたちは、特定のファッションや美容行為を採用することで女性が選択と主体性を表現できるという概念に強く異議を唱えている（Gill, 2007; Stuart and Donaghue, 2012; Coy and Garner, 2012）。政治学の世界でも、選択派フェミニズムに対する異議申し立てが盛んに行なわれてきた。『パースペクティブズ・オン・ポリティクス』誌はこの問題で特集を組んだが、その中でジェニット・カークパトリックは、「フェミニズムとは今日、ステレオタイプであることを選択する自由のことなのか？」と問いかけている（Kirkpatrick, 2010, p. 241）。ナンシー・ハーシュマンは、「第三波フェミニストに典型的な多様性、個性、選択という軽快な主張は、抑圧の根本的な現実を無視しているにすぎない」と述べている（Hirschman, 2010, pp. 272–273）。ミッシェル・ファーガソンは、選択派フェミニズムは「根本的に脱政治化しており……、消費主義を無批判に受け入れている」(Ferguson, 2010, p. 249)とし、「政治への恐怖」ゆえに祭り上げられており、「判断の必要性を回避しようとし、排除を避けようとし、現状に対するフェミニスト的挑戦のラディカリズムを軽視しようとする。だが、判断、排除、変化を求める声は政治の不可欠な一部なのだ」(ibid.)と言う。選択派フェミニズムはもはやフェミニズムの学術世界では支配的ではない。

文化的転換《カルチュラル・ターン》

リベラル・フェミニズムの活性化は、一九八〇年代と一九九〇年代に起こった、抑圧の語られ方の激変の一側面にすぎなかった。アカデミズムでも変化が起こった。女性が美容行為を行なう原因となった強制の諸形態よりも、選択し主体性を表現する女性の能力が重視されるようになったことは、フレドリック・ジェイムソンが「文化的転換《カルチュラル・ターン》」と呼んだ左翼思想のポストモダン化の一側面である(Jameson, 1998)〔フレドリック・ジェイムソン『カルチュラル・ターン』作品社、二〇〇六年〕。ポストモダン的思考は、支配的思想を生み出す支配階級のようなものが存在するという概念を否定する。フレドリック・ジェイムソンやテリー・イーグルトンのようにポストモダニズムを否定するマルクス主義文化理論家たちは、このような一連の考え方は、資本主義の歴史の特定の段階に奉仕するべく生まれたと説明している。たとえば、イーグルトンは、ポストモダニズムは、広く認知されている左翼の挫折と、その多くのメンバーの間で革命や深遠な社会変革の思想が死んだという発想にもとづいて広がるようになったと主張している(Eagleton, 1996)〔テリー・イーグルトン『ポストモダニズム幻想』大月書店、一九九八年〕。イーグルトンは、ある政治運動が歴史的敗北を喫したさまを想像するよう読者に求める。

体制は転覆しえないということが時代の主潮となる。……周辺部では反乱は起こりうるし、システムの裂け目もあるだろう。……体制は転覆しえないが、裂け目や周辺部につけ込めば、少なくとも瞬間的には体制を突破し、権力の攪乱につながるような弱点を示すことができると考えるようになる。これに触発されて出てくるのが、社会の脱中心性という考え方である。(ibid., p. 2)〔同前、一二〜一三頁〕

とりわけ、批判的思考がポストモダニズムによって乗っ取られたことは、イデオロギーという概念を投げ捨てることを意味した。なぜなら、この概念は抑圧に責任のある行為主体（agents）や利害当事者（interests）が存在することを前提しているからだ。オーストラリアのラディカル・フェミニスト理論家デニス・トンプソンは、フェミニスト理論のためにイデオロギー概念を残すべきだと強く主張している。彼女はポストモダン的な神秘化に反論して次のように述べている。「『行為主体と利害当事者』の概念を放棄することは政治を放棄することである。もし『行為主体』がいないのなら、加害者も支配関係の受益者もいないし、強力な既得権益に阻まれた人間主体も存在しないことになる」(Thompson, 2001, p. 23)。トンプソンは、イデオロギー概念のこのような放棄が大衆文化のフェミニスト的な理論化に与える影響を批判している。ポストモダンの文化理論家の重要な理解の一つは、低俗文化と高等文化とを区別する理由はなく、したがって、昼メロ（ソープオペラ）や時にはポルノ映画さえ他の文化作品と同等の価値を持っているとみなされるようになっていることである。この信念は次のような観念と結びついている。この種の大衆文化の消費者は博識で目が肥えており、主体性と選択能力をたっぷり備えていて、提供される玉石混交の作品の中から自分の利益にもとづいて選択したり退けたりすることができるという考えである。トンプソンは、イギリスの社会主義フェミニスト理論家（もっとも、その「社会主義」はポストモダニズムに乗っ取られている）であるミシェル・バレットの著作のうちにこうした傾向の問題があることを見出した。バレットは、フェミニストの理論家が「昼メロや王室ものやロマンティック・フィクションのような文化現象」を、女性を従属させるイデオロギーの代表であるとみなしていることを批判している。というのも、バレットの言うところによれば、それは、「多くの女性たちを情熱的に熱狂させているもの」を無視し、「彼女たちをそうした作品の被害者とみなすことになるからだ」（以下で引用。Thompson, 2001, p. 24）。

本書『美とミソジニー』は、まさにここで批判されているフェミニストの著作の最たるものだろう。なぜなら私は本書で、美とファッションのイデオロギーが大衆文化を通じて流布されることで女性を従属させていると論じているからだ。たとえこれらの女性たちがどれほど情熱的にこの種のイデオロギーに固執し、またそれに応じて自分たちの身体を切り刻んでいようが、だ。それどころか、トンプソンが言うように、「そもそもイデオロギーが作動しているとするならば、情熱的な熱狂こそがまさにイデオロギーが作動する仕方に他ならない」（Thompson, 2001）。トンプソンは、「何かがイデオロギー的であるかどうかを判断する唯一の基準は、それが支配関係を強化するかどうかである」と指摘している（ibid., p. 25）。支配関係を強化しているかどうかというこの基準は、本書で検討されている、化粧、ファッション、ラビアプラスティのような美容行為にも適用することができる。

女性学研究の分野でも「文化的転換」は起こった。ポストモダンの考え方が、アカデミズムの中で女性の抑圧やセクシュアリティについて考えたり書いたりする方法を支配するようになった。ポストモダニズム的理解のこうした支配は、フェミニズムをはじめ根本的な変革を求める社会運動の力の低下と相まって、美に対するフェミニスト的な批判を弱体化させた。いくつかのフェミニスト作品の中では、美容行為がどのように女性を抑圧し害しているかを検証することから、いかにして女性がこれらの実践を楽しみ、それによってエンパワーされうるかを論じることへと焦点が移った (Davis, 1995; Frost, 1999)。

フェミニスト研究者の中には、女性の「複数の主体性 (subjectivities)」の構築や自分自身の理解の複雑さに対処する上で、「ポストモダン」理論家の一人ミシェル・フーコーの考えが有益であると考えた人もいる。スーザン・ボルド (Bordo, 1994) とサンドラ・バートキー (Bartky, 1990) は、フーコー的なアプローチを用いて、女性が自己規律化を行なうことでどのように美のレジームに服従しているかを説明している。しかし、ボルド自身が指摘しているように、一般的にポストモダンの考え方を採用することの問題点は、それが一部の論者たちを権力関係の物質性を無視する方向に導いていることである。ボルドは、フーコーの導入や適用のいくつかを無益で「誤った表象」とみなしている。というのもそのせいで、多くのフェミニスト思想家が女性たちの諸行動を権力関係の文脈の中に置くことが困難になっているからだ。彼女は「解放されたポストモダンの主体性」について、「この、抽象的で、文脈に位置づけられていない、身体性を欠いた自由は……人々の生活の物質的な実践、文化的イメージをノーマル化する権力、そして支配と従属の——残念ながら——なおも継続している社会的諸現実を消去することによってのみ成り立つ」(Bordo, 1994, p. 129) と述べている。彼女は、ポストモダン系カルチュラル・スタディーズの理論家たちが、本来その分析対象としてもおかしくないテレビのトークショーそのものが体現する時代精神 (Zeitgeist) に囚われてしまったのではないかと示唆している。そのような文化形態の貧弱さや表層性が文化批評家たちに取り込まれ、その分析をすっかり脱急進化してしまったのである。

私がここで「ポストモダン的対話」と呼んでいるものは、個人の選択と創造的悦びへの陶酔、特殊性へのこだわり、パターンと首尾一貫性に見えるものへの不信、「差異」の祝福、批判的観点もなしに差異化し「諸差異」を重視すること、である。……これらはすべて、現代の知的言説の多くに

認められるおなじみの要素となっている。(ibid., p. 117)

彼女は、「身体に対する文化の支配について語ること」を「非常にダサくて――そして物事を『全体化する』ことだ」とみなす「セレブ的でアカデミックなポストモダニズム」を批判している(ibid.)。「全体化する者たち」というのは、「能動的で創造的な主体を、『文化的なお人好し』、イデオロギーの『受動的なカモ』として表象し」、また支配的イデオロギーを「シームレスで一義的なもの」とみなす人々のことで、『差異』の噴出を可能にし続けている裂け目と、すべての文化的テキストの多義的で不安定で開かれた性質の両方を見落としている」(ibid.)というわけだ。

美についてのフェミニストの考え方に対する文化的転換の影響は、三重のものであった。第一に、女性は美容行為に関して選択権と主体性を持っている、あるいはそれによってエンパワーされているという考えを促進した。第二に、女性を美容行為と「戯れる」パワーを持った存在として表象した。というのも、美容行為は抑圧的なものではなくて、今や楽しめるものとして再解釈することができるからだ。第三に、ファッション雑誌や大衆文化が、支配的イデオロギーの強制という役割を果たすのではなく、少女と女性をインスパイアし彼女たちが創造的になるための魅力的な資源として再解釈された。

キャシー・デイヴィスの著作は、文化的転換に影響を受けたフェミニスト理論家が、女性の主体性を発揮することへの関心を美容行為にどのように適用しているかの好例である(Davis, 1995)。彼女は、オランダで豊胸手術を受ける女性たちを対象にその理由について調査した。彼女は、インタビューの対象者を、女性身体に対する劣等感を植えつける美容文化の否定的メッセージを単純に受け入れてしまった「文化的お人好し」として表現しないようにしたと説明している。手術は「アイデンティティへの介入」であり、それによって女性は「自分の身体との関係を再交渉し、異なる自己の感覚を構築する可能性を開く」ことができる（ibid., p. 27）。デイヴィスは、乳房の美容整形手術は「客体化の罠」を無力化することができると言う。それは「むしろ客体化された身体ではなく、身体化された主体になることに向けた道を提供することができる」（ibid., p. 113）。デイヴィスは同書の最後に、美容整形は女性にとって道徳的で公正な結果を得るための手段であると主張することで、女性の主体性の尊重という概念を新たな極端にまで持っていっている。「美容整形はモラリティに関わるものだが、苦しみがある点を超えてしまった女性にとって美容整形は、正義の問題になりうる。その場合、唯一公正なことは美容整形をすることだ」（ibid., p. 163）。

リズ・フロストは化粧にこのアプローチを適用している。彼女は「外見をつくる（do looks）」行為を、何か「避けることのできない」もの（Frost, 1999, p. 134）、すなわち自然で必然的なものとして説明している。彼女は、「外見をつくる」必要性が、イデオロギー的なものとか、男性支配に奉仕するものとはみなさない。むしろ、フェミニスト理論家たちが美容行為に批判的なせいで女性に罪悪感やアンビバレントな感情を抱かせていると非難する。このような否定的態度は、女性は虚栄心を持つべきではないという家父長制的な教義と一致していると彼女は主張する。彼女は「外見をつくること」を、女性にとっての喜びの源泉であると同時に、エンパワーメントの源泉でもあるとみなす。彼女はポストモダンの概念を用いて、「外見をつくる」ことは女性にとって必要不可欠であると論じる。

女性がパワフルで自己をコントロールしていると感じるためには、また主体性と能力を実感するには（このいっさいはメンタルヘルスのために不可欠なものだと言いたい）、外見をつくることは、もはや単なる余事と見ることはできず、むしろ女性が、虚栄的だとかアブノーマルだとか浅薄だとかシスターフッド的ではないなどといった沈黙を強いる諸言説に対抗するための言説空間を領有することを通じて、快楽、創造的表現、満足感などの意味を提供することのできる、中心的なアイデンティティ獲得プロセスとみなすことができる。(ibid., p. 134)

フロストにとって、美容行為に対するフェミニストの批判は、口紅をつけることで女性が獲得する快楽に満ちた主体性を妨害するものでしかない。

女性的な美とファッション行為は、抑圧的なものではなく、むしろ遊び心に満ちた楽しみ(fun)として見ることができるという考えは、「行為遂行性《パフォーマティヴィティ》」に関するジュディス・バトラーの考えに負うところが大きい。バトラーは『ジェンダー・トラブル』(Butler, 1990)〔ジュディス・バトラー『ジェンダー・トラブル』青土社、一九九九年〕の中で、ジェンダーはそれを構成する諸儀式の日常的なパフォーマンスを通じて社会的に構築されていると論じている――「ジェンダーとは、身体を反復的に様式化していくことであり、きわめて厳密な規制枠組みの中で繰り返される一連の行為であって、その行為は長い年月のあいだに凝固して、実体とか自然な存在という外観を生み出していく」(ibid., p. 43)〔同前、七二頁〕。ジェンダーが社会的に構築されたものであるという考えは、フェミニズムにとって目新しいものではない。それどころか、それはフェミニズムの認識にとって根本的である。バトラーの作品が引き起こした興奮の多くは、クィア系の理論家や活動家によって解釈されてきたその仕方に起因している。すなわち、通常想定されているのとは異なる行為者(たとえばドラァグクィーン)によるジェンダー・パフォーマンスは、ジェンダーが社会的に構築されていることを示すものだから革命的な戦術であるといった言説がそうである。彼女の作品は、あるジェンダーの装飾品を通常は別のジェンダーと結びついている身体に着けることで何か政治的な活動をしていると考える人々による、ジェンダーとの戯れ、ジェンダー・スワッピングというクィアの全文化プロジェクトを触発するものとなった。しかしバトラーは、ジェンダーは個人の選択に従うことができるという、自著へのこうした解釈は間違っていると主張している。そのために彼女は『問題＝物質となる身体』（Butler, 1993）〔ジュディス・バトラー『問題＝物質となる身体――「セックス」の言説的境界について』以文社、二〇二一年〕を書き、ジェンダー・パフォーマンスは実際には制約の結果であり、簡単に操作できるものではないと主張した。

もしジェンダーが、任意に着脱できるような人工物ではなく、したがって選択の結果ではないとするなら、私たちはどうしたら文化的決定論の罠に陥ることなく、ジェンダー規範の構成的かつ強制的な状態を理解するべきなのか？（Butler, 1993, p. x）〔バトラー『問題＝物質となる身体』、xvi頁〕

バトラーは誤って解釈されていると主張しているが、それこそまさにクィア理論家たちが取ってきた解釈に他ならない。そうすることで彼らは、ドラァグ、ジェンダー・スワッピング、トランスジェンダリズム、そしてSMさえも、ジェンダーと戯れる革命的方法であると論じているのであり、したがって、フェミニストが真面目に美容行為を理論化することを困難にしているのだ。

性的な「差異／服従」

西洋文化は性差という概念に基づいている。男性と女性の間には本質的な違いがあり、それは男らしさと女らしさの振る舞いとそれに付随する諸慣行に表現されているというのだ。それがあまりにも支配的で普遍的であり、オルタナティブの余地がほとんどないため、女性がこの差異を表現する慣行を積極的に「選ぶ」ことができるという考えはほぼ意味をなさない。西洋文化は、他のすべての男性支配文化と同様、「差異」を公けに示すことを要求し、そのために「差異」が真実とみなされる。それは最も頑強に永続する神話であり、異議申し立てをするのはきわめて困難である。男らしい振る舞いと女らしい振る舞いという、男女間で異なる慣行は、「性差」というものが存在するという考えに基づいている。フランスのフェミニスト理論家であるモニク・ウィティッグ（Wittig, 1996）やコレット・ギヨマン（Guillaumin, 1996）は、この差異は政治的なものであり、男性支配の根幹をなすものであると力強く主張している。性差は一般に、生物学的に明確に異なる二つの性別にもとづいて生物学的な意味での行動や外見の違いが生じるというように、生物学的に説明されている。さまざまな分野のフェミニスト理論家は、「性役割」（現在ではより一般的に「ジェンダー」と呼ばれている）が文化的に構築されたものであることを、過去四〇年間にわたって強く指摘してきた。

男女の〔ジェンダー的な意味での〕差異は文化の中で、また文化によって作られたものだが、自然で生物学的なものだとみなされている。多くの女性や男性が、女らしさや男らしさを自然ではなく社会的に構築されたものとして見ることに大きな困難を感じるのは、文化の強力さを証明している。フランスのフェミニスト理論家コレット・ギヨマンは、女性は「異なった」存在だという文化的考えの難点を説明している（Guillaumin, 1996）。もし女性が異なったものだとするなら、何かと異なっているはずだから、その何かが存在しなければならない。その何かとは結局、男性なのだが、彼ら自身は何かと異なっているとはみなされない。彼らは単に男性なのだ。異なるものとして理解されているのは女性だけである――「男性は何かと異なるとはされない。……しかし私たち女性は異なっているとされる。それは私たちの根本的特性なのだ。私たちは、文法的にも論理的にも、それ自体として異なっているという偉業に成功している。私たちの本質は差異なのだ」（ibid., p. 95）。女性はもちろん、多くの点で男性とは「異なっている」と理解されている。ギヨマンが言うように、「繊細で、可愛らしく、直感的で、非理性的で、母性的で、非筋肉質で、組織だった性格を欠いている」と（ibid.）。しかし、最も重要なことは、女性は潜在的に「美しい」という点で男性とは異なると理解されており、美しさに興味を持ち、美しくあるために膨大な時間、お金、痛み、感情的な苦痛を注ぐことに熱心であるという点で異なっているとされる。これは西洋文化では女性にとって「自然なこと」であり、女性が男性と異なることの最も説得力のある徴《しるし》であると考えられている。

生物学的な性差という考えは、男性と女性が実際には支配と従属の地位で相互に関係しあっているという認識を妨げる大きな障害となっている。もう一人のフランスのフェミニスト理論家、モニク・ウィティッグは言う。「性差のイデオロギーは、男女間の社会的対立を自然にもとづいて覆い隠すことで、私たちの文化における検閲として機能している」(Wittig, 1996, p. 24)。性差は支配システムによって生み出される。というのも、どのような支配システムにおいても、「主人たちは、確立された区分を自然の差異の結果として説明し正当化する」(ibid.) からだ。ウィティッグは、〔ジェンダー的な意味での〕「男」と「女」という概念は政治的カテゴリーであり、女性と男性の間の階級闘争において女性が勝利すれば廃絶されるだろうと主張している。しかし女性は、自分たちが支配されていることに気づかず、この階級闘争に参加していない。ウィティッグは、「あらゆる時代」の支配階級が「同時にその時代の支配的な知的勢力」であり、どの時代の支配的思想もこの支配階級の思想であるという趣旨のマルクスとエンゲルスの文言を引用している (ibid., p. 26)。ウィティッグによれば、女性に「すべての思考、すべての社会の前に、構成的な差異を持つ『性別』(生まれながらにして二つのカテゴリーの個人) が存在する」と教えるのは、「男性」という政治的階級の支配であり、それは形而上学的かつ自然なものであって、性別分業という形でマルクス主義思想にも採用されている。この考えは、「一方の性別が他方の性別によって服従させられているという政治的事実を隠蔽している」(ibid.)。

人間を分割している性別《セックス》/性カテゴリーは強制的異性愛の基礎であり (Rich, 1993)〔前掲リッチ『血・パン・詩』）、それは「社会を異性愛社会として構築する」（Wittig, 1996, p. 27）。モニク・ウィティッグは次のように説明している。

性別《セックス》／性カテゴリーは、（異性愛）社会の基礎にあり、人口の半分である女性が「異性愛化」され（女性を作ることは、宦官を作るようなものであり、奴隷や動物を繁殖させるようなものである）、異性愛経済に服従する関係を「自然なもの」として支配するカテゴリーである。（ibid.）

この強制的異性愛の目的は、男性が「婚姻契約と呼ばれる契約によって、女性の生殖と生産を領有し、したがってまた女性の身体を自分のために領有する」のを可能にすることだ（ibid.）。女性にとって「性別《セックス》／性カテゴリー」が意味するところを明らかにしたウィティッグの分析は、美容行為を理解する上で有益である。彼女は、女性はセックスそのものとして作られていると説明している。

性別《セックス》／性カテゴリーは、人口の半分を性的な存在に変えてしまう異性愛社会の産物である。彼女らはどこにいても、彼女らが何をするにしても（公共部門で働くことを含む）、彼女らは男性に性的に利用できるように見られ（かつ作られ）ている。彼女らは、胸、お尻、コスチュームとして表示されている必要がある。彼女らは、昼も夜も、その黄色い星〔ナチス支配下のユダヤ人に付けられたマーク〕を、つまりその絶え間ない笑顔を身につけていなければならない。（ibid., p. 28）

ウィティッグは、結婚しているかどうかにかかわらず、すべての女性がこのように否応なく利用可能な存在とされている状態を、「強制的な性的奉仕（sexual service）」とみなしている。「それは軍役（military service）に例えることができ、その期間は一日であったり〔売買春の場合〕、一年、あるいは二五年かそれ以上にもわたる役務である」。そして、美容行為こそ、女性に押しつけられた性的「役務（corvée）」（もともと農民が封建的地主のために無報酬で行なわなければならない夫役のこと）としての要件を満たすものである。美容行為は男性に喜びを与え、オフィスでも、街でも、映画でも、寝室でも、性的な興奮を可能にしている。男性は女性のように性別《セックス》／性カテゴリーの中に封じ込められてはいない。男性はセックスよりもはるかに多くの特性を持った存在であるが、「性別《セックス》／性カテゴリーは……女性に固執しており、女性だけがその外部では知覚しえない存在なのだ。女性だけがセックスであり、セックスそのものであり、彼女たちの心、身体、行為、ジェスチャーのうちにセックスとして形成されている」（Wittig, 1996）。

女性こそがセックスであるというこの考えは、科学や医学の中で「性別《セックス》／性カテゴリー」に権威ある基盤を与える上で重要な役割を果たした二〇世紀の男性性科学者たちの仕事によく表れている。重要な性科学者であるイワン・ブロッホは、一九〇九年に著した『現代の性生活』の中で、「女性の拡張された性的領域をうまく特徴づけた」とされているある著者の文言を引用している。

> 女性は、実際、頭のてっぺんから足のつま先まで純粋なセックスである。われわれ男性は、自分たちの器官を一箇所に集中させ、それを抽出し、準備のできたものとして、身体の残りの部分から分離した。彼女たち［女性］は性的な面ないし的《まと》であり、われわれは一本の性的な矢を持っている。
> (Jeffreys, 1985/1997a, p. 138 で引用)

日々の業務をこなす中で男性が女性を「女」として認識しペニスを勃起させることで得られる性的満

足感を与えるためには、美容行為による性差の創造が欠かせない。これは男性の考え方や行動を誇張しているように聞こえるかもしれないが、このことをあえて明確に表現している人もいる。J・C・フリューゲルは『服装の心理学』(Flugel, 1930/1950) の中で、女性が男性とは異なる服装を要求される理由をあからさまに述べている。

> われわれの大多数は間違いなく……、絶え間ない快刺激の現行システムを廃止するという見通しに直面することに耐えられないことを……率直に認めるだろう。それは、性的反応の初期段階を何らかの形で経験する機会を失うことのないよう、近づいてくる人間の性別については、距離が離れていても確実に察知できるシステムだ。

> 二つのそれぞれの性別に特徴的な服を着ることの基本的な目的は、性的本能を刺激することであるとの見解から逃れることはできないようである。(ibid., p. 201)

『聖なる男らしさ』の著者であるエマニュエル・レイノーは、服装の性差を男性の性的満足度を高めるためのものだとする考えを支持して、こう説明している。「彼女は足を見せてヴァギナにアクセスできるようにしなければならないが、男性はふくらはぎを見せたり、ペニスに簡単にアクセスできるようにする必要はない」(Reynaud, 1983, p. 402)。

美容行為は、女性が従順であり、奉仕することを厭わず、その奉仕に向けて努力することを示している。私が指摘したいのは、女性は単に「異なっている (different)」だけではなく、最も重要なのは「服従的である (deferential)」ということだ。女性が体現しなければならない「差異 (difference)」とは、「服従

(deference)」のことなのだ。性的な「差異／服従」がどのように表現されなければならないかは、男性優位社会の多様性に応じてかなり異なりうる。しかし、性的な「差異／服従」とはまったく無縁である社会や、男性支配の社会秩序がこの差異以外のもので成り立っている社会が存在している証拠は存在しない。実際、誰が支配階級であり、誰が支配階級ではないかを示す明示的な差異がなければ、どのようにして男性支配が存在しうるだろうか。西洋社会では、女性が男性の興奮のために体のかなりの部分を見せる服、スカート、体型を強調する服、化粧、ヘアスタイル、脱毛、第二次性徴を目立つように見せる、あるいは手術によってそれを作り出すことによって、そして「女らしい」ボディランゲージによって、「美」を創造することを求められている。女性は性的な「差異／服従」を生み出すために、女らしさを実践することが求められている。しかし、その差異は権力の格差なのであり、女らしさとは、支配階級である男性への服従を示すために、従属階級の女性に要求される振る舞いなのである。

従属の振る舞いとしての女らしさ

女性が従事し男性が興奮を感じる美の実践（美容行為）は、政治的従属者の実践である。セックスが男性の支配と女性の従属から構築されているＳＭもの（Jeffreys, 1990）では、支配される女の子役を誰かが演じなければならない。セクシュアリティと性暴力に関するフェミニスト理論家であるキャサリン・マッキノンは、男性支配、男らしさ、女らしさという「ジェンダー」は、男性支配のセクシュアリティ、すなわちエロティックなものとされた権力の差異に奉仕するために絶えず再構築される必要があると主張している（MacKinnon, 1989）。この理解は、女らしさの存在と持続を説明するのに役立つ。男性支配のセクシュアリティは「女役」を必要とし、女性は男性の性的興奮を促すために女らしい存在へと訓練され、そうなるよう圧力をかけられる。

フェミニストの理論家たちは、「女らしい」振る舞いとして理解されるものが、単に社会的に構築されたものであるだけでなく、従属的な社会集団の振る舞いとして政治的に構築されたものであることを明らかにしてきた。ナンシー・ヘンリーの「身体の政治学（Body Politics）」に関する研究は、このアプローチの典型例である（Henley, 1977）。彼女は、人がどのように身体を使うよう訓練されているのか、どのように使うよう期待されているのかが、権力ヒエラルキーにおけるその人の位置に由来するものであることを明らかにしている。権力者は、下位の者には禁止されている特定の方法で自分たちの特権を表現する。ヘンリーは、権力の振る舞いを行動で表わすのは男性だけではなく、雇用者と従業員のような、ジェンダー以外のヒエラルキーに関わる人間もそうであることを示している。権力者はより多くのスペースを占める。雇用者がより大きなオフィスを持つだけでなく、男性は自分の家でもより大きなスペースを占め、自分だけの世界を持つ。男性は自分の身体でもってより多くのスペースを占める。たとえば、男はバスの座席やソファの上で足を広げたり、ふんぞり返って座っているのに対して、女性は足や腕を体に密着させて、空いたスペースにきちんと収まるよう期待されている。同様に、面接を受ける者は、仕事に応募するという下位の立場にあるので、のびのびと座ることはできないだろう。ヘンリーが示すように、男性は女性に近づく時、男性に近づく時よりも接近する傾向にあるが、それは、女性には、自分の身体の周囲により小さなパーソナルスペースしか認められていないからだ。

接触《タッチ》も権力者が特権を持つ領域である。権力者は肉体的な接触をすることができるが、下位にいる者はそうではない。たとえば、雇用主はオフィスの従業員の肩に手を置くことができるが、逆の行動は僭越である。男性は女性に触れることがあるが、女性が男性に触れる場合は性的な接触と解釈され、危険な行動となる。アイコンタクトも権力を表現する方法だ。男性は女性を凝視することがあるが、女性は凝視し返すのではなく、上品に目を伏せることになっている。しかし、男性が他の男性を凝視したら、

「何じろじろ見てんだよ」という攻撃的な反応を招くかもしれない。これらの行動は、母親が娘に膝を閉じるよう指示するといった直接的な指示や社会的な相互作用を通じて学習される。しかし、大人になる頃には、そうした振る舞いは「自然なもの」とみなされるようになり、学習のプロセスは忘れ去られる。そして、部下に求められるスペース、接触、アイコンタクトといった振る舞いは、女らしさの自然な振る舞いとして理解される。これらの振る舞いによって形成された基盤の上に美容行為が接ぎ木され、ハイヒールが女性には自然に見えても、男性には滑稽に見えるのである。

フェミニストの心理学者であるディー・グレアムは、「社会的ストックホルム症候群（Societal Stockholm syndrome）」という概念（Graham, 1994）によって、従属者の振る舞いとしての女らしさの理解に大きく貢献した。『生きのびるために愛する』という著作の中で彼女は、女らしさと、ストックホルム症候群と名づけられた監禁と恐怖の状況における人質の振る舞いとのあいだにアナロジーを見出している。ストックホルム症候群という概念は、ストックホルムで起きた人質事件の状況に由来している。そこでは、人質は抑圧者たちに反抗的態度を示すのではなく、抑圧者とつながりを持とうとした。人質が誘拐犯の利益を自分の利益として認識するようになったこのつながりは、誘拐犯がもたらす、自己の生存への非常に現実的な脅威から来ている。グレアムは、この概念を女性の振る舞いである女らしさを説明するために拡張し、それは女性が危険にさらされている暴力的な男性社会の中で生きていることへの反応であるとした。女らしさは社会的ストックホルム症候群を表わしているのだ。「ある（逃れられない）集団が他の集団を暴力で脅すだけでなく、被害を受けた集団に何らかの優しさを示せば、集団間に愛着が芽生えるだろう。これこそ、私たちが社会的（または文化的）ストックホルム症候群と呼んでいるものである」（ibid., p. 57）。

グレアムは、「男らしさと女らしさは、男性の支配と女性の従属の婉曲表現である」と明確に述べている（ibid., p. 192）。女性は人質と同じく相手を恐れており、「男性との交流がスムーズに進むように、利用可能なあらゆる情報を使って振る舞いを変える」（ibid., p. 160）。彼女たちが行なうことの一つは、男性を魅了するために自分の身体を変えることである。グレアムは、化粧、美容整形、体毛を剃ったり脱毛したりすること、ハイヒールや動きづらい服装など、本書で有害な美容行為とみなしているものを例として挙げている。彼女は、これらの行為が次のものを反映していると言う。

①どの程度、女性が自分自身を男性に受け入れられるようにしようとしているのか、②どの程度、女性が男性とのつながりを求めているのか、したがって、③どの程度、女性が男性の愛情や承認の必要性を感じているのか、④女性が今のままだったら（変わらなければ）、どの程度、男性の愛情や承認を受ける価値がないと感じているのか。（ibid., p. 162）

グレアムは、「女らしさとは、敵に勝つために敵とうまくやっていくための青写真である」（ibid., p. 187）と主張している。「女らしさ」という用語は、「従属者に関わる人格的特徴と、支配者に喜ばれる振る舞いをする個人の人格的特徴を指示しており」（ibid.）、「男性文化が『女らしい』と分類する振る舞いは、何らかの被抑圧集団を特徴づけるものである」（ibid., p. 189）。より権力を持たない者たちのこうした振る舞いは、権力者側に影響を及ぼそうとする間接的な試みであり、それは「知性の利用、狡猾さ、直観、対人スキル、魅力、セクシャリティ、欺瞞、回避行動」（ibid.）、つまり、知性を除けば、本質的に女性的であると認識される可能性の高いものである。

グレアムは、なぜ多くの女性が自分の女らしさは生物学的で先天的なものであると信じているのか、またなぜ、「男性がそのような服装をしている女性の方が魅力的だと思っていなくても、私たちは化粧をしたり、髪を巻いたり、ハイヒールを履いたりすることを選ぶだろうと信じられている」(ibid., p. 197)のかについての説明を提供している。女性がこのように信じているのは、「違うように考える」ためには、私たちの振る舞いが「外部の変数」、つまり男性の力の行使とその脅威によってコントロールされていることを認める必要があるからだ。このことを認識することは、女性が「自分たちの恐怖を認めなければならない」ことを意味する(ibid.)。グレアムは、「女性にとって、女らしさを失うことを考えるだけで恐ろしいことなのだ」(ibid., p. 199) と述べ、女らしさを手放すことの恐怖とは何であるのかを検証することが、女らしさを完全に手放す決断につながるかもしれないと結論づけている。

ヘンリーやグレアムのようなフェミニスト社会構築主義者は、フェミニズムの課題は、これまで「性役割」や「性差」と呼ばれてきたもの(現在ではより一般的に「ジェンダー」と呼ばれているもの)を破壊し根絶することであると理解している。男らしさと女らしさが支配と従属の振る舞いであると理解されるなら、これらの振る舞いの何らかの側面が、男性支配の破壊後にも残っているだろうと考えるのはあまり合理的ではない。クリスティーヌ・デルフィは、ジェンダーの差異に対処するための方法として提唱されている両性具有《アンドロジニー》の概念、つまり、男性と女性の両方が、現在どちらか一方または他方に厳密に帰属させられている振る舞いを組み合わせればよいという発想は、実現不可能であると指摘している(Delphy, 1993)。支配と従属の振る舞いは、どのような形で結合させても、平等主義的な未来では生き残れないだろう。一方の性別に帰属させられている振る舞いの中には、養育行動のように、権力格差とは無関係で、より平等に共有できるものもあるかもしれないが、服従と特権に関わるあらゆる振る舞いがそうなるとはとうてい想像できない。

本書はこれまで、美容行為に従事することで女らしさを発揮するよう女性に強いる文化的期待の力を示すことに努めてきた。こうした振る舞いを強いる諸力には、オルタナティブを見出す余地がまったくないこと、女らしさとその実践は自然で必然であるという信念、幼少期の訓練、学校でのいじめ、職場での要求、男性優位の文化によって植えつけられた身体嫌悪を改善する必要性、男による報復への恐怖などが含まれる。カレン・キャラハンが論文集『女性美の理想』(Callaghan, 1994) の序文で説明しているように、現代の西洋における社会的統制は、通常、力ずくで個人に押しつけられるものではなく、広告や女性誌などを含む「象徴的操作」によって達成され、「自由意志と選択の装いをつくり出す」(ibid., p. x)。一部の女性がその行為を楽しんでいると言っている事実は、それが女性の従属において一定の役割を果たしていることと矛盾していない。これはおそらく、彼女たちが必要性から美徳をつくり出したことの結果であるとみなすべきであろう。次の章では、西洋における美容行為を国連の言う「有害な文化的慣行」の定義に含める必要があることを主張する。なぜなら、この概念は、女性や子どもたちに害を与える文化的慣行を文化的に強制する権力の理解に基づいているからである。有害と認定された慣行については、「選択」は弁明にはならないのである。

第2章　西洋における有害な文化的慣行

私は本章で、西洋文化における美容行為は有害な文化的慣行として理解されるべきであると主張する。化粧や豊胸手術のような欧米の美容行為は、女性への有害性の程度がさまざまだ。たとえば、身体の一部を切除する美容整形手術は、化粧と比べれば、明らかに女性器切除（FGM）の方により近い。しかし、本章では、口紅を塗ることから侵襲的な美容整形手術に至るまで、西洋の一連の美容行為は、その影響の程度は異なるとはいえ、国連の理解する「有害な文化的慣行」として定められた基準に合致していると論じる。

国連の規定

有害な文化的・伝統的慣行という概念は、人権の枠組みに簡単には収まりきらない女性や子どもへの有害行為の諸形態を特定し排除しようとする国連の問題意識から生まれたものだ（UN, 1995）。国際的な人権コミュニティでの認知度は高まっているが、非西洋文化における女性器切除のような慣行に言及しているだけである。しかし、欧米では、ジェンダーのステレオタイプ化されたカテゴリーに人々を合わせるために性器の一部を切除するなど、まったく同様の行為が有害であるとの認識はない。それどころか、西洋には何らかの「慣行」を生み出す「文化」があるという考え自体、異質で疎遠なものに見えるかもしれない。欧米における有害な慣行は、ほとんどの場合、消費者の「選択」、「科学」と「医療」、「ファッション」、すなわち市場の法則から生じるものとして正当化されているからだ。「文化」というのは、あくまでも非西洋に存在する反動的なものとして見られているのかもしれない。西洋には代わりに科学と市場があるというわけだ。この章では、欧米の男性支配の文化が、女性にとって有害な美容行為を含む諸慣行（実践）を生み出していることを論じたいと思う。

この一〇年間に、欧米の美容行為の中でもとくに残忍なものであるラビアプラスティ（女性器形成術）が美容外科医の間で人気を博してきた。インターネットで「ラビアプラスティ」という言葉で検索すると、二〇〇四年には二二〇〇件のサイトがヒットし、二〇一四年には五二万七〇〇〇件ものサイトがヒットしたが、そのほとんどがこの施術を提供している美容外科医に関連したものだ。ラビアプラスティの外科医は、この手術を「小陰唇を縮小および／または再形成する外科手術」と説明している（LabiaplastySurgeon, n.d.）。ウェブサイトを見ると、男性の欲望に合わせて女性の体を切り刻むさまざまな手術の中でも、この手術が日常的に行なわれていることがわかる。欧米諸国ではさらに、男性と女性を去勢し、乳房、陰茎、子宮などを切除したり形成したりする「性別適合」手術が、しばしば同じ外科医によって行なわれている。しかし、これらの行為が明らかに有害であり、反動的文化の証拠であるとは理解されていない。たとえば、トランスセクシャルの外科的去勢は、ある性階級のカテゴリーに適合しない者を別の性階級に外科的に移行させるべきだとする文化的要請としてではなく、「性別違和（gender dysphoria）」という障害に対する治療であるとされているが、そう表現しているのは、それによって利益を得る医療専門家たちである（Rottnek, 1999）。

有害な文化的慣行という概念は、非西洋だけでなく、西洋でもこのような慣行を分析するのに有効である。国連の用語で有害な文化的慣行や伝統的慣行とは、次のように定義されている。女性と少女の健康に有害であること、男女間の物質的な力の差から生じていること、男性の利益のために行なわれていること、女性と少女の機会を損なうステレオタイプの男らしさと女らしさを生み出していること、伝統によって正当化されていること、である。これらの定義は、美容整形のような欧米の美容行為にもあてはまる。この概念は、女性が生きている男性支配の文化に焦点を当て、それを自然なもの、必然的なもの、あるいは進歩的なものとみなすのではなく、批判の対象とすることを可能にする。

「有害な文化的慣行」とは何か

有害な文化的・伝統的慣行という国連の概念は、女性に対する暴力や差別の形態として文化的に容認されている諸慣行を特定することを目的としている。この概念は、非常に重要で唯一の「女性のための」条約である「女性に対するあらゆる形態の差別撤廃に関する条約（女性差別撤廃条約）」（UN, 1979）に規定されている。女性差別撤廃条約の第二条（f）は、条約の締約国は、「女性に対する差別を構成する既存の法律、規制、慣習および慣行を修正または廃止するために、立法を含むすべての適切な措置をとる」と述べている。撤廃条約はまた、締約国に次のような措置をとることを義務づけている。

> 男女いずれかの劣等性もしくは優越性の観念、または男女の固定観念に基づく偏見と慣習、その他あらゆる慣行の撤廃を実現するために、男女の社会的および文化的な行動様式を修正すること。
> (ibid, art. 5 (a))

ここで言う「慣習」や「慣行」の定義は十分に広く、美容行為も含めることができる。美容行為は、それによって男女間の「差異」が創出され維持されるための主要な手段である。これらの慣行は、女性が性と美の対象であるというステレオタイプ化された役割を作り出し、女性は化粧、ヘアスタイル、脱毛、クリーム、薬、ファッション、ボトックス、美容整形などに膨大な時間とお金を費やす必要があるとされる。一部の男性も、本書で紹介されている美容行為の多くに従事しているが、それは基本的にマゾヒスティックな異性装（女装）から得られる性的満足のためである。仕事のために化粧をしたり、支配的な性階級を喜ばせるためにハイヒールを履いたりする必要はない。それどころか、第3章で見るように、男性の異性装は女性の性的興奮を刺激するどころか、女性にとってかなりの問題を引き起こしている。女性が美容行為をするよう生物学的にプログラミングされているという考えを受け入れるのでないかぎり、それは女性に求められている文化的慣行として理解されなければならない。一方の性階級には求められず、他方の性階級にのみ求められるすべての慣行は、男性支配を維持する上で何らかの政治的役割を果たしているかどうかが検討されるべきである。有害な文化的・伝統的慣行の概念は、過去一〇年の間にいくつかの国連文書で厳密化されてきた。有害な伝統的慣行の拡大された定義は、一九九五年の国連のファクトシートで提供されている。

女性器切除、女性への強制摂食、早婚、女性が自分で妊孕性をコントロールできないようにするさまざまな禁忌や慣行、栄養学上の禁忌と伝統的な出産慣行、男児優先とそれが女児の地位に与える影響、女嬰児の殺害、早期妊娠、持参金《ダウリー》。（UN, 1995, pp. 3–4）

ファクトシートに記載されているこれらの慣行の中には、西洋におけるものとよく似たものがある。たとえば、太っていることが魅力的だと男性が考える文化の中で、女児に結婚の準備をさせるための強制摂食は、西洋の美容行為に似ている。強制摂食を、明らかにそれと反対のものである飢餓と比較することは有益であろう。飢餓は、欧米では性的魅力の文化的基準に近づくために女性に対してより求められやすい状態だ。西洋文化では、女性は消費量を増やすのではなく、ウェディングドレスに合わせるために数週間から数ヶ月間、食事を制限する傾向がある。ファクトシートでは、このような慣行がどのようにして生まれたのかが説明されており、美容行為の起源を明らかにすることにも役立つ。

有害な伝統的慣行は、国連の定義では、女性と女児の健康を損なうものだ。女性器切除のような慣行がもたらす健康へのダメージは、十分に明らかにされている（Dorkenoo, 1994）。欧米における有害な慣行の結果として生じるダメージは、ただちに明らかでも深刻でもないかもしれない。しかし、西洋で普通に行なわれている豊胸手術（Haiken, 1997）〔エリザベス・ハイケン『プラスチック・ビューティー――美容整形の文化史』平凡社、一九九九年〕のような美容整形の慣行がもたらす健康被害については、後の章で見るように、かなりのエビデンスがある。美容整形がもたらす心理的に有害な影響は、これまで問題視されてこなかったため、ほとんど明らかにされていないが、女性の従属的な女らしさの構築の一端を担っていることから、かなり大きなものである可能性が高い。

西洋では、このような慣行がもたらす健康被害にばかり注目が集まるのだが、その方が有害性を〔客観的に〕測定しやすく、それでもって有害性を判断する傾向があるからだ。他方、平等な市民としての女性の地位に対する有害性は測定しにくいのだが、女性の従属性に基づくすべての文化的慣行がその意味で有害である可能性は高いのである。たとえば、女性の市民権に関するルース・リスターの研究では、主婦の役割とそれに付随して女性がさまざまな形で無償労働をするよう要求されることは、〔自立した〕市民としての男性の地位を支える役割を果たす一方で、市民としての女性の地位に深刻なダメージを与えている（Lister, 1997）。女性が美容行為に費やす追加労働とそうした行為が及ぼす影響、すなわちどのように女性が公共の空間を占め、どのように自分自身について感じ、どのように公共の生活に介入するのかということに及ぼす影響については、この分析に含めて考えることが有益である。ニルマル・プワールは、英国の女性国会議員の経験に関する研究で、過剰に男性的な文化の中で生き残ろうとするとき、外見の女らしさを実践することが彼女たちにとって不可欠であることを示している (Puwar, 2004)。彼女がインタビューしたある女性国会議員は、いかに女性が性的対象としてじろじろ見られ、品評されるかを説明し、「女性のセクシュアリティは常に女性につきまとう」と説明している (ibid., p. 76)。国会議員は、「女性の身体性を強調した服装をすることで、つまり一般に認められた女らしさの外観を強調することで、性差 (gender differences) を再生産するよう圧力を受けている」(ibid.)。その影響の一つは、外観を絶えず品評されることだが、そこでは検討されていないさらなる影響があるように思われる。議員として効果的に働こうとすれば、女性であることがはっきりと目立つようにしていなければならないのであり、したがって従属的地位を示す不愉快な意味を帯びたものを身に着けていなければならないのだ。

国連のファクトシートによると、有害な文化的慣行は「社会が女性と少女に与えた価値観の結果である。それらは、女性と少女が教育、富、健康、雇用に不平等にしかアクセスできない環境の中で持続している」(UN, 1995, p. 5)。西洋文化では、女性と少女に与えられた価値観は、男性に与えられた価値観とは明らかに異なっている。教育へのアクセスの不平等はそれほど大きくないかもしれないが、富や雇用へのアクセスの不平等は根強く残っている。たとえば、二〇〇〇〜二〇〇一年のイギリスにおける女性の週平均個人所得は一三三ポンドであったのに対し、男性は二七一ポンドであった (Carvel, 2002)。女性と少女の価値が低いことは、家庭内暴力をはじめ、女性と女児に対する暴力のすべての慣行、ポルノや他の形態の性産業の存在によって示されている。私が言いたいのは、西洋の美容行為は女性のこの低く位置づけられた価値から生じているということだ。化粧やヒールの高い靴、ラビアプラスティ、豊胸手術などは、西洋では女性と少女に与えられたある価値観の結果である。すなわち、女性は男性の喜びのために存在する従属階級の一員であって、そのことを示すために女性の身体は改造され装飾されるべきだという価値観だ。

ファクトシートが有害な文化的・伝統的慣行であることを判定するためのその他の基準は、「あるコミュニティのメンバーが長期にわたって、しばしば何世代にもわたって保持してきた価値観や信念を反映している」ということと、「男性の利益」のために行なわれていることである（UN, 1995, p. 3）。美容行為は、女性に対する長年の価値観や信念を反映しているが、女性がするべきとされている諸行為の様態は時代とともに変化している。女性が「美」のために自分の体を改造したり装飾したりするよう求められていることに変わりはないが、たとえば、胸を強調するために女性の解剖学的構造を変える道具であったコルセットは、その後、豊胸手術に道を譲った（Summers, 2001）。女性が男性の性的興奮のために体現すべきものとしての「美」という考えは、自然なものであれ人工的なものであれ、西洋文化に深く根づいている。美容行為は男性の利益のためであると解するのが最も合理的である。

欧米の女性たちは時に、男性のためではなく、自分のため、あるいは他の女性のために、美容行為を行なうことを選択したと言うが、その場合でも男性はいくつかの点で利益を得ることができる。彼らは、装飾した女性を見るたびに、自分たちが優位な性階級としての地位を持っていることを再確認することができる。彼らはまた、「美しい」女性によって性的に刺激されるという利益を得る。これらの利益は、女性は男性を「引き立たせる（complement）」ことと男性に「へつらう（compliment）」ことを期待されているという理解に集約される。女性は、男性と「反対の」「従属的」性別であることで男性を「引き立たせ」ている。そして女性は、男性の性的興奮のために自分自身を飾ることに進んで努力することによって、男性に「へつらって」いる。たとえば男性は女性のこの努力によって自分が〔ジェンダー的な意味で〕「男」として定義されていると感じることができるし、女性がたとえばハイヒールを履いている場合には、男性の喜びのために女性が痛みや不自由さを我慢していると感じることができる。美容行為を拒否する女性たちは、男を引き立たせもせずへつらいもしないのであり、そのような抵抗は支配的な性階級のメンバーを大いに憤慨させることになる。

有害な文化的慣行が「持続する」のは、「それが疑問視されず、それを実践する者たちの目から見て道徳的に正当に見える」からだと、ファクトシートには書かれている（UN, 1995, p. 3）。西洋における美容行為は間違いなくほとんど疑問視されることはない。それらは自然で必然的なものであると理解され、歴史と文化を超えて女性の生物学的構造に内在するものとして正当化されている（Marwick, 1988）。この慣行を拒絶することは、たとえば、ブラジャーを燃やしたフェミニストに対してそうであったように、怒りと嘲笑をもたらすのであり、醜いとか、足が毛深いとか、男を得られないなどと言われる。西洋における美容行為は自然の道徳性を所持している。それを実践しない女性は、「だらしない」とか、見苦しいとか、あるいは不自然で、社会構造を脅かすものとみなされる。

女性に対する暴力に関する国連特別報告者であったラディカ・クマラスワミ〔スリランカ出身の人権活動家でニューヨーク大学法学部教授。一九九四年から二〇〇三年まで国連事務次長として女性の人権のために活動〕は、国家が経済を近代化しようとすると、有害な伝統的慣行という形で女性の権利の侵害がそのまま放置されることが多いと説明している（Coomaraswamy, 1997）。西洋では、「近代的な」（西洋が理解する意味で「近代的な」）経済、技術、民主主義がかなり発展してきたが、女性や少女にかなりの害を与える美容行為が繁栄し、非常に重要な諸産業の基礎をなしている。現代経済は、有害な慣行を減少させるのではなく、化粧品やファッションのように、それを利用して大きな利益を上げている。このように、現代経済は有害な慣行を排除することをいっそう困難にしている。世界の美容産業は、二〇〇三年五月の『エコノミスト』誌によると、一六〇〇億ドルもの価値があると推定されている（*The Economist*, 2003）。

二〇〇二年、クマラスワミは有害な文化的慣行についての新しい長大な報告書を作成した。この報告書の大部分は、以前の文書の西洋的偏見を引き継いでいる。しかし、この報告書では、西洋の美容行為についても一パラグラフを費やして言及されている。報告書には、「多くの社会では、美への欲求が女性にさまざまな影響を与えている」（Coomaraswamy, 2002, p. 31）とあり、西洋における美容行為に関してはとくに、スレンダーであるよう女性に求められている風潮について言及されている。「二一世紀の『西洋』世界では、痩せた女性の体格が唯一受け入れられた体形であるという美の神話は、雑誌、広告、テレビを介してメディアによって、そして性差別的な広告によって女性に課せられている」。報告書が「非現実的な理想の文化」と呼ぶものは、「女性の身体に多くの虐待を引き起こす多くの慣行」をもたらしており、とりわけ「女性の身体のあらゆる部分の美容整形手術」がピックアップされ、そのような手術は「多くの女性の健康問題や合併症につながっている」と指摘されている。この短い章句――通り一遍のものであるとはいえ――は、クマラスワミが「身体の不可侵性と自己表現に対する女性の人権を侵害し、平等と尊厳の本質的価値を損なっている」と述べているものの中に、いくつかの西洋的慣行をも含める必要性が認識されつつあることを示している（ibid., p. 3）。

しかし、彼女が最も深刻だとしているカテゴリーには、非西洋的な慣行だけが含まれている。これは、「女性や少女に『激しい痛みと苦痛』をもたらす文化的慣行、女性の身体の不可侵性を尊重しない慣行」であり、「最大限の国際的な調査と対処を受けなければならない」（ibid., p. 8）とされている。これには、「女性器切除、名誉殺人、サティ〔寡婦殉死〕など、女性の身体を残虐に扱う文化的慣行」（ibid.）が含まれている。

報告書に記述されている非西洋的慣行には、西洋でも急速に普通の美の構成要素になりつつある非常に類似した慣行と比較するのが有効であると思われるものがある。たとえば、「ルワンダとブルンジのツチ族の女性たちの間には、より大きな性的快楽を体験できるようにするために、ラビア（小陰唇）を伸ばす慣行が存在する」（ibid., p. 12）とある。これは、欧米で行なわれているラビアプラスティと共通点がある。ラビアプラスティでは、美容外科医は女性の性器を「美しくする」ためにラビアの一部を切り取る。この行為はたしかに、伝統の名において説明されたり正当化されてはいない。というのもそれは最近始まったものだからだ。しかし、切除の程度、痛み、合併症の危険性などは女性器切除（ＦＧＭ）に似ており、ツチ族の慣行と驚くほど好一対だ。欧米のラビアプラスティ外科医の宣伝文句では、長いラビアは性的快楽を阻害し、恥ずかしいものだとされている。クマラスワミは、人間の尊厳という言葉を使って、伝統的慣行の弊害を説明している。つまり、これらの慣行は女性の尊厳を侵害すると言われている（Coomaraswamy, 1997）。女性の「尊厳」は重要な概念であり、人間の「尊厳」という概念は人権理論とその実践にとって根本的である。この概念は、欧米の美容行為であるラビアプラスティのようなものを評価するのにも有用な基準である。報告書に記載されている非西洋的慣行の多くは、西洋にも類似したものがあるにもかかわらず（Winter *et al.*, 2002）、国連の文献ではたいてい無視されている。これは、欧米の有害な文化的慣行が、罰の脅しや宗教的命令によって強制されるのではなく、女性の選択を反映しているとみなす西洋のバイアスが原因ではないかと私は言いたい。

西洋文化は「選択」を提供しているか

有害な文化的慣行は、女性が選択権を持たない文化の中に存在していると見られている。「選択された」有害な伝統的慣行は「強制された」有害な文化的慣行とは区別できるという考えは、そのような慣行の構成要素に対する国連の理解とはあまり適合しない。有害な文化的慣行という概念は、文化というものが人に強制可能だということ、女性や少女はあれこれの文化を取捨選択できる自由な主体ではないという考えに基づいている。しかし、一九九〇年代の欧米諸国では、西洋自由主義のイデオロギーと、それによって擁護されている自由放任主義的な個人主義的資本主義の経済システムが、不平等と抑圧が選択と機会を制限するものだとする政治的批判を弱める強力な力となっていた（Jeffreys, 1997b）。このイデオロギーはあまりにも蔓延しており、ラディカ・クマラスワミが二〇〇二年に発表した報告書の中で、欧米諸国以外の国々での有害な慣行について論じる際にも影響を与えている。報告書では、ブルカのような全身を覆う衣服を女性に強制する服装規定を有害な文化的慣行として挙げている。その理由は、「女性の動きを制約し自己表現する権利を制限する」からであり、また健康にも有害だからである。「そのような服装は、喘息、高血圧、聴力や視力の問題、皮膚の発疹、脱毛、精神状態の全般的な低下を引き起こす可能性がある」（Coomaraswamy, 2002, p. 28）。最近、別の健康上の懸念も生じている。『ランセット』誌に、ビタミンDの不足によって骨が弱くなる「くる病」の発生率が増加していることについて書いた医師は、中東では女性が全身を覆う必要があり、肌に自然光が当たらないために「成人型のくる病の母親や子どもたちが大勢いる」と説明している（Lichtarowicz, 2003）。

それにもかかわらず、このような服装規定が問題になるのは、「女性に強制されている場合や、このきわめて厄介な衣服を着ないと罰せられる場合」だけである、なぜなら、その場合、「選択の権利や意見表明の権利が明らかに否定されている」からだ、とクマラスワミは言う（Coomaraswamy, 2002, p. 29）。彼女が採用している「選択」という概念は、本章の他の箇所で議論されている、制限的な服を着ることへの圧力（公共の場での嫌がらせなど）を考慮に入れていない。身体を覆うことはこの種の摩擦を軽減することができるが、それだからこそそれは自由の証ではなく、抑圧への適応にすぎないのである。クマラスワミが「選択」という概念を導入したことが憂慮すべきなのは、有害な文化的慣行という概念の最も有用な側面の一つである、文化的な期待や慣行が強制力として機能するという面を、まさにそれがそのように機能している場面で、つまり「選択」という西洋的概念が不適切である場面で曖昧化してしまうからである。

大いに尊敬されている米国のフェミニスト政治哲学者マーサ・ヌスバウムでさえ、欧米の美容行為、とくにダイエットを西洋以外のものと区別するためにこの選択論を用いている。ヌスバウムは、女性器切除（ＦＧＭ）のような慣行は、「アメリカ文化におけるダイエットやシェイプアップの慣行と道徳的に同列のもの」と見られるべきではないと主張している（Nussbaum, 2000, p. 121）。彼女は、ＦＧＭとダイエットとの違いはきわめて大きいので、そのような議論は成り立たないと主張している。彼女が主張する違いは、選択の問題——欧米ではダイエットに関連して選択が優勢であると彼女はみなしている——と、その行為に伴う健康被害の程度に関係している。ＦＧＭは「力ずくで行なわれるのに対し、文化的に構築された美のイメージに沿ってダイエットをするのは、それに向けた説得がどれほど誘導的であっても、選択の問題である」（ibid., p. 122）と彼女は言う。ＦＧＭは不可逆的であるのに対し、ダイエットはそうではない。ＦＧＭはダイエットとは異なり、危険で不衛生な環境で行なわれる。彼女は、ＦＧＭに関連した健康問題は、死を含みうるのであり、それはダイエットよりはるかに深刻なものであって、比較することを不適切にする。ＦＧＭは通常、子どもたちに行なわれるので、同意は問題ではないと言う。彼女は、アメリカとアフリカ諸国の女性の識字率の違いを詳しく説明し、それを根拠に、アフリカの女性はアメリカの女性のように選択と同意を得ることができないと主張している。ＦＧＭは「ある種の性的機能に対する能力の不可逆的な喪失」（ibid., p. 124）を意味し、これはおそらく、ダイエットに関連したものよりも大きな喪失であると述べている。最後に、ＦＧＭは「まぎれもなく男性支配の習慣と結びついている」（ibid.）と主張し、ダイエットはそうではないと示唆している。ＦＧＭが女性の権利に対する侵害として美容行為よりも重要であるとみなす論拠は他にもいろいろあるようだが、ここではこれくらいにしておこう。彼女の言うところでは、アメリカのフェミニストは、ＦＧＭにはあまり注意を払わない一方で、西洋の美容行為を不釣り合いに批判してきたとして、自分自身のことだけを気にするのではなく、西洋文化の外にいる姉妹の運命を気にするのはフェミニストの義務であると言う。

西洋のフェミニストが他国の姉妹の人権に関心を持つべきであるという点では、ヌスバウムに異論はない。しかし、他国の文化における有害な文化的慣行に対する西洋フェミニストの批判は、自国の文化におけるそのような慣行に対する深い批判にもとづく必要があると主張したい。なぜダイエットをＦＧＭと比較すべきではないのかについてのヌスバウムの議論には説得力がない。たとえば、欧米のダイエットは健康に永続的なダメージを与え、とくに摂食障害で場合によっては死に至る可能性がある。たとえば、『ランセット』誌に報告された二〇〇一年の研究では、研究開始時にインタビューを受けた摂食障害患者のうち、五年間の追跡調査の時点で五人（二％）が死亡していたことがわかった（Ben-Tovim *et al*., 2001, p. 1254）。同様に、美容整形の実践は、エリザベス・ハイケンが豊胸インプラントのケースで立証しているように、深刻な健康問題につながる可能性がある（Haiken, 1997）〔前掲ハイケン『プラスチック・ビューティ』〕。ラビアプラスティは、ＦＧＭと同様に、性的機能に困難をもたらす可能性がある。西洋女性は「選択できる」というヌスバウムの議論は、西洋的バイアスを露呈するものだとみなすことができる。そうしたバイアスによると、西洋における女性は非常に有利な地位にいるので「選択する」ことができ、したがって彼女たちが実行するよう求められている文化的慣行が何であれ、いくつかのアフリカ文化におけるそれよりも深刻ではないということになる。西洋文化における権力関係は単なる「圧力」として再定義されており、女性は教育を受けているのでそれに抵抗することができるとされているが、これはリベラル・フェミニストの思想の根底にある問題である（Jeffreys, 1997b）。

リベラルな個人主義的フェミニストの中には、最もありそうもない状況でも女性が選択している証拠を見つけ出すことができる人もいる。その一つが、欧米で行なわれている処女膜再生術である。処女膜再生術は、「名誉」を失ったことで花嫁とその家族に降りかかる恥辱を避けるために、結婚式の夜に出血を必要とする文化圏の女性向けに人工的な処女性をつくり出す。名誉を失ったことへの罰は、場合によっては、女性が男性の家族によって殺される名誉殺人である。このような文化圏から西欧へやって来た移民は、ポルノに影響されて自分のラビアを醜いと考える女性にラビアプラスティを提供するのと同じ外科医から、処女膜の修復を受けることができる。二一世紀のオランダにおける処女膜再生術に関する論文の中で、サヴィトリ・サハルソーは、処女膜再生術を受ける女性は「選択のできる道徳的主体」であると主張している (Saharso, 2003, p. 20)。フェミニストは、「たとえ同意できなくても、他の女性の選択を尊重する」べきだと彼女は言う。「このことは、処女膜の修復を可能にすることは、多文化主義と善良なフェミニズムのなすべきことであることを意味している」(ibid., p. 21)。少女たちは「選択権を持ち、自分の望みを伝えることのできる道徳的に有能な行為者」である (ibid.)。オランダでは現在、処女膜再生術は公的医療サービスから無料で受けることができ、サハルソーはこれを「文化的に余儀なくされた苦しみを認識しているという点で文化的に配慮のある政策手段」であると考えている (ibid.)。

サハルソーが提唱する「選択」の概念はあまりにも貧弱なものであり、なぜそれを「選択」と呼びたいと思うのかを理解するのが難しい。たとえば彼女は、少女が処女膜再生術を「選択している」という自分の議論の根拠として、オランダのある著述家を引用している。この人物は、少女たちには自身のコミュニティを離れるなどの他の選択肢があるのだから、選択を行なっていると言えると主張している。

逃げ出した少女と女性のための避難所がオランダに存在するのだから、コミュニティを離れることは、必ずしも売春婦になることを意味するものではない。だから少女が家族やコミュニティに残ることを望んでいる場合のみ――そして、少女の家族が実際に彼女の想定通り慈悲深い［ママ］と仮定するなら――、手術は利用可能な唯一の解決策である。(ibid., p. 19)

移民コミュニティの少女たちは、支配的な文化に属する少女たちよりも家族やコミュニティの支援を必要とする可能性が高い。したがって、少女たちは、恥をかかされたことへの復讐を求める家族から生涯身を隠さなければならないかもしれない追放された立場になることと、コミュニティにとどまるのを可能にする手術を受けることとの間で、合理的な選択をすることができるだろうという安直な仮定は、かなり驚くべきものである。このような「選択」はその内実においてまったく平等ではない。にもかかわらず、そう考えるべきだというサハルソーの提案は、欧米のリベラル理論における選択の物神化から生じる奇妙な論理をはっきりと示すものだ。

化粧とヴェール――同じか違うのか

ヴェールと化粧は、女性の抑圧の同じコインの両面としてではなく、ほとんどの場合、対極にあるものと見られている。化粧は、ヴェールをかぶることに代わる解放されたオルタナティブと見られることさえある。たしかに明らかな違いはある。すなわち、イスラム文化では、わきまえた女性は男性が性的な誘惑を受けないよう頭と体を覆うことを期待されているのに対し、西洋では女性は男性が性的に誘惑されるような服装や化粧をし、男性の目を楽しませることを期待されている。しかし、両者には結びつきがあるとみなすことができる。これらの期待は、男性支配のもとでの女性の機能を評価する伝統的な二元論を反映している。女性は伝統的に、西洋においてさえ、「処女／娼婦」という二元的カテゴリーに収まることを期待されてきた。処女は結婚するまで手を触れてはならず、結婚後は個々の男性に性的に所有されるのに対し、娼婦は男性一般に奉仕するために存在している。

残念なことに、フェミニスト学者でさえ、この二元論から抜け出せない人がいる。これらのカテゴリーのいずれにも属さない女性の自立的な生き方を想像することができないのだ。たとえば、ラマ・アブ＝オーデ〔パレスチナ系アメリカ人のフェミニスト学者〕は、いくつかのイスラム諸国におけるヴェールの再着用について書いているが、アラブのフェミニストとして彼女はこう言う。「アラブの女性は、自分自身を性的に表現することができるようにするべきだ。そうすることで、愛し、遊び、ふざけ、戯れ、興奮させることができるようにすべきだ。……それらのうちに私は倒錯と解放の行為を見る」(Abu-Odeh, 1995, p. 527)。しかし、彼女が喜びに満ちていると考えたものは、ヴェールを着用する女性たちが「悪」とみなしたものである。身体を覆うよりも男性を性的に刺激する役割を選択することで、アブ＝オーデは、男性支配のもとで女性に提示された二元論に、すなわち性的客体化かヴェール着用か、売春婦か修道女かという二元論に依然として囚われているのである。だが第三の可能性がある。女性は、西洋と非西洋の家父長制文化のステレオタイプの外部で自分自身を新たに発明することができる。女性は、男性が持っている特権、すなわち外見をとくに気にする必要がなく、また顔や頭を隠すことなく公共の場に出ることができるという特権にアクセスすることができるはずだ。

ヴェールと化粧はどちらも、女性の自発的な行動であるとみなされることが多いし、選択によってなされ、主体性を表現するものだとしばしばみなされている。しかし、どちらも、男性支配から生じる圧力がその行動の原因となっていることには、かなりのエビデンスがある。たとえば、商業史の研究者であるキャシー・パイスは、一九二〇年代から一九三〇年代にかけてアメリカで化粧品産業が勃興したのは、その時期に女性がオフィスやその他の職場の公的世界に進出してきたからだと示唆している(Peiss, 1998)。彼女は、女性が新しい自由の証として自分自身に化粧をほどこしたと見ている。しかし、まったく別の説明もある。二〇世紀後半のイスラム諸国における女性によるヴェールの再着用について論じた先のフェミニスト〔アブ＝オーデ〕は、女性が顔を覆い隠すことによって、公的世界で仕事や移動の際により安全で自由に感じられるようになったのだと示唆している (Abu-Odeh, 1995)。化粧をすることは、欧米では女性が男性と対等な立場で公共の場に出る当然の権利がないことを意味しているのかもしれない。化粧は、ヴェールと同じく、女性の素顔が隠されていること、理論上は平等な市民であっても現実にそうであることを示すほどの厚かましさを持っていないことを確認するものなのである。つまり、化粧とヴェールは、どちらも女性の権利の欠如を暴露するものなのだ〔パイスの議論については、本書の第6章でより詳しく検討されている〕。

いくつかのケースでは、ヴェールをかぶることは、明らかに暴力の脅しや強制の結果である。イランでは、ヴェールをかぶることは国家によって強制され、強要されている。ハレ・アフシャールが説明しているように、「ヒジャブを公然と拒否したり、ヒジャブなしで公共の場に姿を現わすと、罰として七四回の鞭打ち刑に処される」(Afshar, 1997, p. 319)。押しつけのプロセスが非常に明確で残忍であるため、女性がヴェールを着用することを「選択できる」とはまったく示唆されていない。「十分に身体を覆っていないとみなされた女性たちは、これらの男たち（「神の党」ヒズボラのメンバー）にナイフや銃で襲われる。死なずにすめば幸運である」(ibid., p. 320)。西洋文化では、化粧はそのような残虐性をもって強制されることはない。

しかし、ホマ・フッドファールが指摘するように、ヴェールの着用は国によって、また同じ国の中でも異なる理由でなされることがある (Hoodfar, 1997)。状況によっては、はっきりとした力の行使がなされない場合もある。ラマ・アブ＝オーデは、ヴェールの再着用について次のように説明している。一九七〇年代には女性たちは「西洋的な服装でアラブの諸都市の通りを闊歩していた。膝下のスカートやドレス、ハイヒール、夏は半そで姿だった。彼女たちの髪は通常露出していたし、化粧もしていた」(ibid., p.524)。しかし、一九八〇年代と一九九〇年代になると、多くの女性が、そして、かつて西洋的服装をしていた女性の一部でさえも、ヴェールを着用するようになった。ここで言うヴェールというのはヘッドスカーフのように頭を覆うものと定義されている。アブ゠オーデは言う、「彼女たちの身体は、西洋の価値観――女性の身体が『セクシュアライズされ、客体化され、モノ化される資本主義的構造』――と、伝統的価値観――女性の身体が『動産化され』『所有物化され』、家族の(性的)名誉を汚したとして暴力的に制裁されるという価値観――との間で、戦場になったかのようだ」(ibid.)。ヴェールを着用している女性は、仕事や勉強のために公共交通機関を利用する必要のある人たちであった。ヴェールを着用している方が男性からセクハラを受ける可能性が低かった。そして嫌がらせを受けても、ヴェールをかぶっていれば、男性の虐待的行動を挑発したと責められることがないので、安心してそうした行為に抗議することができた。ヴェールをかぶった女性や少女は、そのような扱い〔セクハラなど〕を受けるにふさわしくない無垢の被害者と見られた方が、本人も憤りを表明しやすいし、他の人々も彼女たちに代わって憤りを感じることができた。このように、ヴェールの着用は、男性の支配の結果として女性がこうむる被害を緩和するための方法と見ることができる。しかし、そのような選択は、主体性を示すものではなく、抑圧から生じたものでしかない。

フッドファールは、残忍な処罰の脅威がないエジプトにおけるヴェールの再着用について説明している。フッドファールが言うように、「ヴェールを再着用する」女性は、下位の中流階級で、大学教育を受けたホワイトカラー労働者であり、公共および政府部門の仕事に就いている傾向がある。ヴェールの再着用に関してフッドファールが与えた理由は、以下に見るように、このような意思決定を行なうことに代わる他の何らかの合理的な手段が女性にはなかったことを示唆している。フッドファールがインタビューをしたある女性は、ヴェールを着用することに当初、抵抗を示したが、結婚前夜に将来の夫の家族から教師として働きに出ることを反対された。彼女は教師になるための教育を受け、それを楽しみにしていたのにだ。彼女の義理の家族は、もし彼女が仕事に出れば、「人々は陰口をたたき、評判が落ちることになるかもしれない」と主張した（ibid., p. 323）。さらに、彼女はセクハラを受けるだろうし、「混雑したバスの中で、女性に対する伝統的な敬意を持たない男たちが彼女に痴漢するかもしれないし、もちろん、これによって彼女の誇りと尊厳だけでなく、夫や兄弟たちの誇りも傷つけられることになる」と言われた（ibid.）。こうした圧力から逃れるために、彼女は「ヴェール着用者」になることにした。夫の家族は大いに喜んだ。

フッドファールが提示している以上の理由は、明らかに女性たちが男性支配に自分自身を適応させようとしていることを示している。彼女によれば、ヴェールは男性支配のルールに対する女性の忠誠心を示すものであり、それは「着用者が自分の性役割に関するイスラムの考えに縛られていることを、社会全体、とくに夫にははっきりと伝えるものだ」（ibid.）。ヴェールをかぶった女性は、「伝統的な価値観と振る舞い」を依然として尊重していることをはっきりと表示しているのであり、そのおかげで働きに出ることができるのである。ヴェールをかぶった女性は「夫の不安を和らげ」、夫に対して「妻として、競い合うのではなくて、むしろ夫との調和と協力の中にある」ことを示す（ibid., p. 324）。このような服従のすべての徴《しる》しと引き換えに、ヴェールは「夫が妻を尊重し、イスラム上の諸権利を認めてくれることを期待し、要求すること」を可能にする。たとえば、夫は妻が稼いだお金を妻自身が管理するのを認め、「家族のためにできるかぎりのことをする」と約束してくれる（ibid.）。ここで述べられている理由のいずれも、その行動が選択されたものではないことをはっきりと示している。つまりそれは、男性支配の力を緩和することができるからであって、女性が何らかの満足感を得ることができるからなされているのではない。公的世界で働くという男性がすでに持っている権利を持つために女性は、頭を覆ったり、女性の従属的な役割に関するその他のステレオタイプや期待を満たさなければならないのだ。

フッドファールがインタビューした別の女性は、勉強した後に遅くまで仕事をして家に帰るのにバスを使わなければならなかったので、セクハラを避けるためにヴェールを着用した。「しょっちゅうひどい目に遭っていたので、夜になると家に帰って泣いていました」。彼女は「私が淑女であること、そして事情があって遅くまで働かざるをえないことを人々に知ってもらうため」に、ヴェールをかぶることにした (ibid., p. 325)。路上で男たちに襲われないようにするための戦略を模索することは、自由な選択の行使ではなく、抑圧への適応である。エジプトで彼女に嫌がらせをする普通の男たちは、イランで女性を襲撃するヒズボラ・メンバーに相当する市民だとみなすことができる。アブ＝オーデは、アラブの都市で女性が伝統的にさらされてきたセクハラの種類を説明している。「『いい胸してるね』とか『なんて美しいんだ』というような男性からの発言が頻繁にある。……彼女たちは常に見られていることを意識している」(Abu-Odeh, 1995, p. 526)。

しかし、アブ＝オーデは、女性がヴェールをかぶることを拒否すべきだと考えるフェミニストたちに、それは「社会的自殺行為になる」(ibid., p. 529) と注意を喚起している。ムスリムの女性は、西洋を擁護していると見られてしまうので、ヴェールに反対する発言をすることはできない。彼女は、イスラム教の説教師の影響をヴェール再着用のもう一つの理由として挙げている。「ヴェールをかぶることにした女性は、通常、原理主義者の説教師からある種のイデオロギー的な教化を受けている。その中で、ムスリムの女性はすべて、男性を誘惑しないように体を覆う必要があり、そうすることでアッラーの言葉に従っているのだと教えられる」(ibid., p. 532)。これが宗教的な教化であることは明らかであるが、少女にヴェールで頭を覆うよう仕向けている力の方が、西洋で雑誌やファッション、美容文化を通じて少女に化粧で顔を覆うよう仕向けている影響よりも、常に強力であるかどうかは問われるべきかもしれない。

西洋の文化帝国主義――輸出される有害な文化的慣行

タリバンの支配から新たに解放されたとされているアフガニスタンの女性たちは、処女／娼婦という家父長制的二元論の中に閉じ込められていた。西洋の美容行為は、明らかに自然で必然的で女性にとって良いものとして見られているため、アフガニスタンの女性にとっては聖杯のような憧れの対象として扱われていた。何年にもわたってむごい抑圧を受けてきた彼女たちは、外に出ることさえ許されず、男性と同伴でないと移動できず、教育と雇用を剝奪され、イスラム教の規範を守護する男たちに路上で殴られても何の救済も受けなかった。しかし、そこから解放された彼女たちにとって、西洋の美容行為、とくに顔と髪の美容行為を実践することは、けっして緊急の必要性ではなかったはずである。だが、それは次のように推進されていった。

アメリカの美容産業は、アフガン戦争終結後の二〇〇二年に、緊急に必要とされる美容「支援」を装ってアフガニスタンに急いで浸透を開始した。これは、欧米のメディアでは、アメリカの文化帝国主義や資本主義的企業活動としてよりは、むしろ積極的な援助として描き出された。現地の女性たちは、男性から性の対象として見られるのを防ぐためにブルカで覆われるのではなく、化粧で覆われ、性的に客体化される役割を与えられたのである。これに関する『ニューヨーク・タイムズ』紙の見解は、二〇年に及ぶ戦争にもかかわらず、「アフガニスタンの女性は美しくありたいという願望を持ち続けた」というものだった。しかし、「美容師は悲惨なまでに不足している。また、彼女たちに教える人がおらず、平均的なアメリカのドラッグストアの棚にあふれているジェル、リンス、パウダー、アイライナー、ヘアカラーはおろか、まともな櫛でさえ手に入らない」(Halbfinger, 2002)。この市場的機会をとらえて、また関係企業が緊急援助に熱心な姿勢を示すチャンスとばかりに、アメリカの美容業界の「大物たち」が『ヴォーグ』の編集者に率いられて「支援に駆けつけた」。その結果、アフガニスタン女性問題省の敷地内に美容の専門技術を教える学校が開校されることになった。まるで、美容行為が実際にアフガン女性にとって、教育、安全、仕事に匹敵する決定的な人権問題であるかのように。

アメリカの化粧品メーカーはこの事業を支援するために、マニュアルや製品を無償で提供した。『ヴォーグ』の編集者であるアナ・ウィンターは、美容業界は「信じられないほど博愛的」であり、この美容学校は「アフガニスタンの女性たちの容姿や気分を良くするだけでなく、彼女たちに雇用を与えることにもつながる」と述べた。タリバン支配からの離脱後に再開された二〇軒の美容院の状況は、不衛生で危険な状態にあったため、健康危機を引き起こしたようだ。状況を見たあるアフガニスタン人移住者がこう報告している。

彼女らは錆びたハサミを使い、サロン全体で安物の櫛を一本だけ使い、消毒もしていない。水道水もシェービングクリームもなく、その上、深刻なシラミの問題もあった。パーマをかけるのに木の棒や輪ゴムを使う。脱脂綿がまったくないので、パーマ液が客の顔に垂れてくる。(ibid.)

髪の毛にパーマをかけることは、パーマ液が顔に流れ落ちても流れ落ちてこなくてもその化学物質が有毒であることを考えると、それ自体が有害な文化的慣行であると考えられるが (Erickson, 2002)、それは資本主義の利益のために、人権的要求に変えられてしまった。アフガニスタンでは、既存の美容教育マニュアルを翻訳しただけでは不十分であり、字の読めない女性たちが多かったため、化粧の仕方をビデオで教えるコースが用意されていた。

『ヴォーグ』誌の昼食会では、美容学校への寄付を盛んに行なっていた化粧品会社は、売り上げを競っているわけではないと言っていたが、ある重役は、「アメリカの化粧品に対する需要がすぐに生まれないようでは、美容学校が成功だったと判断することはできない」と語っている（Halbfinger, 2002）。アメリカの化粧品会社がマーケティングの機会を見出したのは、アフガニスタンだけではなかった。彼らは、ソ連の共産主義政権が崩壊した後、かつての貧困層の女性にサービスを提供するために同国にいち早く進出し、中国にも手を伸ばした。二〇一三年の中国の美容産業の発展に関する報告書によると、欧米の多国籍企業は市場でのシェアを「さらに強固なものに」することができた（Euromonitor, 2013）。プロクター・アンド・ギャンブル社やロレアルのような企業は、二〇一二年に市場を支配し、「現地のほとんどの同業者を周辺に追いやった」。前述した商業史の研究者キャシー・パイスが言うように、「アマゾンの熱帯雨林でさえ、女性たちがエイボンやメアリーケイ（「肌に優しい」をモットーにした化粧品会社）、その他の美容製品を販売している」（Peiss, 2001）。しかし、パイスは、アフガニスタンで西洋の美の理想を販売することに関わった多くの人々と同様に、この植民地化活動は、それを切実に必要としている女性たちに雇用を提供していると強調することで、その抑圧性を隠蔽している。彼女は言う、「一〇〇年前のアメリカでもそうだったが、これらの『マイクロビジネス』は、一部の女性に発展途上にある市場経済への足がかりを与えている」（ibid.）。

家父長制的宗教において女性の頭を覆うことの意味

西洋で求められる女性の性的客体化と、イスラム世界で求められる女性の頭を覆うこととは異なるように見えるかもしれないが、西洋とイスラムの文化が同じ文化的基盤から発展してきたことを考えてみることは有益である。女性の頭を覆うことは、中東の諸部族の文化的慣行であり、その地域で生まれた一神教を介して世界の他の地域にも伝わっていった。実は西洋でもごく最近まで、頭と体を覆うことは一部のキリスト教徒の女性に課せられていた。私の父が軍隊に配属されていた一九五〇年代のマルタでの幼少期には、バスに、「マリア様のような服装をしなさい」という女性向けの注意書きがあったのを覚えている〔聖母マリア像はすべて頭が布で覆われている〕。ヨーロッパの多くの地域では、教会に入る女性は今でも頭を覆うことが義務づけられている。

キリスト教は、イスラム教やその他の家父長制的一神教であるユダヤ教と同様に、そのルーツが中東に存在していた初期の家父長制文化にある。これらの初期の文化では、バビロニアのハムラビ法典に見られるように、まっとうな女性は身体を覆うことが求められていた。ゲルダ・ラーナーは『家父長制の創造』の中で、三つの宗教に先行していたこの法典は、売春婦ではない女性に、自分たちが個々の男性の所有物であることを示すために、身体を覆うよう求めていたと説明している（Lerner, 1986）〔ゲルダ・ラーナー『男性支配の起源と歴史』三一書房、一九九六年〕。被買春女性——通常は奴隷であった——の頭は、自分たちが男性一般の所有物であることを示すために剝き出しにされていた。

原始キリスト教では同様の規範が課せられていた。たとえば、パウロは新約聖書の「コリント人への手紙」の中で、頭を覆うというルールを定めている。彼は「すべての男の頭〔主人〕はキリストであり、女の頭〔主人〕は男であり、キリストの頭〔主人〕は神である」と説明している。このことは、頭を覆うことによってはっきり示されるという。

祈りをしたり預言をしたりする時、頭に物をかぶる男は、その頭を辱める者である。祈りをしたり預言をしたりする時、頭を覆わない女は、その頭を辱める者である。それは、髪を剃ったのとまったく同じだからである。もし女が覆いをしないなら、髪を切ってしまうがよい。髪を切ったり剃ったりするのが、女にとって恥ずべきことであるなら、頭を覆いなさい。男は、神の姿でありその威光であるから、頭に物をかぶるべきではないが、女は男の威光である。なぜなら、男が女から出たのではなく、女が男から出たからであり、男は女のために造られたのではなく、女が男のために造られたからである。（「コリント人への手紙」Corinthians, 11: 4–9)

女性の頭を覆うことは、女性が男性の所有物であることを示すものだった。このような服装規定と並んで、原始キリスト教には他にも有害な諸慣行があった。女性は教会で話してはいけないとされていたが、家に帰ってからわからないことがあれば夫に聞くことは許されていた。そして「主に仕えるように自分の夫に仕えなさい」と命じられていた（「エフェソの信徒への手紙」Ephesians, 5: 22)。

西洋と非西洋における有害な文化的慣行

本章では、キリスト教の影響を受けた西洋文化とイスラム教の影響を受けた非西洋文化の両方が、女性に有害な文化的慣行を強制していることを明らかにしてきた。西洋の美容行為の政治的な起源、機能、結果を無視しようとする姿勢が、西洋文化が女性に外見に関する自由を認めている点で明らかに優れていると信じることを可能にしている。古代中東に起源を持つ三つの家父長制的宗教文化は、すべて女性に対して頭を覆うことを強制することから始まったが、西洋では、女性が公共の場で性的役務を行なうという、明らかに異なるルールに向かって変化していった。他方、中東やアジアのいくつかの地域では、覆いの着用義務に異議が唱えられるか、またはすたれつつあったのだが、覆いの着用というルールが新たに押しつけられている。その結果、東洋と西洋における女性の外見ルールには、明らかに大きな乖離が生じている。しかし、どちらの外見ルールも、女性に対して「差異／服従」を要求しており、どちらも男性の性的ニーズに応えることを要求している。一方は、男性に性的興奮を引き起こすことによって、他方は、男性が興奮しないよう体を隠すことによってである。どちらの場合も、女性は公共の場で男性のニーズを満たすことを要求されており、男性が有しているような自由を有していない。

したがって、外見に関する有害な文化的慣行という概念は、非西洋文化に限定されるべきではない。本書で検討している西洋の美容行為は、化粧からラビアプラスティに至るまで、すべて有害な文化的慣行を規定している基準に当てはまる。私は、それらが男女のステレオタイプ的な役割を生み出し、女性を従属させることに由来し、男性の利益のために行なわれ、伝統によって正当化されていると主張する。化粧をテーマとする第6章で論証するように、口紅のように、女性や少女の健康に最も影響が少ないように見える慣行でさえ、有害な影響を与える可能性がある。西洋における美容行為は、実際の身体的暴力によって強制されることはめったにないが、すべて文化的には強制されている。化粧をしないことや、足や脇の下を脱毛しないことは、西洋文化では「社会的自殺行為」とまでいかなくとも、化粧に関する章で明らかにするように、女性が雇用を得たり維持したりする能力や、社会的影響力を行使する能力に影響を与える。前述のイギリスの女性議員たちは、立法府で何らかの正当性を持つためには、女性らしい服を着て脚を見せることが求められたが、もしブラウスから脇毛が見えたり、タイツからすね毛が透けて見えたりしていたら、おそらくうまくやっていけないだろう。

とはいえ、美容整形や口紅を塗るなどのさまざまな行為が与えるダメージの程度が同じではないことは、私も認識している。西洋の美容行為を有害な文化的慣行として認めることの意味するところは、「女性差別撤廃条約」で求められているように、政府がその根底にある社会的態度を変える必要があるということだ。いくつかの美容整形手術の場合、その結果は十分に深刻であり、医療従事者への法的罰則によって容易に規制を実現できるので、立法手段を通じて終わらせることができるだろう。しかし、口紅を塗ることや脱毛に関しては、法的手段は適切ではないだろうが、それでもやはり有害であり、何らかの是正を必要とするものである。女性の健康への影響はそれほど深刻ではないにしても、女性を従属的なものとして徴《しる》しづけ、男女のステレオタイプな役割を明確に示しているからだ。したがって、このような慣行を徐々になくしていく上で、あるいは、せめてこれらの文化的要求の影響を軽減する上で果たすべき政府の役割は、文化的性差の構築に対抗すること、この概念を西洋文化の土台そのものに刻み込んでいる考え方、態度、ビジネス慣行の構築に対抗することであるべきである。

次章以下では、化粧、ハイヒール、美容整形といった諸行為をより詳細に検討し、それらがどのように女性に強制されているのか、また、それらの結果が女性の健康や、西洋社会の男性が当たり前のように考えている通常の特権（すっぴんで公共の空間に姿を現わしたり、歩きやすい靴で走ったり、自由な時間をボディメンテナンスに費やす必要がないこと）に女性がアクセスする能力にどのような影響を与えているかを明らかにする。そうすることで読者は、これらの慣行を国連の「有害な文化的慣行」の理解に含めることの是非を自分で判断することができるだろう。

次章では、トランスヴェスティズム／トランスセクシュアリズムの検討を通じて、西洋文化における女らしさの美容行為の意味を敷衍《ふえん》していく。男性による美容行為のパフォーマンスは、この行動が生物学的に女性と結びついていないことを示している。しかし、それはそれ以上のことを示している。私がここで論証しようとしたように、男性の実践者たちは、あえてこのように従属的地位を演じて見せることで、これらの行為からある種の性的快楽を得ているのである。このことは、美容行為が従属的な集団による服従の行動であるという理解をいっそう裏づけることになるだろう。

第3章　トランスフェミニニティ
——男が実践する「女らしさ」の現実

美容行為と女らしさ（フェミニニティ）とは密接に関連しているが、どちらも基本的に女性の属性ではない。本章では、この振る舞いの文化的意味を明らかにするために、男が実践している女らしさに注目してみたい。男性が女性よりも女らしさを実践する熱心な支持者になりうるという事実は、この数十年で明らかになってきた。医療業界、ポルノ、インターネットは、トランスセクシュアリズムやトランスヴェスティズムという形で、男たちの間に女らしさの大規模な崇拝を生み出してきた（Jeffreys, 2014）。

本書が出版されてからの一〇年間で、女らしさを実践しようとする男性を表わす流行語は変化した。「トランスジェンダリズム」という用語が「トランスセクシュアリズム」という用語に取って代わり、異性に似せるための手術やホルモン剤の摂取だけでなく、異性装やあらゆる形態のクロスジェンダーの実践など、より広い範囲の行為をカバーするために使われるようになった。女らしさは、従属的な地位を表わし、それゆえマゾヒスティックな性的関心を満たすため、それを求める男性にとっては性的刺激となる。男性の実践する女らしさは、女性の従属的な地位の必要条件である女らしさとは大きく異なる。なぜなら、女性は女らしさを選んでいるのではなく、女らしさを押しつけられているからだ。女らしさとは、女性にとって性的ファンタジーの一形態なのではなく、従属的な社会的地位を占める者たちに要求される重労働であり、しばしばいら立たせるものだ。しかし、どちらの場合でも表面上の女らしさの形態はよく似ており、美容行為の中身もおおむね同一である。男性が女らしさをどのように捉えているかを見てみると、女らしさは生物学とは無関係であって、従属の振る舞いとして社会的に構築されていることがわかるだろう。

トランスヴェスティズムとトランスセクシュアリズム

男による「女らしさ」の実践はこれまで主に、医療専門家によって定義され、判断されてきたし、今もそうだ。一九世紀の性科学者たちは、彼らの理解する正しい男らしさと女らしさに適合しない振る舞いに名前をつけ、診断を下してきた（Jeffreys, 1985/1997a）。彼らは、男性支配の基盤にある異性愛による家族システムを脅かすとみなされた逸脱した振る舞いを社会的に統制することに関与してきた。二〇世紀には、これらの「アブノーマル」な振る舞いは精神医学の領域となった。最近まで、医療専門家は、単に時おり女装するのが好きなだけのトランスヴェスタイトと、女性として生きたいトランスセクシュアルとの間には、明確で識別可能な相違があると主張する傾向があった。この区別をつくり出すことは、医師が手術を受けるに値する人と、「本物の」トランスセクシュアルではないと判断された人を見分けるために必要なものだった。トランスセクシュアルは、自分自身を女性であると考える性同一性障害（ＧＩＤ）の症状に苦しんでいると認定され、主として生物学的な、あるいは少なくとも独特で本質的な疾患として説明された。

フェミニストの社会構築主義者はこの生物学的説明を受け入れていない。トランスセクシュアルという現象の医療専門家による解釈に対する最初の、そして今もなお最も包括的なフェミニスト的批判をしたジャニス・Ｇ・レイモンドは、この現象の「第一原因」は、家父長制社会に見出される二つの異なるジェンダーが存在するべきだという政治思想であると説明している（Raymond, 1994. 初版は一九七九年）。彼女はトランスセクシュアリズムを、三つの目的を達成するために設計された医学上の構築物とみなしている。一、手術から得られる利益、二、各身体部分の構造の熟知を目的とした実験、三、男性支配の二元ジェンダー化システム（two-gendered system）を撹乱しているとみなされたジェンダー不適合者を容認可能なジェンダーカテゴリーに割り当てるという政治的目的である。トランスセクシュアルは、単に一つのステレオタイプをもう一つのステレオタイプと交換するだけであり、それゆえ社会の性差別的構造を強化していると彼女は主張する。この分析によれば、トランスセクシュアリズムはきわめて保守的であり、フェミニストの課題の基礎にあるジェンダー役割の破壊と廃絶を阻む考えである。「医学的解決は、性差別とその土台である性役割への順応を強化する『社会的精神安定剤』になる」（ibid., p. xvii）。

このフェミニスト的批判にもかかわらず、残念ながら、性科学者たちはトランスフェミニニティというカテゴリーを管理し押しつけることをやめなかった。性科学者たちがトランスヴェスティズムとトランスセクシュアル／トランスジェンダーとの間に設けている区別は、インターネットの時代に大きな変形をこうむった。この時代に、ネット情報、ネットグループ、ウェブマガジンなどがトランス行為の拡散と増殖をもたらし、この境界線を崩してきたからだ（McCloskey, 1999）〔ディアドラ・N・マクロスキー『性転換――五三歳で女性になった大学教授』文春文庫、二〇〇一年〕。かつてはトランスヴェスタイト、すなわち妻がいて、自分の快楽のために時おり女装をする異性愛男性に分類されていたかもしれない人々も、今ではホルモン剤を入手できるようになり、より簡単にトランスセクシュアリズムに移行するようになっている。これらの男性の中には、今では半トランスセクシュアル、言いかえれば、乳房は手に入れるがペニスは保持したままの状態になりたいと医者に言う者もいる（Blanchard, 1993）。彼らはこうして、乳房を持っていることに関連づけられているマゾヒズムの興奮を――そのペニスを通じて――経験する能力を保持する。乳房の成長、あるいは女性化乳房（男性の胸が女性のような乳房になること）は、ホルモン治療によって実現することができる。

一部のクロスドレッサー（異性装者）たちは、同性愛者と同じと見られたくないので、自分たちとトランスセクシュアルないしトランスジェンダーとの間にある明確な区別を維持することに熱心だ。だが、クロスドレッサーたちのなかには、ほとんど違いがないとあっけらかんと語る者もいる。『怠惰なクロスドレッサー』の著者であるチャールズ・アンダーズは、クロスドレッサーとトランスセクシュアルとの間にはほとんど違いがないことを教えてくれる。「トランスセクシュアルのコミュニティに一般的なジョークがある。『クロスドレッサーとトランスセクシュアルの違いは何か？　二年だ』。落ちの部分が『一年』の場合もある」。男性から女性へのトランスセクシュアル（ＭｔＦ）の多く、もしかしたら大多数は、最初はクロスドレッサーとして出発したので、トランスヴェスタイトを自分たちの初期段階とみなす傾向がある（Anders, 2002, p. 5）。クロスドレッサーの妻向けマニュアルを書いたペギー・ラッドは、クロスドレッサーたちに、金銭的余裕があれば手術を受けるかどうかを尋ねた調査を引用している（Rudd, 1999, p. 91）。二四％が「わからない」と回答したようだ。彼らの答えを決定するものは、女装していることが妻や家族からどれだけ支持されているかであった。つまり自分が「本当に」女性であるかどうかとはまったく関係がなかった。ラッドは「だから、妻は受け入れてあげなければならないし、そうしないと夫は手術を受けることになる」（ibid.）と述べている。生物学はあまり関係がないようだ。彼ら男性自身がどこまで行きたいかを選択しているのである。

一九九〇年代にトランスジェンダー運動が起こり、男性（そして一部の女性）は、一方の「ジェンダー」から他方の「ジェンダー」に「移行した」人には、性別適合手術は必要ないと主張しはじめた（Bornstein, 1994; Raymond, 1994）。彼らは、身体はそのままで異性の外見を装うことで、心の中でトランスジエンダーになることができると言うのである。とはいえ、現在「トランスジェンダー」政治の傘下にいる人々の大多数は、ホルモン剤を服用して身体をある程度変化させており、少数の者だけが生殖器をも除去している。トランス活動家の中には、自分たちの活動が革命的であると主張する者もいる。女らしい「ジェンダー」を身体的に完全な生物学的男性として身にまとったり、その逆を行なうことで、「ジェンダー」が「自然」ではなく、社会的に構築されたものであることを示しているからだ、と言うのだ。だが実際には、私が他の著書で論じたように、「ジェンダー」をトランスするという考えそのものが、女らしさと男らしさの必要性を強化することによって、ジェンダーを本質化しているのである（Jeffreys, 1996）。バーニス・ハウスマンは、トランスセクシュアリズム〔今で言うトランスジェンダリズム〕をジェンダーを超える革命的な活動とみなす「クィア」的擁護論を的確に批判している。彼女は、ケイト・ボーンスタインやその他のクィア理論家たちは「ある種のジェンダー本質主義に陥っている」と言う。というのも、「アイデンティティを組織する方法としてのジェンダーは、人間としてのあり方にとって中心的なもので、各人がジェンダーを有し、あるいはジェンダーとしての自己確信を有しているとみなしているからだ。または、何らかの形でそのジェンダー（二元的ないし多元的な）が社会構造に必要であるか、少なくとも不可欠な一部であるとみなしているからだ」（Hausman, 2001, p. 473）。ジェンダーを男性支配の産物であるとみなしているがゆえに、ジェンダーを解体したいと思っているフェミニストは、ジェンダーを「トランス」するのではなく、それなしですまそうとする。それに対してトランスジェンダーたちはジェンダーの概念に強く固執しており（もっとも、出生時の性別とは異なるジェンダーに執着しているのだが）、自分の選んだジェンダーを手に入れるために膨大な時間とエネルギーとお金を費やす。トランスジェンダーの政治は根本的に保守的であり、男性至上主義の支配階級と従属階級の振る舞い、すなわち男らしさと女らしさを維持することに熱心である。

トランス運動は、法律・医療・社会の改革を求めており、それでいながら政治的分析から免除されるべきだと主張している。トランスジェンダーは不当な扱いを受けており、生物学的に区別されるマイノリティであるという理由に基づいてである。そのようなマイノリティとして、米国の団体である全米トランスジェンダー・アドボカシー連合（ＮＴＡＣ）は、トランスジェンダーは以下のことに苦しんでいると主張する。

クィアいじめ、失業、再雇用の難しさ、保険の喪失、離婚、子どもとの面会権の喪失、わいせつ電話やその他のヘイト暴力、親や兄弟姉妹からの排除、礼拝の場からの排除、警察による嫌がらせ、など。(National Transgender Advocacy Coalition, 2000)

アドボカシー連合は、ＭｔＦや女性から男性へのトランスセクシュアル（ＦｔＭ）が「同性」婚できるようにすること、自分の選んだ「ジェンダー」の一員として法的に受け入れられる上で性器の形状を変える必要がないようにする（つまり、手術なしでホルモン剤のみで十分であるとする）ことのために活動している〔本書出版後、この目的はほとんどの欧米諸国で達成された〕。

男性が女らしさを選択する背景にあるのは、彼らが「女性」という従属的な役割を演じることで、女らしさが与えるマゾヒズムの性的満足を得ることに惹きつけられているからである。急速かつ大幅に増加しているこの種の男性の多くにとって、彼らにサービスを提供しているポルノ、ウェブサイト、ショップ、サービスなどから判断すると、女らしさの振る舞いとその付属物は一種の性玩具である。本章では、これらのインターネット・リソースを踏まえて、男性が行なう女らしさの諸実践は、「女性」であることとは無関係で、マゾヒズムの性的満足を得るために、社会的に規定された従属集団の行動を採用することに関係していることを示したい。ここでは、男性側のトランスジェンダリズムは、生物学的条件を構成するというよりも、社会的に構築された性的ファンタジーに由来するものとして理解する必要があると主張したい。トランスヴェスティズム、トランスセクシュアリズム、トランスジェンダリズムは、「男性」として育てられた者を「女性」にするのではなく、一種の性的実践であるとみなすことができる。それどころか、「男性」として育てられることは、男性が女らしさを実践するために必要な前提条件なのかもしれない。彼らが「女らしさ」を追求するのは、それが男らしさの対極にある従属的なものであり、マゾヒズムの快楽を提供するからである。この追求は、自分たちのマゾ的快楽が男性的な地位と矛盾していることを理解している男性にとってのみ意味を持つ。男性性（manhood）こそが男性の「女らしい」振る舞いを生み出すのであって、それは男性性と矛盾するものではない。

オートガイネフィリア

男性による女らしさの実践を性的ファンタジーとして理解することは、医学界からもある程度の支持がある。カナダで二つしかない性転換手術を行なっている施設の一つであるトロントのクラーク研究所の心理学者レイ・ブランチャードは、「自分が女性だと思うことで性的に興奮する男性の性癖」を説明するために「オートガイネフィリア（自己女性化性愛）」という言葉を作った（Blanchard, 1989, p. 616）。ブランチャードは、性別違和を訴え性転換手術を求めてクリニックに来院した男性たちについて調査を行なった。彼は、やや恣意的に、男性患者の主たる性的関心対象によって異性愛者の患者と同性愛者の患者とに分けた。異性愛者の患者は、妻や女性のパートナーとの関係を維持しようとし、性転換手術を受けた場合、自分自身を「レズビアン」と定義する可能性が高い。同性愛者の患者、あるいはアンドロフィリア〔男性に性愛を感じる人〕の患者は、男性に性的に惹かれ、性転換手術を受けた場合でもそのままである。ブランチャードが異性愛者であるとした男性は、彼の作ったカテゴリーであるオートガイネフィリアに分類される。性転換手術を受けようとしている人たちは、最も極端な形のオートガイネフィリア的な振る舞いを示す。彼らは女性の身体を持つ自分というファンタジーに性的興奮を覚える。

それほど極端ではないケースでは、オートガイネフィリアは「女性」の服を着たり、「女性」の活動に従事したりすることで性的に興奮する。ブランチャードが挙げているケースでは、ある男性は「メイドの掃除を手伝ったり、学校で女子の教室に座っている」という「初期の自慰妄想」を抱いていた。「彼の現在の自慰妄想は、他の女性たちといっしょに会社で編み物をしたり、他の女性たちと美容院にいること」であった（Blanchard, 1991, p. 236）。別の患者は「足を剃ってその足を凝視することで性的に興奮していた」（ibid., p. 237）。誇り高き女装家たちが自分の動機について自伝的に語ることが後を絶たないことからも、性的興奮が彼らの動機となっていることは明らかだ（McCloskey, 1999; Anders, 2002; Miller, 1996）。異性愛者のクロスドレッサーである「レイチェル・ミラー」は、「男性が女性にセクシーなものを感じるなら、なぜ自分にもセクシーなものがあると思えないのだろうか。それは私には理にかなっているように思える」（Miller, 1996, p. 55）と書いている。男性は自分の興奮のために、従属性を示す服装や振る舞いを女性に投影するか、あるいは自らそれを実践することでそのプロセスを省略することもできる、という考えも同じように理にかなっているように思える。レイチェル・ミラーは要するに、女性を「セックス」を表象するもの、「セクシー」の意味するところを表わすものと理解し、「セクシーになりたいという思いは女性だけのものなのか」と問いかけているのである（ibid.）

しかし、女性の従属的な地位を示すもろもろのものへの男性の関心が性的なものであるというこの理解は、論争の対象となっている。多くのMtFトランスセクシュアルないしトランスジェンダーとその医療専門家たちはこのような理解を拒否しており、それは自分たちの経験をないがしろにするものだと考えている。医療専門家たちは、トランスセクシュアルないしトランスジェンダーに対して、自分が男性の体に閉じ込められた女性であると常に感じていたという複雑な物語を語るよう奨励した。その際に必要とされたオーラルヒストリーは、一九世紀末から二〇世紀初頭に男性同性愛者が性科学者に語った話をモデルにしている（Weeks, 1977）。たとえば、ハヴロック・エリスがインタビューした「倒錯者たち」は、何らかのミステリアスな作用によって女性の脳を持ちながら男性の体に閉じ込められた人として捉えられた（Ellis, 1913）〔ハヴロック・エリス『性の心理』第四巻『性対象倒錯』未知谷、一九九五年、一〇二～一〇三頁〕。当時、同性愛は性的発達上の問題によって生物学的に決定されると考えられていた。男性同性愛者は本質的に女性的であり、レズビアンは本質的に男性的と考えられていたが、当時は性転換手術は利用できなかった。一九五〇年代に性転換手術が可能になると、男性の体に女性の魂が宿っているという話は、医学によって構築された新種の人間である「トランスセクシュアル」の診断基準として解釈された。

現在、性転換手術を希望する人は、手術を受けるに値する人、つまり「本物」のトランスセクシュアルとみなされるためには、小さい頃から自分が「本当に」女性だと感じていた、といった正しい話をしなければならない（Jeffreys, 1990）。しかし、一部の男たちは、医療専門家による入口管理に我慢できなくなってきている。彼らは、手術を受けるに値するような作り話をすることなしに、必要に応じて手術を受けたいのだ。ドナルド〔移行後はディアドラ〕・マクロスキーは、手術を受けるために、医師に対して、既存の症例に当てはまるよう「嘘」をつく必要があったと述べている。しかし、彼は、医療専門家がコントロールを維持しようとする試みを馬鹿にしている。彼の態度は「ええ、イエスです、先生、あなたの馬鹿げたリストに何が書かれてあってもね」（McCloskey, 1999, p. 145）〔前掲マクロスキー『性転換』、二二五頁〕といったものであった。彼はこの軽蔑を正当化する根拠として、手術は「不可侵の権利」であるべきで、トランスセクシュアルは症状のカタログを暗唱する必要はないとするパット（現パトリック）・カリフィアの発言を引用している（Ibid., p. 144）。

「本物」がいると信じている医師たちも、また手術を受けたいトランスセクシュアル自身も、トランスセクシャリズムを単にマゾヒズム的な性的興奮への欲求に由来する性的逸脱の一形態であるとはみなしたがらなかった。一部の国では、心の性別がそれが宿る身体の性別とは異なっているという病気の治療として必要だとの理由で、性転換手術を国や民間の医療保険制度で受けることができる。もしトランスセクシュアリズムが性的ファンタジーの一形態であると理解されるようになったら、医療保険はそれをカバーしなくなる可能性がある。そのせいで、多くのトランスセクシュアルとその活動家グループは、トランスセクシュアリズムとは男性が本当に女性なのだとする考えに固執している。

ブランチャードの研究は、国際的なトランスセクシュアル（今では「トランスジェンダー」としてより一般的に理解されている）のコミュニティを分裂させた。「男性から（社会的に構築された）女性」(male-to-constructed female）に移行した心理療法士で影響力のあるアン・ローレンスは、オートガイネフィリアというブランチャードの概念が、自分の経験および他の何百人ものＭｔＦの経験（その多くはローレンスのウェブサイトにアップされている）を適切に性格づけていると考えている（Lawrence, n.d.）。ローレンスは、自分自身を「女性に惹かれ、男性としてかなり成功していて、とりたてて女性的には見えない」異性愛者集団の一人とみなしている。このような男性に「世界における自分たちの居場所」、つまり男性としての支配的地位を放棄するよう掻き立てるほどの力とはなんだろうか、と彼は問いかける。それは「性的欲求、自分の体を女性化したいという性的欲求」であると述べて、ブランチャードに同意する。他のＭｔＦたちは、オートガイネフィリアという概念についてあまり前向きではなかった。「ドクター・ベッキー」は、この概念が、トランスセクシュアルは単なるライフスタイルの選択をしているだけだという考えを補強するために使われる可能性があり、それは「私たちの正当性を否定」し、「さらなる疑念と罪悪感」を生み出すことになると述べる。もしオートガイネフィリアという概念が受け入れられたら、トランスセクシュアルは「より懐疑的」に見られ、手術を受けるのが難しくなるかもしれない。トランスジェンダーの権利を法律で保護する可能性は低くなるかもしれないし、健康保険で性転換費用を負担してもらうのも難しくなるかもしれないと危惧している (Dr Becky, 1998)。

ドクター・ベッキーのように、多くのトランスセクシュアルは、手術を受けようと決めたのは、性的衝動ではなく、生物学的な条件、少なくとも単なる性的興奮より重要な何かの結果であると強調する。ローレンスはこの指摘に対して、たしかに異性愛者のトランスセクシュアルの大多数は、女性になることに強い性的興奮を覚えてスタートするが、手術を受けるところまで行く頃には、その興奮はかなり落ち着いていて、ごく自然に感じられるものになり、もはや切迫したものではなくなっているかもしれないと言う。ドナルド・マクロスキーもこの考えを支持して次のように述べている。自分はただの異性愛者のクロスドレッサーではなくて「性別移行《トランジション》」をしたいのだと確信した頃には、「思いがけないことに、性的な興味が薄れ、異性装に関する新しい関心が芽生えていた」(McCloskey, 1999, p. 20)〔前掲マクロスキー『性転換』、四九~五〇頁〕。また、ブランチャードが分類するアンドロファイル、つまり手術前も手術後も性的に男性と関係を持つ男性のうち、三分の一というかなりの割合が、女性の格好をしたり、女性の身体を持つという考えに性的興奮を覚えた経験をしていることも、ローレンスは指摘している。「異性愛者」のトランスセクシュアルと「アンドロフィリア的」なトランスセクシュアルとの間に厳格な境界線をもうけることは、それ自体が負け戦なのかもしれない。クロスドレッサーのオートガイネフィリアの自伝やウェブサイトを見ると、多くの人が女性だけでなく男性にも興味を持っていたり、少なくとも、女性の服を着ているとき男性に興味を持っていることがわかるからだ。

ゲイの男性文化における女らしさへの熱狂については、さらなる説明が必要かもしれない。従属階級の女性の行動を実践することでマゾヒスティックな性的興奮を追求することは、一つの原動力になっているだろう。実際、男性の同性愛は、性科学において常に女らしさと結びつけられてきたし、この科学の歴史を通じてずっとそうだった。一九世紀から二〇世紀にかけての同性愛男性は、異性愛的な男らしさに背を向けていたために、自分自身を何らかの形で「女性的」と考える傾向があった。しかし、これは一九六〇年代にゲイ解放運動の成功に触発された「ブッチシフト（ゲイがマッチョな外見や男らしい振る舞いをするようになること）」によって中断され、ゲイの男性は男らしくないというステレオタイプから逃れ、男性的な振る舞いやスタイルを採用することで「本物の」男性の地位カテゴリーに入ることを熱望するようになった（Jeffreys, 2003）。このブッチシフトはゲイSMの発展に最も顕著に表われている。この行為は、批判者と支持者の双方から、ゲイの男性が男としての資格を得るための「イニシエーション」と表現されている（Levine, 1998）。男性を愛する男性にはもはや女らしさが求められていないので、トランスヴェスティズムやトランスセクシュアリズムにおいて女らしさが追求されていることについては、別途、説明される必要がある。児童性虐待や売買春による被害も一つの理由であろう。このような被害のせいで、虐待を受けた身体から抜け出そうとする少年や、男性加害者に従属させられたことで男性権力への道が閉ざされてしまった少年が、女らしさという既存のカテゴリーに向かうこともあるかもしれない（Webb, 1996）。もう一つ考えられるのは、男らしさが不十分であると疑われる若い男性が学校や幼少期に受けたいじめや嫌がらせが、男という優位な政治的地位に入る能力を損ない、その正反対物と思われるものに頼るようになることである（Plummer, 1999）。ゲイ文化においても、異性愛文化の場合と同じく、支配的ジェンダーや従属的ジェンダーのどちらでもないあり方があるという考えは、今なお十分に理解されていない。

さまざまな産業が、トランスヴェスタイトないしトランスセクシュアルの人々（ストレートと認識していようとゲイと認識していようと）に、特別にデザインされた衣服や靴、化粧、動きや声のトレーニングなどを提供するために成長してきた。これらは、伝統的な女らしさを男性に伝授し、それを支援するためにデザインされたものであるが、このことは、彼らが目指す「女らしさ」が社会的な構築物であることを示唆している。他方、男らしさに憧れる女性たち向けの似たような産業は存在しない。女性から（社会的に構築された）男性へとトランスする現象は、インターネットのおかげで一九九〇年代に大規模に見られるようになったが、この現象は、性的ファンタジーによるものではなく、かなり異なる原因を持っているように見える。手術を求める前のＦｔＭは圧倒的にレズビアンであることが多い。既婚の女性が性別をトランスして、その後も夫といっしょに暮らしたがるという現象（その場合、夫は自分を同性愛者として再分類しなければならない）は存在しないようだ。女性から男性へのトランスセクシュアリズムの原因は、「男性用」の服を着ることがもたらす性的興奮にあるのではない。私が他の著書で説明したように、原因は女性とレズビアンへの抑圧にある（Jeffreys, 2003, 2014）。第一原因は、女性嫌悪とレズビアン嫌悪の文化を受容し、レズビアンに対する憎悪が内面化された結果、女性の身体を持ったまま女性を不安なく愛することができなくなったことである。もう一つの原因は、男性による性的・身体的虐待の歴史にある。そのせいで一部の女性たちは被害者性（victimhood）と結びついたその身体から抜け出して、虐待者側にアイデンティファイすることで安全を得ようとする（Devor, 1994）。中には、男性がその支配的地位のおかげで生まれながらにして持っている特権を手に入れたいと思うＦｔＭもいる。また、女性にとって（レズビアンにとっても）厄介なものである更年期に達したときに、性別移行しようとする女性もいる。社会的に軽蔑される年配の女性になることを避けようと必死になり、外科的に「男性」になることを選択するのである（Devor, 1999）。以下に論じる変身《メイクオーバー》業界はこうしたＦｔＭを対象にしてはいない。それが顧客としてターゲットにしているのは、もっぱら男性である。

変身業界とその顧客

主に変身願望のある男たちにサービスを提供するために存在するこの種の店は、顧客のファンタジーをかなえることを公言してはばからない。これらの店は、何らかの生物学的に決定された症状〔性同一性障害〕を持った男性にサービスを提供しているのではなく、売春店やラップダンスクラブ〔全裸ないし半裸の女性が男の顧客の前で踊るクラブ〕と同じく、男性の性的ファンタジーにサービスを提供していることを自覚している。また、元被買春女性が運営している場合も少なくない。彼女たちは、売買春から離脱しようとしているのだが、その一方で、今までに身につけた男性の性的要求に応える技術を用いているのだ。MtFの妻が運営している場合もある。彼女たちはいわば、自分の夫や同種の男たちの性的関心を理解しサポートする訓練を受けてきたようなものだからだ。また、トランスヴェスタイト自身が運営しているところもある。

変身業界は成長市場である。インターネットでは、トランスヴェスタイト（TV）ないしトランスセクシュアル（TS）志望者のために何百もの変身スタジオが提供されており、その一つがリノにある「隠れた女」である（Hidden Woman, n.d.）。この変身店と変身サロンは、他の多くの専門店（ウェブ上とリアルの両方）と同様に、男性が変身に必要とするすべての小道具一式を販売している。ランジェリー、ウィッグ、ブラに詰め込むためのシリコン製乳房とそれを固定するための接着剤、ペニス隠し、フェティッシュな靴、等々。これらのサイトにアップされている数々の写真や、この種の店で入手できる小道具を見るかぎり、トランスヴェスタイトの男たちが心に抱いている幻想上の女性は、ポルノグラフィにおけるような誇張された極端な女らしさを体現しているようだ。歩くのもままならないように思えるハイヒールは、最大六インチ〔約一五センチ〕のスティレットヒールだ。極端に尖っていて、馬鹿げた高さのこれらの靴は、まるで拷問具のようであり、そのように設計されていることは間違いない。この種の変身業界で得られる利益がどれぐらいかの一例は、ヴェロニカ・ヴェラのスタジオで提供されている一日あたりのセッションに付けられた値札に示されている。それは二〇〇二年の時点で一七二五ドル〔約二〇万円〕という高額だった（Veronica Vera, n.d.）。ヴェロニカ・ヴェラは売春婦の権利活動家であり、そのスポークスウーマンでもある。

「ABGender.com」というウェブサイトは、「アメリカで最も人気のあるトランスジェンダー情報とショッピング・ディレクトリー」であると自己アピールしている（ABGender, n.d.）。このサイトでは、「ミス・エリカのお嬢さま学校」や「フェムフィーバー」などの名称の変身施設が多数紹介されている。その一つ「女心の館（La Maison de l'Esprit Feminine）」は、サイト上で「女性ジェンダー……だけが通常得られる素晴らしい快楽を探求できる雰囲気」を作り出していると宣伝している。しかし、これらの「素晴らしい快楽」は、「女性ジェンダー」なるものを装うことを決めた男性にしか得られないだろう。女らしさの小道具を身につけることから得られる強烈にマゾヒスティックな性的満足感は、美容行為を日常的で面倒だと感じることの多い女性の通常の経験ではない。「女心の館」は、安全な環境で「ファンタジーを現実にする」ことで、男性に「着飾る」ことの性的満足を得られるようにすると述べている。「ウーマンズ・タッチ」では、「本当に女性になったようにごく自然に歩き振る舞う」よう男性を訓練する。「オーサム・メイクオーバーズ」は、「セクシーな秘書ルック」を作り上げ、多くの顧客が「かなり満足している」という。「トランスフォーメーション・イン・ザ・UK」は、以下のものを販売している。

リアルな胸、シリコンの胸、砂時計のようなくびれをつくる矯正下着、セクシーランジェリー、リアルな女性器、ウィッグ、フェミニンな靴、体にぴったりした変態的な服、ストッキング、エッチな下着、化粧品、ヒゲ隠し、変身用具、ジュエリー、ネイルチップ、つけまつげ、手袋、イブニングバッグ、雑誌、変身ビデオ、倒錯TV／TSビデオ、女性化ホルモン、バスト開発、ホルモン治療、フェミニンなスピーチセラピーの家庭学習コース。(Transformation, n.d.)

このようにホルモン剤が提供されていることは、クロスドレッサーとトランスセクシュアルとの間にかつてあった厳格な境界線がなくなっていることを示唆している。男性は服だけでなく、アクセサリーとして女性的な身体の一部も手に入れることができる。多くのトランスヴェスタイトないしトランスセクシュアルにとって、同性愛者と認識されているドラァグクイーンから自分たちをはっきりと区別することは大いに必要であるが、その区別は必ずしも明確ではない。変身施設のリストには、男性を「一日ドラァグクイーン」にする「ドラァグクイーン変身ソフト」も含まれている。

クロスドレッサーにサービスするために開発されたもう一つの業界は、レーザー脱毛だ。ロッキーマウンテン・レーザークリニックは、「トランスジェンダーのための永久脱毛」を施術前後の写真付きで提供している (Rocky Mountain Laser Clinic, n.d.)。また、トランスジェンダー業界に商品を供給している業者は、「ヒゲ隠し」、「トランスジェンダーIDカード」、大きなサイズのウィッグを提供している (Tgnow, n.d.)。レース下着の有名な通販会社であるフレデリックス・オブ・ハリウッドは、トランスジェンダー向け専門サイトであるTGNOWにおいて「クロスドレッサー・フレンドリー」と謳っており、「フレデリックスの顧客のかなりの割合がクロスドレッサーです！」とアピールしている (ibid.)。フレデリックスは男性に、クロッチレスショーツ (股下のクロッチ部分の布がないタイプのセクシー下着)、「透け透けベビードール」、ハイヒール、ウィッグなどを販売している。女らしさを押しつける屈辱的なコスチュームから抜け出したいという女性たちの願望が、フレデリックスのようなフェティッシュな女らしさを提供する業者の利潤を脅かすことになったとしても、その代わりに、男性からの需要が損失を補ってくれることだろう。

男性のこの性的関心から利益を得る機会は、ますます多様化している。ある美容外科医の儲かる副業の一つは、トランスセクシュアルの顔をより女性らしくするための施術である。サンフランシスコのダグラス・オースターホートは、顧客になりそうな人々にこう述べている。「やっぱり女らしく見えることがとても重要。第一印象は顔だけで決まることが多いのだ」（Ousterhout, 1995）。彼は通常の眉毛リフトや脂肪吸引だけでなく、骨の構造を修正することで顔の輪郭を変える施術も行なっている。眉、鼻、頬、顎、喉仏の骨を手術し、髪の毛の増毛や豊胸手術をする。

インターネット上のトランスヴェスタイト、トランスセクシュアル、トランスジェンダーの人々が求めるこの種の女らしさのファンタジーは、一九五〇年代や性産業にまで遡る。クロスドレッサーたちは、売春婦を連想させるような服をわざと着ることが多い。それは、彼らが想像できる最もセクシーな服装だからである。チャールズ・アンダーズはこう述べる。「新たにつくられたギャルたちは、あらゆる理由からして、超セクシーなルックスに惹きよせられる。……あるいは、たぶん彼女たちは性的興奮とドレスアップとを関連づけるから、『ふしだらな女の子（nasty girl）』を前面に押し出した服を身につけたがる」（Anders, 2002, p. 85）。女らしさのファンタジーは、何が女性を構成するのかについて、きわめて伝統的で、そしてかなり侮辱的な考えを取り入れている。たとえば、ヴィッキー・ヴァレンタインは、ウェブサイト「トランスジェンダー・ギャラクシー」において二〇〇二年度のミス・セプテンバーに選ばれたが、彼の個人アピールは次のようなものであった。

私は社交好きで、楽しい三〇代前半のトランス女子（t-girl）で、ロンドン在住で、ロンドンで遊んでいます。私はできるだけ女の子らしい格好をするのが好きで、ハイヒールとストッキングとおしやれなドレスが大好き。それと同じくらい、時々みだらな女の子に見られるのも大好き！（Tggalaxy, n.d.）

「トランスジェンダー・ギャラクシー」のサイトは、性産業と強く結びついていて、男性消費者がポルノや売買春の中にいる成人男性と少年にアクセスできるリンク集を提供している。この種のサイトはそれぞれ、人種的な性的ステレオタイプに特化しているようである。「ブラジル人トランスセクシュアル」や「www.black-tgirls（黒人トランスガール）」。「レディーボーイ」というサイトでは「アジア人シーメール〔女性の姿をした男性〕」を特集していて、裸のお尻を見せるほっそりとしたアジア人の若者が、肩越しに振り向いている。

一部のトランスヴェスタイトたちが持っている女らしさのイメージは、ポルノから取られている。たとえば、「トランスヴェスタイト・トランスフォーメーション」というサイトでは、トランスヴェスタイトたちが女子校生の制服を着ている姿を特集した「バック・トゥ・スクール（学校に戻ろう）」という企画を提供している。その中の写真の一つでは、男性が椅子に腰かけて大きく足を広げて下着を見せている。また別の写真では下着がはっきりと見えるようにかがんでいる（Transformation, n.d.）。この種のイメージは、一般的な異性愛男性が抱く、若い女の子を性的に利用したポルノ的ファンタジーだが、しかしここでは男性の身体がそれを演じている。

「トランスセクシュアル・マジック」というサイトの提唱するトランスセクシュアルないしトランスジェンダーの定義は、多くの女性が女性であることの定義としては拒否するような定義だ。「髪を長く伸ばし、セクシーで美しい服を着て、足の毛を剃り、眉毛を抜いて整えていること。日常生活の中で、化粧をして、女性らしい声でおしゃべりすること」（Transsexual Magic, n.d.）。このウェブサイトは、女性のような恰好をしていても、明らかに男性にしか見えない男性向けのようだ。そのような男たちに、その見た目にかかわらず女性として見られるよう、女らしさのオーラを開発することをアドバイスしている。このオーラは自己肯定とキャンドルを使った儀式によって得ることができる。「まずこう肯定しましょう。『私は完璧。私は女性。私は美しい』。そうすると、人々はあなたをそのように見始めるでしょう」。しかし同サイトは次のようにも言っている。「ほとんどの成人男性は女性として『パス』することができません。たとえ私たちのほとんどが性別適合手術を受けることができたとしても、私たちは世界を輝くような美しさで夢中にさせることはできないでしょう」。

以下に紹介するトランスヴェスタイトがオートガイネフィリアであることは、鏡の中の自分自身を賞賛していることから明らかである。彼は自分自身の「素晴らしい足」をうっとり見つめることから多大な満足感を得て、こう述べている。「セクシーなハイヒールでおしゃれすれば、あらゆる美の神聖なる創造主を称えることになる」。「ほっそりした女性らしい」足を手に入れるには、「つるつるに」足を剃り上げる必要がある。いくつかのサイト上で、これらの男たちは楽しそうに美容上の助言や秘訣を教え合っている。彼らにとってはこれらの行為が性的興奮をもたらすのだ。「トランスジェンダー・フォーラム」では、ある男性が次のような書き込みをしている。「私は口紅を一日中定期的に塗り直す」「すべての化粧をするのにだいたい一〇分かかる」「それからドレスを着る時にリキッド・ファンデーションを使えば足や腕の欠点を隠すことができることがわかった」(Transgender Forum, n.d.)。彼はこうも言う。「足の爪に赤いペディキュアを使うんだけど、それがとってもセクシー」。

保守的なトランスヴェスタイトとその妻たち

これらのサイトにアクセスするトランスヴェスタイト、トランスセクシュアル、トランスジェンダーのほとんどは異性愛者であり、既婚者であり、妻と別れるつもりはなく、自分のことをレズビアンと呼ぶ。妻たちは、自分の夫が女らしさを性的ファンタジーとして楽しんでいることを必ずしも喜んではいない。いくつかのウェブサイトはこの問題に取り組んでいる。ルネ・レイエスのウェブサイトは「トランス女子のサバイバルガイド」を提供している。中身は、どうやって妻との関係を維持できるか、そして、どうやって女装を受け入れてもらえるかである (Reyes, n.d.)。彼は「私の知っている中で最も幸せで最もバランスの取れたトランス女子は、遺伝学的女性」と「伝統的」な結婚をしていると言う。彼は、妻からの合意を得るために、「トランスである生物学的男性パートナー」が女性にもたらす利点のリストを提供している。「もっとも説得力のある利点」の一つは、トランス女子は、「女らしさの内面の美しさを理解するようになり、その理解は時おり女性たち自身よりも優れていることもある」というものだ。これにには多少真実がある。というのも、多くの女性は、このような男性が行なう極端な女らしさの実践に内面的な美しさを感じていないからである。女性たちは、他ならぬハイヒールやミニスカート、化粧などが屈辱的で時間の浪費だとみなしているかもしれない。トランスヴェスタイトやトランスセクシュアルは、現在では多くの女性が拒絶している女らしさの時代遅れで不快で屈辱的な概念にもとづいている。彼らは、不可思議な美容行為のアーカイブとして、残念ながら、化石のような女らしさを将来にわたって維持する可能性が高い。それが彼らを性的に興奮させるからである。

レイエスの考える女らしさとは、ショッピングや新しいドレスへのどうでもいい執着であり、実に一九五〇年代風である。たとえば、彼の言う「ちょっとしたボーナス」とは、トランスヴェスタイトないしトランスセクシュアルである夫が妻とショッピングをすることに時間を使い、「妻は新しいドレスを手に入れるが、その度に『彼女』もドレスを買う」ことだ。妻たちは、トランスヴェスタイトないしトランスセクシュアルである夫との「戯れ」に「参加」するようアドバイスされる。たとえば、自分の住んでいる州を出て、トランスヴェスタイトである夫とプライベートでいっしょにドレスを着てすごせる場所へと旅行するのだ。あるいは、妻が家にとどまって、夫を女装できる場所に送り出すこともできる。妻は夫の女装を大目に見なければならないと言われる。なぜなら、これらの男性はこのような行動を選んだわけではなく、自分ではどうすることもできないのであり、妻が好むと好まざるとにかかわらず、それが「自然の成り行き」だからだ。妻が受け入れなければ、夫は「家族全体が恥ずかしい思いをするような愚かなこと」をしたり、「ひどい性病にかかって帰宅したり」、「女装を受け入れてくれる他の人と新たな愛の関係を築いたり」することになると。だが、これらはすべて、妻に無理強いして協力を得るための脅しではないか。妻が従順でなければ、夫はどこかへ行って恥ずかしいことをしたり、性病に罹患したり、自分の元から去っていくのだと、妻たちは言われているのである。

インターネットは、新しい種類のトランスセクシュアルを生み出したが、これらの人々はまさにこのネットという媒体によって性別移行への欲望を掻き立てられた。アメリカの保守的な経済学教授であるドナルド・マクロスキーも、その一人である。彼は自分のことを異性愛者のクロスドレッサーだとみている。一一歳の頃から「ドレス」を着ているという。彼は結婚していて、二人の子どもがいる(McCloskey, 1999)〔前掲マクロスキー『性転換』〕。五三歳の時、インターネットでトランスヴェスタイトやトランスセクシュアルに関する情報を見つけ、自分は実は女性だったのだと確信した。ネットポルノの「ライブラリー」にはクロスドレッサーを性的に興奮させることを意図した写真や図画がたくさんあり、そこにどっぷりはまった」(ibid., p. 20)〔同前、四九頁〕。彼はこう説明する――「二つのパターンがあるようだ。最初から自分が間違った性別に生まれたことがずっとわかっているパターンと、心理的なダムを築いて、そうでない振りをしていたが、たいていは成熟した大人になってから、突然そのダムが決壊するパターンだ」〔同前、一四三〜一四四頁〕。自分もそのようなダムを作っていたのだとみなしているドナルドは、単に選択したのだとは考えていない。彼の妻は受け入れられなかったので、彼女に対して「妻として失格」で、「愛の何たるかをわかっていない」とののしり、その一方で、自分の「赤く塗られた足の爪」を見て慰めを得ていた（ibid., p. 61）〔同前、一一五～一一六頁〕。彼はすでに教授として人生の絶頂にあり、自分は「女性」であると決断したことでキャリアに傷がつくことはなく、単に女性として再定義されただけであった。しかも、経済学の分野には女性の教授がほとんどいなかったので、彼は大学で機会均等に貢献したというプラス評価を獲得した可能性さえある。マクロスキーのような男性にとって、性別適合手術を受けることは、彼の階級的地位とジェンダー的地位の特権である。性別移行をする男性の多くは、すでにその男性特権によって十分な成功と保障を手に入れており、ちょっと趣向の違うものを求めているのである。

異性愛者のトランスヴェスタイトとトランスセクシュアルは、エスタブリッシュメント〔支配体制〕の中心人物である場合がしばしばある。変身スタジオの「レベッカのガールズスクール」に関するある新聞記事によれば、顧客のほとんどが、ロビー団体である「トランスジェンダー教育協会（ＴＧＥＡ）」から来た人々であるという。この団体は、クロスドレッサー、ドラァグクイーン、手術前後のトランスセクシュアルたちの利益を代表している（Vitzhum, 1999）。そのスタジオで行なわれたトランスジェンダー教育協会のハロウィンパーティーでは、男性の三分の一が、従順な妻やガールフレンドの隣に座っていて、「保守的一団」と評されている。例えば、「デビー」は引退した元大佐であり、他の何人かの男性たちも過去に警察機関に所属していた。このような主流派の男性の多くは、退職後の趣味として女らしさに興味を持つようになったようだ。男性支配のメイルストリーム〔「メインストリーム」とmaleとの合成語〕の権力構造の中でのこれらの男性の地位は、女らしさに対する彼らの見解が保守的である理由を説明するかもしれない。また、これはトランスジェンダーのロビー団体が欧米諸国において途方もない力と影響力とを獲得するに至った理由も説明できるかもしれない。現在、多くの国の法制度では、トランスジェンダーの権利、すなわち彼らが女性として受け入れられ、差別されないよう保護することが盛り込まれている。それどころか、アメリカのトランスジェンダーのロビー団体の一つである「ジェンダーパック」は、毎年「ジェンダー」に関する会議を開催しているが、その綱領には「ジェンダージェンダーが基本的な市民権として保護されるべきだと信じている」と書かれている（GenderPAC, n.d.）。これは、ジェンダーを保護するのではなく廃絶したいと考えているフェミニストにとっては、かなり問題のあるスタンスである。

マゾヒズムとしてのトランスフェミニニティ

インターネットは、この趣味を追求することを非常に容易にしてきた。一部の男性たち、たとえばピーターは、セックスチャットルームで女性の振りをすることがいかに刺激的かを知って、トランスセクシュアルになった。彼はこう説明する。「最近の多くのトランスセクシュアルのように」、彼は「サイバースペースで転換体験」をした。彼はトリアナやジーナとしてサイバーセックスを始めた。「男女比で見ると男性の方がずっと多いので、女性の振りをすることは有利だった。男性に追いかけられることはスリリングな経験で、ピーターだった時から夢見ていたことだった。一九九六年に、彼はインターネットでホルモン剤や性別適合手術について調べ始めた」（Vitzhum, 1999）。ピーターは、自分のことを「レズビアン」と呼んでいる。女性であることが彼にとってマゾヒズムの快感である事実をまったく赤裸々に語っている。

マゾヒズムについて語り合ったことは別にないけど、性的に罰せられたいという欲望はたしかにあるし、それは、女性であるということの空想の一部だ。女性というのは性的な客体であると同時に、罰せられる客体なのだ。すべてが一体になっているっていうか……。貶められるという面があるっていうか、コントロールを放棄するという感じ。トランスセクシュアルの経験の一部は、足を広げて犯されるというファンタジーを生きるということなんだ。(ibid.)

クロスドレッサーの著述家である先のチャールズ・アンダーズはこう書いている。「政治的には正しくないかもしれないが、私は多くの男性は、スリップやストッキングを身につけることと、性的行為において受動的で受け身的な役割とを関連づけているのではないだろうかと推測する。……一部の男たちにとって、女性的になることは服従のファンタジーの一部なのではないか。誰かが彼らを縛ってお尻を叩いたり、フィフィという名前のフランス人メイドに扮して、相手の膝の上に座り、クリームたっぷりのお菓子を相手の口に入れてあげるのだ」(Anders, 2002, p. 10)。トランスジェンダーのポルノは、トランスヴェスタイトないしトランスセクシュアルであることの興奮が、マゾヒズムにあることをはっきり示している。イギリスの「トランスジェンダー・マガジン」というウェブサイトでは、一七誌の雑誌が販売されているが、その内の一一冊は明らかにマゾヒズム的なテーマを扱っていることが、説明文から判断できる。その中には以下のようなタイトルが含まれている。「強制的女性化」「トランスヴェスタイトのメイド」「強制的スワッピング」「堕ちたトランスヴェスタイト」「トランスヴェスタイトの性奴隷」「奴隷にされたトランスヴェスタイト」(Transgender Magazines, n.d.)。トランスジェンダー・ポルノにおける定番の一つは、男性が化粧させられたり、女性的な服を力ずくで着せられるというものだ。『ベスト・トランスジェンダー・エロチカ』(Blank and Kaldera, 2002) というアンソロジーを編集したスタッフは、単に男が他人から「女らしい」服や化粧をさせられるという話ではありきたりだから、自分たちのこのエロチカ集ではもっと別のものを追求したと語っている。「投稿募集の要綱では、昔からの定番である強制的な女性化の物語、……母親が息子を強制的に女性化したり、叔母が甥を強制的に女性化するといったたぐいの話を投稿しないよう、あえて釘を刺した」(ibid., p. 10)。

異性装の根底にマゾヒズムがあることは、ごまんとある男性の口紅フェチのウェブサイトを見ても明らかである。男性のフェティシズムの世界では口紅はSMと結びついている。口紅は、SMプレイの女王様たちにとって重要な武器であり、この方面の男性の性的欲望を満たしている。しかし、より重要なのは、この口紅SMでは男性客が口紅を塗ることを強要され、それが服従と屈辱のシンボルになっていることである。たとえば、「ボミス」というサイトには、「唇と口紅好きのラウンジ」「バスターの口紅フェチ・フォーラム」「天使の口紅/パンティーフェチのサイト」「口紅フェラ」「口紅と化粧セックス」「厚化粧のセクシー美女」「ティーンのフェイスショット」などのサイトへのリンクが掲載されている(Bomis: The Lipstick Fetish Ring, n.d.)。「リップスティック&レザー・ブックストア」(アマゾンと提携)では、鞭を打つ音が、サイトに入った時や商品をクリックしたときに鳴るようになっている(Lipstick and Leather Books, n.d.)。このサイトは、口紅をたっぷり塗った女王様の写真を数多く提供している。それぞれの「女王様」は独自のウェブサイトを持っていて、おすすめのSM本のリストがあり、アマゾンにリンクされている。あるページの説明書きには「もう一度鞭のキスが欲しいなら、口紅が塗られた唇をクリックして」とある。男性客はどうやら口紅についてやたら多くの情報を求めているようで、各女王様はそれぞれ自分のお気に入りの口紅を指定しており、フルカラーの突き出された唇にそれが塗られている。

同じサイトには女王様の「ティカ」を特集したページがあり、「女神ティカの口紅ラブ」というタイトルがつけられている(Goddess Tika's Lipsticked Luvs, n.d.)。そこには男性客を射精に駆り立てるように作られたストーリーがアップされていて、下僕役の男性客が売春店を訪れて女王様に何を求めているかをわかりやすく示している。この種のストーリーには二つの基本パターンがある。男の下僕が女王様に口紅を塗ってほしいと必死で懇願するか、あるいは、男が一人ないし複数の女性によって力づくで口紅を塗られ、それに従うか、である。これが最大の屈辱的瞬間であり、おそらく最大の射精の瞬間であろう。「女神の『リップ・パワー』!」というタイトルのストーリーでは、女王様はこう書いている。「私は『残酷な女神』、唇で奴隷を拷問する」、「時おり私は、奴隷が物欲しそうにじっと見つめている目の前でゆっくりと口紅を塗る。この女神の唇を見つめるよう男たちに命令する。そして、こう想像するよう命じる、ああ自分がこの柔らかくふっくらした唇に触れることができるほど『十分に男』だったらよかったのに、と」。「メーキャップ・カウンター」と題されたストーリーでは、女性によって化粧されることについて、男の下僕は次のように自分の気持ちを語っている。「あなたは私の唇の輪郭を強くなぞり続けた。唇は真っ赤に色づき、陰茎は脈打ち始めた……。感情の波が激しくこみ上げ、それが頭に入ってきて……感嘆と恐怖の間で揺れた」(ibid.)。それから彼はチークとマスカラを塗ってもらい、「すごく屈辱的で、そのすべてが欲しくてたまらず、苦しくて息もできないほどに」感じ、その後もさらなる感情の波に襲われる。こうして彼は「セールスウーマンよりもたくさん化粧された」。「四つの服従の物語」の中のあるストーリーでは、女王様が「私の唇を彼女の口紅ケースで虐め始めた。……私はほとんど自分をコントロールすることができない」と男性の語り手が述べている(ibid.)。このページには口紅性格診断テストというのもあり、男性たちは、八種類の口紅のキスマークの形を見て、自分自身の使っているものがどれに当てはまるかで、その人の性格がわかるというものだ。

職場で義務づけられているがゆえに、あるいは子どもの頃から身に着いた習慣から口紅をつけている女性たちが、口紅にこれほど魅了されるというのは想像しがたい。だから、口紅フェチになるのは女性ではない。女性の役割は男性フェティシストを喜ばせることである。彼らのフェチ対象である口紅を自分の唇に塗るか、あるいは売春店で男性客に口紅を塗ってやることによってだ。口紅を塗ることが男性にとって「屈辱」を楽しむものであるという事実は、男性にとって口紅が女性の劣等な地位を象徴していることをはっきり示している。口紅は、女王様として性産業にいる場合を除き、女性の地位を高めるものではなく、その従属性を象徴するものなのである。

マゾヒズムの性的興奮を得たい保守的な男性にとっては、「男性」のままでいるかぎりそれが得られないようだ。というのも、彼らにとって男性であることは支配と結びついているからだ。しかし、女性とレズビアンにとって、その自己規定は性的マゾヒズムにもとづいていないし、自己理解にとっての核心はそんなところにはない。だが、トランスジェンダー教育協会のピーターのようなオートガイネフィリアにとってはまさにそうなのだ。このような男性たちは傲慢にも、従属への自分たちの性的関心こそが自分たちを女性にしているのだと仮定している。そして、あろうことか、性差別禁止法を改正して、女性についてのこのような自分たちの特異な理解が女性性を構成するものとして法的に保護されるようキャンペーンを展開しているのである。

クロスドレッサーの保守性

男が「ドレスを着る」とき、男性支配の赤裸々な現実が白日のもとにさらけ出される。この男性的振る舞いは、男性の権力と特権から生じており、妻たちに深刻な問題をもたらしている。クロスドレッサーの夫を持つ妻は、夫の行動にひどく動揺しつつも、なんとか結婚生活を維持しようと苦闘する。というのも、離婚すれば貧困に陥るし、寂しい独身女になることの方が多くの者にとってはより悪い選択肢に思えるからである。クロスドレッサーの男たちは保守的な価値観を持っていることが多いが、彼らの妻たちもそうであるようだ。妻たちは、夫が急に女装を始めると、夫に裏切られ簒奪された気持ちになる。ペギー・ラッドは『私の服を着る夫』(Rudd, 1999) という本の著者であり、同書は、不幸な妻たちがどうすれば自分の不満や自分自身の利益を抑え込んで、夫の興奮に無私に奉仕することができるかを説明したマニュアル本である。ペギーは、クロスドレッサーは成績優秀で伝統的な男性である傾向が強いと述べているにもかかわらず、男性のこの独特の性的関心が規範侵犯的で革命的であるとするトランスジェンダー運動のイデオロギーを真に受けて、こう述べている――「思うに、クロスドレッサーたちは、真のジェンダー・アイデンティティの進化において社会の最先端を行っている」(ibid., p. 25)。どうやらクロスドレッサーたちが「最先端」であるのは、男らしさだけでなく、女らしさも実行できるからのようだ。しかし、彼らのやっていることをよく見れば、たいして世界を変えるものではないことがわかる。

ペギーいわく、クロスドレッサーは「昼間は……何百人もの従業員を抱える企業で指揮を取っているかもしれないが、夜になると、ポジティブな女らしさの特徴が現れる」のだという (ibid., p. 43)。このような男性は、男性支配の地位を維持し、家に帰ると「女性」の服を着ることでマゾヒズムの興奮を味わうことができるというわけだ。女性はそのように「最先端」に行くことができる地位にはいない。会社を経営している可能性は低いし、寝室での男らしさの秘密の営みに熱心に付き合ってくれる愛情に満ちた夫もいない。ペギーは、週末のトランスヴェスタイト活動に参加したクロスドレッサーについて、「週末に女装した後は、足が痛くなって、家に帰ってビジネススーツを着て、糊のきいたシャツを着て、履き心地のいい靴を履くという日常に戻りたいと切望しているようだった」と述べている (ibid., p. 111)。ペギーは、「多くのクロスドレッサーたちは男性として大いに成功している」ので、女性は伝統的に妻がしてきたように、彼らの成功を手助けすることができると説明している。「私はパイロット、会計士、医師、心理学者、地球物理学者などのクロスドレッサーを知っている。多くの人が非常に成功した専門家だ。……妻は夫のキャリアとそれが夫に要求することをサポートすることで、夫を助けることができる」(ibid., p. 120)。「多くのクロスドレッサーにとって、女装することは仕事で感じているプレッシャーから解放されることを意味する。そのため、女っぽくすることが男性としての成功につながるのだ」(ibid.)。ペギーは、妻は、夫がクロスドレッサーのサポート団体でリーダーシップを発揮するのを助けることもできるという。ペギーも、彼女がアドバイスしている妻たちも、成功しているかどうかは別にして自分自身のキャリアを持っているようには見えない。彼女らは夫のキャリアをサポートする伝統的な妻なのだ。

異性愛者のクロスドレッサーであり、幸せな結婚をしたキリスト教徒で家庭的な男性であることを自認するレイチェル・ミラーは、クロスドレッサーの保守主義を誇らしげにこう確認している。「高学歴で、聡明で、思いやりがあり、敬虔で、家族を大切にする男性たちが、私と同じような気持ち〔女装したいという気持ち〕を持っていることがわかった。私たちの多くは、どんな合理的定義に照らしても真面目な市民であり、われわれがみな変態であるとはとうてい思えなかった」(Miller, 1996, p. 54)。レイチェルは、多くのクロスドレッサーと同様に、トランスセクシュアルとか同性愛者とか、あるいは変態だとはけっして思われたくはない。このような非常に白人中産階級的な男たちの行為が、トランスジェンダー運動によって規範侵犯的で革命的であると解釈されているのは、とても奇妙なことである。ペギー・ラッドは、女装しているアメリカ人男性の数を一五〇〇万人と見積もっているが、もしこれが正しいとすれば、これは少数派の活動ではなく、伝統的なアメリカ家族の価値観の一部として普通に行なわれていることになる。女性たちは女らしくあるよう追いやられているが、男たちはお金と地位を得るために男らしく振る舞い、家庭では、妻が夫のマゾヒズムの性的ファンタジーに奉仕し、観客にもなってくれるので、女らしく振る舞うことができるのである。男性による女らしさの実践は、二つのジェンダーによって構成される既存のシステムを維持しているのであり、男性支配を掘りくずすどころか、それをしっかりと打ち固めているのである。

妻への有害な影響

夫たちのこのような行動が妻に与える影響は、きわめて有害なものになりうる（Jeffreys, 2014）。これらの妻たちの治療に当たった心理学者の中には、それが心的外傷後ストレス障害（ＰＴＳＤ）の原因になると指摘する者もいる（Chapman and Caldwell, 2012）。夫から離れることができないと感じている伝統的な妻たちは、できるかぎりそれに順応しようとする。ペギーは自分のキリスト教的信仰を利用することで、夫の性的興奮に奉仕するために自分の利益を犠牲にすることができた。彼女は自己犠牲を払いながら、「夫を非難するべきではないと思っていた」と述べている（Rudd, 1999, p. 54）。しかし、彼女の真の動機は、常に夫の関心に従属してきた中年女性にはそれ以外の手段がないということのようだ。彼女が「あるクロスドレッサーの妻への公開書簡」の中で行なっているアドバイスは、女性が単純に夫から離れることが難しい理由を明らかにしている。「隣の芝は青くないということを、はっきりとお伝えします。外は男の世界……。女性が一人で生きていくのは簡単ではありません」（ibid., p. 69）。結婚生活の外の世界では、女性の機会は男性支配によって制限されているが、結婚生活の内部も男の世界である。それゆえ、その世界の中では、女性はどんなにいやだと思っていても、夫の性的関心に奉仕しなければならないのである。

夫は、自分がクロスドレッサーであることを「カミングアウト」した後は、女装したままでしか妻との性行為をしようとせず、妻が夫を女性として扱うことを期待するのだが、妻はそのことに多大な困難を感じている。妻たちは別に夫たちが言うところの「レズビアン」になりたいわけではないし、レズビアンの実際の経験は、ワンピースを着た男性と関係を持つよう強いられるのとはまったく異なる。妻たちは、自分自身の性的欲望を捨てることを求められる。彼女たちの性的欲望は女性の従属性をエロチックなものにし、男性支配に対して受容的である。なぜならそのようなやり方で女性は性的になるように教え込まれており、彼女たちはその嗜好において保守的だからである（Jeffreys, 1990）。だが、クロスドレッサーである夫は、寝室でも、妻に言い寄るときも、もはや男性支配をストレートに「行なう」のではなく、自分たちの新しい「女らしさ」に順応し奉仕することを妻に期待する。ある女性はペギーに宛てた手紙の中で、自分自身の関心を抑え込んで夫に奉仕し続けるために、どれほど努力しているかを吐露している。

私は夫を助けるためにできるかぎりのことをしています。たとえば、夫が疲れて帰ってきたときには、夫用の婦人服がすでに用意されています。……自分の態度を改善する余地がまだあると内心ではわかっています。……夫が性的に興奮するためには、何らかの小道具が必要です。……私たちが愛し合うときには、夫は女性用の服を着ていなければなりません。……でも私はレズビアンではありませんし、そのように感じさせられるのも好きではありません。（Rudd, 1999, p. 59）

ペギー自身も、夫の新たなペルソナから期待される今までとは反対の性的役割には、とても困難を感じていた。「妻たちは、性的に裏切られたと感じると言っていたが、私たちの関係でもそうだった。夫がメラニー〔夫の女性名〕になってからは、夫との愛の営みはなくなった。……今後はメラニーと愛の営みをすることになるのだということがわかったとき、実際私は大きなショックを受けた」（ibid., p. 118）。クロスドレッサーは、従順でない妻を怒鳴りつけたり殴ったりすることが多い。ペギーは夫たちに対して、妻に受け入れてもらいたければそのような行動をしないよう警告している（ibid., p. 81）。しかしその一方でペギーは、「夫の女装願望に抵抗すれば、夫はどうしようもない痛みを経験するかもしれない」と言って、妻たちに罪悪感を抱かせる。「女装願望は消えない。治療法はまったくないのだ！」（ibid.）。それゆえ、妻は受け入れなければならないのである。

男性支配のもとでの女性の役割は、男性に奉仕するさまざまなことをこなさなければならない。すなわち、家事労働、育児労働、感情労働、性的奉仕、さらには男性の興奮のために女らしさを演じることである。しかし、クロスドレッサーたちは、これらの無数の女性役割のうち「女らしさ」の部分だけをやりたいのであって、しかも、女性を喜ばせるためにやっているのではなく、まったくその逆である。自分のためにそうするのだ。そのため、妻たちは、自分たちがいつも通り家事をしているのに、夫が何時間もおめかしをしていることに不満を抱いている。ペギーは、何度も耳にした妻たちの不満の言葉を次のように伝えている。

> 夫は、女らしくなりたい、美しくなりたいと言う。なので、私が家の掃除をしているあいだ、夫は鏡の前でせっせとおめかしをする。夫はミス・アメリカのような格好で寝室の化粧台から姿を現わすのに、私は洗剤のCMに出てくる女性のようだ。（ibid., p. 76）

妻が直面するもう一つの大きな問題は、夫が妻の役割を簒奪しているという事実である。妻は子どもの頃から女らしさを身につけるように訓練されてきており、この振る舞いをうまくこなしていると感じているかもしれない。そして、「男らしい」夫からロマンチックに扱われるという報酬を期待している。これこそ、伝統的な異性愛の機能の仕方として想定されているものに他ならない。しかし、夫が女装を始めると、彼女は自尊心や人生における役割を失ってしまう危険性がある。ペギーはこう説明する。「夫に綺麗になってほしくないと思っている妻の話を聞くことがある。妻は自分だけがその台座にいたので、その特別な地位を分け合いたくないのだ。夫が自分と同じように綺麗になってクローゼットから出てくると、妬ましく思う妻もいる」(ibid., p. 122)。チャールズ・アンダーズは、自分の女性パートナーの一人について、「彼女は『私たちの関係において女の子』でありたいと思っていたので、私が彼女の地位を奪うのではないかと恐れていた」と述べている(Anders, 2002, p. 132)。「女らしさ」は面倒で退屈なものかもしれないが、生涯かけてそれに取り組んできたことで、女性のアイデンティティと自尊心の基礎となっている可能性も高い。夫の方が女らしさをうまくやっていると、妻としての存在意義を失い、余計なものになってしまい、生涯かけて行なってきた女らしさの実践が空虚なものになってしまう。五〇年もかけた女らしさはいったい何だったのだろうと彼女は困惑する。ロマンチックなディナーダンスも愛する男性との夜のお出かけもなくなった人生が想像され、女らしさがもたらすはずの報酬は消えてしまう(Rudd, 1999, p. 119)。ペギーによると、夫が社会生活や仕事上の生活で他の女性たちに対して男らしい役割を果たし続けているのを見る一方、妻はセクシーな高級下着を着けた夫と関係を持たなければならないことで、さらなる屈辱を味わう。これはとても理不尽に見える。

トランスフェミニニティ——ジェンダーの越境、それとも維持?

女性は男性とは違い、女らしさを「選ぶ」立場にはない。女らしさは女性に強制されるものであり、女性の地位の低さを示すものである。女らしさは、女性にとって性的玩具ではなく、自分の身体、感情、生活のモデルとするよう求められている生き方である。女性が女らしさの美容行為を学ぶことは、男性より容易でもなければ「自然」でもない。少女たちは、たいてい一〇代前半で、「女らしく」なければならないことを理解し、おてんばな行動をやめて、礼儀正しく座ったり筋肉を隠したりすることで、こうした習慣を身につける。一九九〇年代後半にフランスでシャネルを代表するモデルとなり、映画女優としても活躍したキャロル・ブーケは、「女らしさ」の発現を、突然起こった困難な出来事であり、おてんば娘としてのキャリアを途絶させたものであると表現している。「彼女は短髪のおてんばな女の子だった。彼女が女らしさを示し始めたのは、彼女が言うには、ようやくティーンになってからで、その後も女らしさになじめず、ぎこちなさと緊張の連続だったという」(Swain, 1998)。この記述では、女らしさとは、「おてんば」という人工的な化粧板を突き破って飛び出した何か自然なものであるかのように表現されている。彼女がこのような変化を遂げた結果、このプロフィールを書いた男性ライターが典型的な形で描写するところでは、彼女は男たちに対して「磁力」を発揮し、「野生的でありながら洗練され、派手でありながら禁欲的でもある」存在となった。いずれにせよ「磁力」を発揮するために、彼女は木に登ったり、自転車に乗るのをやめなければならなかった。

レズビアンの多くは少女時代におてんばだったと報告しているが、異性愛者である女性の大多数も同様である (Rottnek, 1999)。男の子といっしょに遊んだり、強い体を使って運動したり、自分の見た目を気にしない状態から、不自由な靴や窮屈な服を着て歩くことを覚え、常に顔に色を塗り、化粧がくずれていないかチェックしたりしなければならない状態へと移行する。この「女らしさ」への移行プロセスは過酷で、キャロル・ブーケのように「ぎこちなさと緊張」を引き起こす可能性がある。母親、少女向け雑誌、女性誌、友人などが女の子たちをそうした方向に向けて訓練し、学ぶべき多くのことを課す。女の子たちにも変身スタジオがある。しかしそれはインターネットでアクセスできる商業施設ではなく、親戚や友人のベッドルームであることが多い。女の子たちは「性差」をつくり出すために、女らしさが「自然」だと感じられるまで訓練にいそしまなければならない。

トランスフェミニニティを検討することで、むしろ男性支配の赤裸々な現実が明らかになっていくように思われるのだが、この一〇年というもの、クィア理論の重鎮たちによってこの行為は支持され、進歩的であるとさえ言われている。クィアのジェンダー論とフェミニズムのジェンダー論との間にある大きな違いは、革命後にジェンダーをどうするかという点にある。モニク・ウィティッグ（Wittig, 1996）、ジャニス・レイモンド（Raymond, 1994）、キャサリン・マッキノン（MacKinnon, 1989）などのフェミニスト理論家は、ジェンダーは廃絶されるだろうと考えるか、単に平等主義の未来では想像できないものになるだろうと予測している。一方で大物のクィア理論家たちは、性的興奮を助けるものとしてジェンダーを維持しようとしている。そうしたクィア理論家の一人が、ジュディス・ハルバースタムである。

ジュディス・ハルバースタムは、「女性の男らしさ（female masculinity）」の価値と、彼女が社会的善であるとみなすそれに女性がアクセスできる権利を推進している。ハルバースタムは、男らしさが男性支配の産物であるとの理解を可能とする政治的分析をしていない。それどころか、彼女はこの男性支配という概念を否認し、女性も男性と同じようにすることができるし、歴史的にもそうであったと言う。しかしながら彼女は女らしさを嫌悪している。そして、女らしさを身につけることで、若い女性たちの人生がいかに切り縮められ、制約されているかについて、十分自覚している。彼女が想定する女らしさの唯一の目的は性的なものだ。「少なくとも人生の早い段階では、女の子たちは女らしさを避けるべきであると私は考える。女らしさとその付属品は、その後で選択できるようにするべきだ。たとえば、性的玩具やヘアースタイルのように」（Halberstam, 1998, p. 268）。パット・カリフィアも「女性の男らしさ」の提唱者の一人で、「ジェンダー」は性的玩具として保持されるべきだと主張している（Califia, 1994）〔パット・カリフィア『パブリック・セックス――挑発するラディカルな性』青土社、一九九八年〕。カリフィアの男らしさの実践はＳＭから始まったが、今ではトランスセクシャリズムにまで進み、名前も「パトリック」に変えた。

トランスジェンダーの理論家で活動家でもあるケイト・ボーンスタインは、SMはそれ自体がジェンダーの権力格差を実践に移すための最も極端で刺激的な方法であると主張している（Bornstein, 1994）。

クィア理論は、言うまでもなく、男性が女らしさを実践するのを支持するのに使われてきた。というのも、トランスジェンダリズムを推進するクィア理論家も、インターネットでトランスヴェスタイト系ポルノにアクセスする男たちも、似たような関心を「ジェンダー」に対して持っているからだ。彼らはみな、SM的興奮のためにジェンダー化されたパフォーマンスを利用することに関心があるのである。女らしさが刺激的なのは、それが従属の振る舞いだからである。そして、まさにそれが従属の振る舞いであるからこそ、それを維持するべきではないのだ。

本章の最後に、ジャニス・レイモンドの考えに立ち返るのがいいだろう。彼女は、『トランスセクシュアルの帝国』において、トランスセクシュアリズムをフェミニズム的に分析するツールを提供した。レイモンドは、なぜトランスジェンダリズムを分析することがフェミニストにとってこれほど有益なのかを説明している。レイモンドによれば、トランスジェンダリズムはジェンダーの「ステレオタイプを舞台に押しあげ……誰もが異質な身体を通じてそれを見て調べられるようにした」と言う（Raymond, 1994, p. 184）。しかし、レイモンドによれば、それは次の事実を看過する可能性がある。「これらのステレオタイプ、振る舞い、ジェンダーへの不満というのは、『生まれながらの』身体の中で日々実行されている。……そもそもトランスセクシュアリズムという問題を生み出した『ノーマル』な社会の中でそれらと対決するべきなのだ」（ibid., p. 185）。

というわけで、次章以下で、レイモンドが言うところの女性の「生まれながらの」身体における女らしさの問題を取り上げよう。

第4章　ポルノ化する文化
——性産業が構築する「美」

　二〇世紀後半、ポルノ産業はきわめて収益性が高く、世間にも受け入れられる産業になった。その規模が大きくなるにつれて、それは「美の実践」の構築に大きな社会的影響力を持つようになった。一九六〇年代から七〇年代にかけて、欧米諸国では「性革命」の影響でポルノに対する検閲規制がしだいに緩和されていった。私は別の著作で、この性革命が、とくにポルノや買春を通じた女性へのアクセスに対する男の性的欲求を肯定的な社会的価値として定着させたと論じたことがある（Jeffreys, 1990, 1997b）。しかし、性の歴史家たちは、「性革命」を女性の性的自由を実現するものだと理解してきた。たしかに女性はいくつかの利益を得た。女性が何らかの形で性的な反応をしたり、結婚以外の性的関係を持つ権利は、はるかに受け入れられやすくなった。だが、この「革命」の主たる受益者は国際的な性産業であったと私は考える。性産業は、自由放任の自由市場型資本主義の経済的・社会的環境の中で拡大することができた。ビデオやインターネットなどの新しいテクノロジーはこの産業に大いにマッチしており、新しいポルノ的諸行為の源泉となった。ポルノグラフィの価値観と諸実践は、雑誌や映画からその外部へと広がり、ファッションや美容の広告、その他多くの商品やサービスの広告の支配的な価値観となった。文化のポルノ化が起こったのである。この章では、ポルノがファッションや美容業界にどのような影響を与えてきたかを見ていきたい。

ポルノのノーマライゼーション

性産業は一九八〇年代から九〇年代にかけて、その規模、社会的受容性、政治への影響力を大幅に増大させた（Jeffreys, 2009; Dines, 2010）。この業界がノーマルなものになったことと軌を一にして、ポルノ産業は一九九〇年代に最大の拡大期を迎えたが、それは、アメリカのクリントン政権がポルノを訴追しない方針をとった結果でもあった（*Adult Video News*, 2002a）。アメリカのポルノ産業のオンラインマガジンである『アダルトビデオ・ニュース（ＡＶＮ）』は、クリントンがポルノ好きで、大統領機エアフォース・ワンにポルノの特別コレクションを常備していたと推測している（ibid.）。同誌によると、クリントンは性的に放縦であり、彼の大統領在任中にポルノ制作会社は倍増し、ポルノはアメリカ社会の多くの分野に進出したという。

アメリカのポルノ産業は世間に受け入れられるために多大な努力をした。ロビイストを雇い、慈善活動に参加し、ＨＩＶ感染を防ぐためのコンドーム使用キャンペーンを展開した。他の同じくきわめて有害な産業からその手法を学んだのである。タバコ産業がそれだ。今では社会的地位をすっかり失ってしまったが、一時はロビイストや喫煙者を使って非常にうまく立ち回っていた。たとえば、男らしさを象徴する男性喫煙者たちはタバコ産業の宣伝にさんざん使われたが、彼らは結局、そのタバコの影響で亡くなっている。アメリカのポルノ業界は大々的に性産業の展示会を開催するようになり、華々しい授賞式をやるようになった。この種の催しは、今ではいくつかの国およびオーストラリアのいくつかの州で毎年開催されるようになっている。その先鞭をつけたのは、一九八三年、『アダルトビデオ・ニュース』によるものだ。同誌は次のように述べている。

毎年、より多くの主流メディアがこのアワードショーに注目するようになったことで、この祭典は、全国、そして実際には世界中で業界の知名度を大幅に上げることに貢献した。アカデミー賞の成人バージョンと呼ばれているのも理由あってのことだ。アカデミー賞と同じように、作品賞や長編ビデオ賞は、その作品の売り上げやレンタル回数を大幅に引き上げることができる。(*Adult Video News*, 2002a)

アメリカのポルノ業界は、数人の有力なポルノ女優をセレブにするという戦術を採用し、彼女らは主流のポップカルチャーのプロモーションビデオに利用されている。ポルノ女優は、ハワード・スターン・ショーやディズニー所有のABCラジオの「ポルノ女優も人間だ」のようなアメリカのラジオ番組に出演するほど世間に認められた存在になった。ポルノ女優は主流のテレビ番組に出演し、ポルノ出演者たちは音楽賞のステージで踊った。

一九九〇年代にポルノ産業が達成した社会的受容の度合いを示す一例として、イギリスの有名なポルノ業者リチャード・デズモンドの成功がある。彼は、『でかぶつ』や『不倫好きな主婦たち』などのベストセラーポルノを出版し、「ライブ」セックス・ウェブサイトを運営している。二〇〇一年二月、イギリスの労働党政府は、デズモンドが『デイリー・エクスプレス』と『デイリー・スター』というタブロイド紙を買収するのを承認した。その八日後、イギリス労働党は選挙資金として彼から一〇万ポンドの寄付を受けた(Maguire, 2002)。寄付の見返りにポルノ王にイギリスの主要な新聞二紙を引き渡す決定をしたのではないかとの批判があったにもかかわらず、二〇〇二年五月、デズモンドはダウニング街〔イギリスの首相官邸〕でのお茶会に招待され、トニー・ブレアと面談した。ポルノがまだいかがわしい雰囲気を漂わせていた一九七〇年代の労働党だったら、ポルノや性産業を労働党にとって正当な支援者として社会的に容認するとはとうてい想像しがたい。ポルノ産業の利益が大規模なものとなって、相当の政治的影響力を行使できるようになったのだ。

ソフトコアポルノと称されるようになったものをノーマルなものにした原動力の一つは、一九九〇年代における過激なハードコアポルノの発展である。一九九〇年代には、この種の性的搾取のジャンルで世界市場を支配していたアメリカのポルノは、その中で使用されている女性たちに対していっそう暴力的で侮辱的になった。『アダルトビデオ・ニュース』は「ハードコア」ポルノへの動きを次のように描き出している。

> 不可欠なものとして、「唾と拡張」というのがあり、男は相手の尻の穴を思い切り広げて、そこに唾で濡らした太い肉棒を突っ込む。アナルセックスとDP〔ダブル・ペネトレーションの略で、二本のペニスを同時に同じ穴に挿入すること〕は定番となり、すぐに「密封」(すべての穴にペニスを突っ込むこと)や、究極の後背位(ダブルアナル)、大乱交、首絞めファック、放尿、ぶっかけがされるようになり、間もなくゲロ吐きもなされるようになった。次は何が出てくるのだろうか。(*Adult Video News*, 2002a)

『アダルトビデオ・ニュース』によると、この種のポルノはますます人気が高まっており、ロッカールームでのエロネタが大好きな若い男性をターゲットにしている。ポルノの中には、女性への暴力がますます過激になっていった分野もあれば、ノーマルなものとされて立派なファッションや「アート」の中に浸透していくことのできた分野もある。

ポルノグラフィの経済学

一九九〇年代になると、新聞のビジネス面で性産業が真剣に取り上げられるようになり、ポルノ会社が株式市場に上場するようになった。ポルノはアメリカの経済界に受け入れられた。メインストリームの大企業はこの産業からかなりの利益を獲得しはじめ、ポルノを配信することで巨額の利益を上げている。二〇〇三年、AT&Tはケーブルテレビネットワークを通じてポルノを配信していたが、その年の後半には、すべての成人向け番組を削除する意向を発表した（Brady and Figler, 2003）。大手ホテルチェーンのマリオット、ウェスティン、ヒルトンは、客室での有料ポルノ配信をビジネスの一部として取り入れ、収益性の高いものにした。世界最大の企業であるゼネラルモーターズ（GM）は、アメリカの何百万もの家庭にポルノを配信しているディレクTVを所有していた〔二〇〇三年に売却し、現在はAT&T社が所有〕。二〇〇一年時点でGMは、ポルノ業者のラリー・フリント〔『ハスラー』の創刊者〕よりも多くの露骨なセックス動画を毎年販売する企業だった（Egan, 2001）。

『アダルトビデオ・ニュース』は、ポルノビデオは合法的なハリウッド映画業界よりも市場価値があり、しばしば、同じスタッフを使っていると主張している（*Adult Video News*, 2002a）。同誌によると、ポルノ業界はハリウッドを中心に活動しており、ハリウッドの映画技術者やセットスタッフの雇用は、主流のプロダクションよりも多いという。ポルノ産業は同じような方法や言語を用いている。たとえば、ポルノ制作会社には現在「コントラクトガール（契約女優）」と呼ばれる、会社と契約して働く女性たちがいるが、かつて映画女優も主流の映画業界でそう呼ばれていた。通常の映画のジャンルとポルノのジャンルとが重なり合うこともますます増えている。性産業を舞台にした主流の映画もしだいに多く作られるようになり、男性は地元の映画館でストリップや性行為を見ることができるようになっている。通常の映画業界はますますポルノ化され、ますます露骨な性行為を見せるようになった。ここでのノーマライゼーションのもう一つの側面は、音楽業界がポルノ業界と絡み合うようになったことだ。たとえば、タワーレコードでポルノ男優がサイン会をするなど、ポップミュージックの全ジャンルが今ではすっかりポルノ業界と提携するようになっている。両者は同じ消費者市場、つまり若い男性をターゲットにしているのだ。

性的搾取の形態が多様であることや、ポルノ業界への関与を知られたくない企業があることもあって、この業界からの正確な利益を測ることは困難だが、アメリカのポルノ産業の価値総額の推計はかなりの拡大を示唆している。ポルノビデオ会社ビビッドの社長ビル・アッシャーは、二〇〇一年のアメリカのポルノ産業はビデオ、ＤＶＤ、テレビ、インターネット、ストリップクラブ、雑誌を含めて四〇億ドルに相当する規模であると推定しているが、それはわずか三年前の二倍の水準になったという（Confessore, 2002）。より最近のデータでは、同じ市場部門の価値はピーク時でアメリカでは一三〇億から一五〇億ドルと推定されている（Jackson, 2012; Moye, 2013）。ただし、その後、世界的な金融危機や無料のオンラインポルノなどの発展によって、商業ポルノ市場が衰退したと言われるようになっている。国内や世界のポルノ産業の規模を示す数字がない場合には、個々のポルノ業者の儲けが利益の目安となる。ドイツの大手ポルノ制作者であるファビアン・ティルマンは、彼の経営するマンウィン社〔後のマインドギーク〕の複数のウェブサイトを通じて年間一億ドルもの個人収入を得ていると報告されている（Boggan, 2013）。

ポルノ化する広告

ファッション写真は一九九〇年代にポルノと融合した。この収斂は、一九六〇年代にヘルムート・ニュートンが『ヴォーグ』などの雑誌の広告に性的なテーマを取り入れたことから始まったと批評家たちは考えている。二〇〇四年に亡くなったニュートンは、一九三八年、一八歳の時にドイツでのユダヤ人迫害から逃れてきた。彼が撮影した女性の写真には、はっきりとした残酷さが表われている。女性は裸で提示されている。男性ファッション向けの写真でも、公園で裸の女性が男性モデルから見えるように配置されていたり、ストリートシーンで裸で男性の腕にしがみついていたりしている。女性が裸でないときは、下着姿で銃を口にくわえていたり、ＳＭの衣装を身に着けて四つん這いになっていたり、犬の首輪やリードをつけて縛られていたり、背中に鞍を背負った乗馬衣装で四つん這いになったりしている。男性はこのような形では提示されていない。

ドイツのフェミニスト雑誌『エマ』のアリス・シュヴァルツァーなどのフェミニストたちは、ニュートンのこのミソジニーを批判した。しかし、ニュートンは自分の写真は女性を力強く見せるものであり、したがって自分は「フェミニスト」だと称した。ファンも彼を擁護し、彼は女性を解放したのだと述べ立てた。ドイツのブレーメンにあるヴェーゼルブルク博物館のカルステン・アーレンス館長は、「ファッションと欲望の間には、人を酔わせる化学的作用のようなものがある」と論じている。「ニュートンが興味を持ったのは、単なるファッション写真ではない。彼は、権力と富を象徴する鍵を、女性の自覚された性的欲望のうちに見事に投影してみせた。これらの写真の中で、女性はけっして客体化されているようには見えず、ニュートンはエレガントな裸体を通じて新世代の女性を解放したのだ」(Chi-Hung, 2009)。だが実際には、ポルノの中にいるかのように女性がハイヒール以外何も身に着けていない姿で、男性カメラマンによってポーズを取らされ、男性にエロチックな表情を向けている写真は、女性の「性的欲望」と何らかの関係があるというよりも、ただニュートンの性的ファンタジーを表現しているにすぎない。

ＳＭ、裸の女性、暴力の示唆を主要なファッション誌に導入したニュートンは、自分の後に続く多くの写真家の作品に影響を与え、二一世紀にはもはやファッション写真とポルノグラフィを区別しようとする試みが失敗に終わらざるをえないほど、両者の間に切っても切れない関係を築いた。二〇一〇年代の最も有名で影響力のあるファッション写真家テリー・リチャードソンは、このニュートンの影響を強く受けた人物である。しかしリチャードソンは、後で見るように、裸の女性だけでなく、若くて立場の弱いモデルたちとの性行為をも撮影していた。彼の作品では、ファッション写真とポルノグラフィが一体のものとなっている。

二一世紀初頭には、広告のあちこちにポルノが普通に存在するようになったことから、高級紙の紙面で多少の懸念が表明されるようになった。『タイムズ』紙のジェシカ・デイヴィスの記事は、『ヴォーグ』誌のポルノ画像の露骨さについて論評している。

> 最初に掲載されているのはディオールの広告で、全身オイルまみれの若いモデルが、エアギターを弾きながら、足を大きく広げて自分の股間をかき鳴らしている。次は、二人のゲイっぽい男性の横に立っている裸の女の子を取り上げたイヴ・サンローランの香水の広告だ。さらに、壁を背にセックスをしているカップルをテーマにした、カートジェイガーの靴の広告が掲載されているが、女性は（もちろん）太ももを大きく露出している。そして、エマニュエル・ウンガロの広告では、露出の多い服を着た女の子がフローリングの床にひざまずいて自慰行為をしている。(Davies, 2001)

デイヴィスは『ヴォーグ』誌の編集者であるアレクサンドラ・シャルマンに、この件についての考えを尋ねた。「彼女は、本人が言うところの『ファッション・エロチカ』が多く用いられていることを認めたが、『そのようなイメージには何の問題もない』と述べた。シャルマンは言う、『私はそれがネガティブなものではなく、むしろポジティブなものだという見方をしている。……別に私は不快に思わないし、雑誌もよく売れている』」。しかし、彼女はデイヴィスに「より露骨なショットを追求する傾向は行きすぎているかもしれない」とも語った。しかし、何が「行きすぎ」なのかを決定する際に彼女が発言権を持つことはないだろう。別の出版社の広告ディレクターはデイヴィスに、「私の個人的見解はおそらく多くの顧客を動揺させるだろう」と語った。彼女は自分の雑誌に掲載されるものの多くを嫌っているにもかかわらず、「その雑誌に資金を提供している強力なファッション・美容業界と手を組んでいる」(ibid.) のである。

ジョナサン・フリードランドは『ガーディアン』紙で、ポルノ広告がファッションだけでなく、カップ麺のような地味な広告にまで広がっていることへの懸念を表明している。「一人の男が特別スパイシーなカップ麺の上によだれを垂らしながら、SMの女王様のコスチュームを着た売春婦の言いなりになっている。彼はカップ麺に向けて手加減しないよう懇願し、次のセリフで締めくくっている。『俺を痛めつけてくれ、サセ子ちゃん』」(Freedland, 2002)。このカップ麺の広告は、ファッション広告におけるある傾向を典型的に示すものである。すなわち、女性が服を脱がされたり、ポルノから学んだような姿勢を取らされているだけでなく、今では頻繁に売春婦として提示されていることだ。

カナダのゲイポルノ業者であるブルース・ラブルースは、彼が言うところの「ポルノとファッションとの間のますます狭まるギャップ」についてコメントしている。「少なくとも五つの新しい雑誌が発行される」と聞いているが、それらは「このような区別を決定的に無意味なものにするだろう」(LaBruce, 2001)。ラブルースは、ロシア人男性の「ポルノスター」と「ハスラータイプ」のブラジル人男性を使って、「時代の最先端をめざして」行なわれた写真撮影について述べている。「私の友人のスタイリストが、ロシア人に四万五〇〇〇ドルもする黒いミンクのグッチのリバーシブル・コートとヘルムート・ラングのスーツを着せた。〔ニューヨークの〕チェルシーにあるベッド・バス・アンド・ビヨンドで買い物をしているときに、彼が若い男娼を拾っているところを写真に撮り、それから七〇年代風のアパートに二人を連れて行き、そこで二人がセックスをしているところを撮影した。ジョークみたいなもんだよ」(ibid.)。ラブルースは、自分が選んだ職業について、いくつかアンビバレントな考えを持っており、『ガーディアン』紙に書いた記事の中で次のように述べている。「初の『合法』ポルノ映画のセットに立ち合ったとき、アナルから少し精液を垂らしていた出演者の一人の尻を拭かなければならなかったんだが、ちっとも華やかな感じはしなかった」(ibid.)。しかし、華やかではないポルノグラフィは、ファッションと結びつくことで華やかさを獲得している。

性産業が社会生活のますます多くの分野に組み込まれていることを示すもう一つの兆候は、フィットネスの一環としてポールダンスが流行し、それがファッションの宣伝広告にまで浸透していることである。この流行はニューヨークで始まり、エアロビクスから引き継いで、女性がエクササイズのために自宅にポールを設置するようにさえなった。『オーストラリアン』〔シドニーの日刊紙〕のコラムニスト、エマ・トムは次のように述べている。

> ポールダンス、別名「有酸素ストリップ」のクラスは、ニューヨークやロサンゼルスのジムで大流行しており、ヘザー・グラハムやケイト・モスなどのセレブが個人レッスンを受けている。よく知られたフィットネス愛好家のパメラ・アンダーソンやゴールディ・ホーンは、自分の寝室にポールを設置したこともある。(Tom, 2002)

ポールダンスはファッションショーにも取り入れられた。オーストラリアのスーパーモデル、エル・マクファーソンは、二〇〇二年にシドニーのストリップクラブでランジェリーを発売するために複数のストリッパーを雇った。これらのモデルたちはポールに絡まってポーズをとった（ibid.）。その後の一〇年間で、ポールダンスはファッションショーでは当たり前のように行なわれるようになった。二〇〇八年にニューヨークで開催されたヘザー・トムソンによるランジェリーショーでは、マンハッタンのストリップクラブから八人のポールダンサーが雇われて、ポールに絡まりながら服のモデルをした（Paschal, 2008）。イスラエルのヤッファで行なわれたコムイルフォー〔ハイヒールのブランド〕のファッションショーでは、フェミニストを装ったとされる、肌色の下着を着た女性たちがポールダンスをしてイベントを紹介し、続いてモデルたちがポールに絡まりながら、同時に「自動ボタンを使って」自分自身を撮影した。「挑発的なポーズで身を乗り出したモデルもいれば、無理に作った誘惑の表情で（カメラに）微笑んだモデルもいる」（Atwan, 2012）。ファッションモデルとストリッパーの区別はかなり曖昧になっている。

モデルにとって、性産業のパフォーマンスに参加しなければならないことは苦痛の原因になりうる。オーストラリアのモデルであるパニア・ローズは、ファッションショーでポルノ的なシナリオを演じなければならなかったことへの不快感を吐露している（Rose, 2003）。ファッションショーの会場に到着すると、彼女はショーが「ジェレミー・スコット・セクシビション――ライブのぞき見ショー」と銘打たれていたことを知り、たちまち不愉快な気持ちになった。「ポールダンスなんかしたくなかったからだ。衣装は「過度に露出したもので、私のコルセットは本当に小さな馬用の鞍だった……」。彼女は「干し草の中で四つん這いになって、『挑発的』に振る舞わなければならなかった。一時間に及ぶショーだったけど、一五分もしたらすっかり惨めな気持ちになった。膝からは血がにじんでくるし、コルセットはずり落ちてくるし、馬鹿々々しいとさえ感じた」（ibid., p. 18）。男性消費者にとって、ファッション業界に関わる男性、男性支配のメディア、ファッションモデル、ポルノは、男性の興奮のために女性を性的に客体化するという同じ連続体の一部なのである。過激なファッション広告とソフトなファッション広告との間には、ハードコアポルノとソフトコアポルノとの区別にも似た区別が見られるようになっている。

ファッション写真とポルノとの共生関係は非常に密接なものになりつつあり、すでに、ほとんど裸で今レイプされたばかりというポーズをとっている女性のファッション写真を掲載しているアート系のファッション雑誌はそのうち、ファッション写真のためにモデルが実際の性行為に従事することを期待するようになる日も近いように思われる。このような展開は、ヘルムート・ニュートンと比較されるほど有名なファッション写真家の一人、テリー・リチャードソンの作品に見出せる。彼はニュートンよりも性的にもっとあからさまなアプローチを取っていることで知られている。リチャードソンは、一九九〇年代に性的なファッション広告とポルノを模倣して有名になった。たとえば、ロンドンの高級ブランド、キャサリン・ハムネット向けのファッション写真では、短いスカートの下から「モデルの陰毛」が見えるようになっていたし、美容品メーカーのシスレーの広告では、まだ記憶に新しいが、モデルのジョジー・マランが牛の乳房を絞ってそこから直接ミルクを口に含んでいた。さらにリチャードソンは「下着をつけていないケイト・モスを厭世的なコールガールのように見せた」(O'Hagan, 2004)。

リチャードソンは自分自身の個人的なポルノ制作にも手を広げた。先に少し触れたように、モデルやその他の若い有望な女性たちと性行為する姿を撮影したのだ。『オブザーバー』誌のジャーナリストが、マンハッタンでの展覧会と、数百枚の写真を収めた光沢のある二冊の立派な写真集の出版について彼にインタビューした。その中のいくつかのサンプル写真について、次のように説明されている。

テリーはファッションモデルと思われる二人のセクシーな女の子にサービスされている。こっちでは、なぜかスーツケースの中から頭——と大きく開いた口——だけが突き出ている少女からフェラチオを受けており、こっちでは、ゴミ箱に詰め込まれた別の少女にフェラチオされている。(ibid.)

リチャードソンはポルノを使わないと明言し、「誰も搾取したくはない」と言う (ibid.)。どうやら彼のスタジオには「女の子たちが……彼との性行為の写真を撮られるために自らやって来る」らしい。リチャードソンは自分のモチベーションについて次のように説明している。「僕は内気な子どもだったのに、今では勃起した一物でこれらの女の子たちを支配しているパワフルな男になっている」(ibid.)。彼の知名度は抜群なので、若い女性たちは彼の「勃起した一物」と格闘することで何かしらの利益を得て、モデルになったり、有名になったりすることを期待しているのだろう。かつて若い女性がファッション界や芸能界で仕事を得るためには、男性に性的サービスをしなければならなかったのに対し、今ではもう一つの手がある。写真に撮られて、展示されることだ。

二〇一〇年以降、リチャードソンのためにモデルをする女性の数は増え続けたが、その女性たちの中から、リチャードソンを喜ばせるためにやるよう求められた行為（たとえば、タンポンを取り出して、それを彼がティーに入れるなど）が性的暴行のように感じられたと（時には匿名で）訴える人が現われるようになっている (Freeman, 2013)。これらの女性たち――このような経験をした時点では通常、非常に若かった――は、多くの類似した特徴を持った証言をしており、そのうちのいくつかはオンライン雑誌『ジュゼベル』に掲載されている。二〇一四年三月号掲載の証言が典型的である (Beusman, 2014)。この女性は当時一九歳で、リチャードソンと出会うまでいやな経験をしたことがなく、数ヵ月前からヌードの「アート」モデルを始めていた。

彼女の説明によると、リチャードソンはまず彼女の口に指を入れることから始まり、すぐにペニスを取り出せるようズボンのボタンを彼女に外させた。女性が背中を向けてポーズをとっているときに、彼が彼女の「お尻の隅々まで」舐めたときの、「ぞっとして、体がこわばった」感覚について語っている。

彼は彼女に多くの性的な行為を行ない、「ついに彼は私の顔に向けてマスをかき、ちゃんと目を大きく開けおくようにって言ったんです。彼のアシスタントは私のそばに立っていました。それは私の目に入ってきました、それから二人はその姿を写真に撮り始めました……」(ibid.)。

ついに二〇一四年にはネット署名サイトのChange.orgの請願書がファッション企業に対してリチャードソンを雇わないよう求め、多くのフェミニスト組織、『ジュゼベル』などの雑誌、ハドリー・フリーマンなどのコラムニストたちは、なぜ彼があのような高い人気を享受し、社会的に許容され続けているのかを問いただした。たとえば、二〇〇七年、リチャードソンは、大統領選への出馬準備中のバラク・オバマの写真を撮影したが、その中には、オバマと上院議員オフィスでいっしょに写っている自分自身の写真が含まれていた(Boland, 2013)。これは、彼が若いモデルたちとポルノ制作をすることにいそしんでいたことがすでに知られていた時期であり、これらの写真を収録したあの光沢ある本も出版されていた。リチャードソンのような男たちがファッション写真で性的な露出をこのまま増やしていけば、すでにビルボードや雑誌に掲載されている、女性が男性の前にひざまずいて性的なサービスをしているかのような広告に、実際のフェラチオが登場する日もそう遠くないかもしれない。

リチャードソンは現在、そのポルノ的才能を生かして、女性有名人の侮辱的で性的に客体化した姿を撮影する仕事を行なっている。たとえば、若いシンガーであるマイリー・サイラスの「レッキング・ボール」のミュージックビデオがそうだ(Hann, 2013)。リチャードソンは、サイラスを破壊用鉄球《レッキング・ボール》の上で全裸に見える姿でポーズをとらせ、性的なものを匂わせるような表情で鉄球を舐めさせた。サイラスが最初に名声を得たのは、テレビ番組『ハンナ・モンタナ』で十代の少女を演じたことであり、彼女はその中ではポルノ的に扱われていなかったし、子どものためのアイコンになっていた(Lamb *et al.*, 2013)。その後の役や出演では、ポールダンスをするなど、性産業の規範を身に着けた女性に興味を持つ年配の視聴者にアピールすべく転身を始めた。とはいえ、彼女を撮影したリチャードソンのビデオは、若い女性有名人をポルノに誘導するという点で新たな下劣さに達したとみなされたし、若い女の子のファンに有害な価値観を促進するおそれがあるとみなされた。

ファッション写真におけるこの種の最も極端な形でのポルノ化は、あまり女性の服装に影響を与えないかもしれない。というのも、さすがに社会生活や仕事で半裸になることを選ぶ人はそう多くないだろうからだ。しかし、全般的に女性に否定的な影響を与えるものは存在する。それは、若い女性に向けて「あばずれ（slut）」や売春婦のルックス、非常に丈の短いスカート、ブーツ、ピアスなどを普及させることだ。これは、まるで性産業にいるような恰好がいけているように見せることができ、女性の国際的人身売買という性産業のビジネスをノーマルなものにすることによって、性産業をアシストすることになる。性産業が服を売り、ファッション産業が売買春とポルノを売りにしているのである。

ロールモデルとしてのマドンナ

マドンナという歌手の周りに作られたカルト的崇拝熱は、売春婦のルックスを高級ファッションとしてノーマルなものにする上で重要な要素となった。一九八〇年代後半には、マドンナを「規範侵犯的な（transgressive）」ヒロインとして崇拝するカルトは、リベラル・フェミニスト、メーキャップ・アーティスト、反フェミニスト、ポストモダンなカルチュラル・スタディーズ理論家たちを結びつけていた。マドンナは、SMクラブを彷彿とさせるような衣装を身に着け、ステージ上で自分の股間をつかみ続けた。彼女はポルノや売買春のイメージに満ちた著作『セックス』を制作し、売買春を直接扱ったビデオを制作している（O'Brien, 1992）。「エクスプレス・ユアセルフ」〔一九八九年に発表されたアルバム『ライク・ア・プレイヤー』からの二枚目のシングル〕での、ベッドで鎖につながれたり、四つん這いで床を横切るシーンが批判されると、彼女はこう言い返した。「いい？　私が自分で鎖をつないだのよ？　自分の意思でやってるの、わかる？　貶めというのは、その人の意思に反して誰かにやらせることでしょう」（Schulze *et al.*, 1993, p. 28）〔キャシー・シュウィッチェンバーグ編著『マドンナ・コネクション——誘惑・倒錯・破壊・イメージ操作』ＤＨＣ、一九九四年、四五頁〕。男性支配の諸力がどのように働くかについてのマドンナの分析はあまり洗練されたものではない。

カミール・パーリアがマドンナを称賛することを選んだのは、パーリア自身が「徹底的にポルノ支持派であり売買春支持派だ」からであり、「マドンナの露出的なセックス・アピールは安っぽい陳腐なものではなく、古代から男たちを支配してきた娼婦という存在を豊かに、そして華麗に表現している」（Paglia, 1992, p. 11）〔カミール・パーリア『セックス、アート、アメリカンカルチャー』河出書房新社、一九九五年、二七頁〕とみなしているからである。多くのマドンナ・ファンは、マドンナが売春婦として自己表現しているという非難に反駁しているのだが、パーリアは逆に、マドンナは確かにそうしており、それが彼女をパワフルにしているのだと言う。パーリアの見方では、売春婦は男性に対して支配的な存在なのだ。このことは、国際的な性産業で苦しんでいる何百万人もの女性たちにとっては、おそらく初耳だろう。彼女たちの圧倒的多数は脱出したくてもできないのだから（Jeffreys, 1997b; Barry, 1995）。

マドンナのパフォーマンスは、まるで売春が男性に対する力を女性に与えているかのように見せている。彼女は、モニク・ウィティッグが「性《セックス》／性別カテゴリー」（Wittig, 1996）と呼んでいるものを女性が占めることをパワフルなこととして表現しており、女性に割り当てられた性的役務のパフォーマンスを喜んで受け入れているようだ。マドンナの擁護者たちは、彼女のパワフルさについて熱弁を振るうが、売春婦が男性に対して力を持っているかのように見せるだけの演技者と、売春店を含む現実世界での力の行使とを区別することができないでいる。

カルチュラル・スタディーズのポストモダン理論家たちは、マドンナについてポストモダンの言葉で書かれた多くの学術書を出版し、アメリカのいくつかの大学では一研究分野をまるごとマドンナに当てて、彼女をカルト的地位に押し上げた（Lloyd, 1994; Schwichtenberg, 1993）〔前掲シュウィッチェンバーグ編著『マドンナ・コネクション』〕。大衆文化が女性の抑圧に一定の役割を果たすのではなく、女性のエンパワーメントにつながると主張したがる人々は、マドンナを自分たちのシンボルとして選んだ。彼らはマドンナを、女性の主体性と規範侵犯性のモデルとして、また新世代のエンパワーメントされた女性のためのロールモデルとして宣伝した。彼らはその賞賛の過程で、彼らが古風で反セックスのフェミニズムとみなすもの、つまり大衆文化をその女嫌いの価値観ゆえに批判するようなフェミニズムをやり玉に挙げた。ポストモダン的アプローチはカミール・パーリアよりも多少緻密だが、基本的なメッセージは同じである。すなわち、マドンナを、若い女性たちのための規範侵犯的なロールモデルとして持ち上げることだ。たとえばアン・カプランは、マドンナ研究から生まれた論文集である『マドンナ・コネクション』の中でこう述べている。

> イギリスのカルチュラル・スタディーズのアプローチによれば、マドンナは、とくに初期の段階では、彼女の自己生成的で自己宣伝的なイメージ、自律性と独立心、そしてその決然とした創造性において、思春期の女の子たちにとって有益なロールモデルであり続けた。（Kaplan, 1993, p. 162）〔同前、三一〇～三一一頁〕

この『マドンナ・コネクション』の編集者であるキャシー・シュウィッチェンバーグは、マドンナがポストモダン・フェミニストたちによって愛されている実践、すなわち「ジェンダー・パフォーマンス」を体現していると大げさに称賛している。つまり彼女は誇張された女らしさを演じ、それによって女らしさが実際には社会的な構築物であることを示しているのだと言う。

マドンナは女らしさ《フェミニティ》のからくりを剝き出しにしており、それによって女らしさがしょせん一つのからくりにすぎないことを明らかにしている。マドンナは、シミュレーションをその限界まで突きつめることで、ある種、脱構築的な手法で女らしさをそれ自身に対立させる。そのメタ・フェミニティはジェンダーを、過剰演技されたスタイルに還元している。(Schwichtenberg, 1993, p. 134)〔同前、二二三頁〕

この考え方からすると、マドンナをロールモデルとした人々、通常はティーンの若い女の子たちは、女らしさを実践する必要がないことをこのパフォーマンスから認識するようになるはずである。彼女たちは、おそらくカルチュラル・スタディーズ部門にいるマドンナ・ファンがそうであるように、以下のような「パスティシュ(模倣)」の機能の仕方を理解する洗練された知性を持っているのだろう。

ジェンダーの演技とは、性的差異の記号(シニフィアン)と戯れるミスマッチのスタイルであり、それは、その係留から切り離されたものである。このような不確かさは、純粋な人工物としてのジェンダーそれ自身の脆弱性を強調している。このようにして、ジェンダーの演技は、多面的スタイルを持つポストモダンなパスティシュ(模倣)を通じて形作られていく。すなわち、男らしさと女らしさはエロチックな緊張の中で裂け目をつくり、屈曲されるのである。(ibid.)〔同前、二二四頁〕

マドンナは「家父長制と異性愛によって描かれたしかるべきジェンダー役割とセクシュアリティの確立された境界線を越えている」という点で、ポストモダン理論家たちによって越境的であるとみなされている（Schulze *et al.*, 1993, p. 23）〔同前、三六頁〕。ところが、多くのマドンナ批判者たちは――ポストモダン理論家が指摘するところでは――、マドンナが「ラディカルな脅威」（ibid.）〔同前、三六頁〕を提起していることを理解することができず、売春婦を表象しているとみなす傾向がある。ところで、マドンナが提起している（と彼女の熱狂的愛好家たちがみなしている）「脅威」とはいったいいかなる性質のものなのだろうか？　マドンナは、男性のSMと売買春のファンタジーを売春店やポルノから、男性主流《メイルストリーム》のエンターテイメント業界に持ち込み、若い女性に女性のエンパワーメントの一形態として売買春を売り込んでいる。その結果、彼女は売買春をノーマルなものとし、ファッションや広告で女性を売春婦として描くことを広く許容することに大きく貢献している。売春推進派の団体「ネットワーク・オブ・セックスワーク・プロジェクト」のスポークスパーソンであるシェリル・オーヴァーズは、一九八〇年代にマドンナが自分たちの仕事を大いに楽にしてくれたと信じている（Doezema, 1998）。彼女は、マドンナが男性主流文化において売買春をノーマルなものにすることに寄与した功績を認めている。

だが、マドンナがスポットライトの当たらないところに出るやいなや、彼女ががっかりするほど非革命的であることがわかった。彼女は結婚と出産を選んだのだ。『デイリーメール』紙が報じたところでは、「彼氏の両親が言うには彼女は感じのいい子で、立派な母親になるだろうとのことだ」（Smith, 2000 に引用）。つまり、ポルノが売れることを知っているエンターテイメント業界からの勧めと、世間を騒がせたいという願望ゆえに、彼女は売買春を表象することで富を得ることを選んだのだ。彼女がもたらしたダメージは、若い女の子のファッションが、今では男性の性的欲望に奉仕することに固執するようになったことだ。売春婦や「あばずれ《スラット》」ファッションは今なおいけてるものであり続けている。

もちろん、このような批判がカルチュラル・スタディーズ系のフェミニストたちからあっさり退けられるだろうことは重々承知している。彼女たちは、マドンナのパフォーマンスを評価しない女性たちのことを次のように非難してきたからである。「マドンナを嫌悪しているのが女性であるとき、この拒絶は、あからさまに置き換えられた『自己貶め』、つまり家父長制的な女らしさの内面化から生じる自己嫌悪の現われである」(Schulze *et al.*, 1993, p. 31)〔前掲シュウィッチェンバーグ編著『マドンナ・コネクション』、五〇頁〕。これは、ラディカル・フェミニストの哲学者メアリー・デイリーが「家父長制的反転」と呼ぶものの一例である。つまりフェミニストは自分たちが批判している当の価値観や実践を体現していると非難されるのだ(Daly, 1979)。

ポルノ的な美容行為

ポルノに出てくる女性は、男性消費者のフェティシズム的な興味に合わせて体を変形させている。彼女たちは、豊胸手術やその他の美容整形、ブラジリアンワックス脱毛やラビアプラスティ〔女性器形成術〕を受けている。『アダルトビデオ・ニュース』は、アメリカのポルノ女優タビサ・スティーヴンスとのインタビューで、成功したいと願う人々に必要とされる身体切除がどれほど過酷なものであるかを示している。テレビ番組「エンターテイメント・トゥナイト」は、彼女が受けた三万ドルもの整形手術を撮影し、その費用の一部を支払った。彼女の説明によると、担当の外科医はおそろしく無能だった。「頬にインプラントを入れてもらったのですが、そのうちの一つがずれていて、医者が入れ間違ったんです」。

医者はインプラントを私の目から入れました。口から入れるはずだったのに。そのうちの一つがずれてしまい、目から出てきてしまいました。医者はそれを直したのですが、またずれるようになって、とても不快でした。それでまた医者のところに行ったんです。そしたら彼は私にまたそれに対する費用を請求しようとしたんです。それで私は「ふざけんな」と言いました。(*Adult Video News*, 2002b)

タビサは五回も豊胸手術を受けているが、自分の足の小指から採取した脂肪をネットで売るために、小指の脂肪吸引をしたいと考えている。

ポルノモデルの体から採取した肉片を売り飛ばす例は他にもある。アメリカのポルノ女優ヒューストンは、ラビアプラスティで切除したラビア(小陰唇)の一部を売りに出した。『アダルトビデオ・ニュース』は、「世界の乱交クィーン」が、ラビアを小さくし、豊胸インプラントを入れ替えるための「数時間におよぶ二重の手術」を受けたと説明している。「私は自分のラビアが好きじゃなかった。いつもビキニからはみ出してしまうから」とヒューストンは語る。報道によると、彼女は「ラビアを一センチ切り取って、プッシーをトリミングした」。カメラマンが手術の様子を記録していた。『アダルトビデオ・ニュース』は「ヒューストンがパフォーマンスをできるほど十分に回復したと感じるまでに時間がかかった」と説明している(*Adult Video News*, 2000)。彼女はその後、「オンラインのポルノオークションサイトで自分の切除したラビア」を出品した。

ポルノ産業が成長し、女性が自宅で男性パートナーからポルノを見せられるほどにノーマル化したことで、それ自体が新たな「美」の実践を生み出した。女性の胸を大きくすることが求められるようになったことと、それに伴って豊胸産業の利潤が増大したことにポルノが大きく関与しているが、この問題については後の章で扱うことにしよう。ここでは、ポルノグラフィが女性器に与えた影響に焦点を当ててみたいと思う。ポルノは女性身体の新たな領域を作り出し、女性たちは不安とお金と痛みを伴う処置をそこに注がなければならなくなった。かつて女性は自分の性器をほとんど見ることはなかったが、無修正ポルノの普及によって、今では顔と同じくらい注意を払わなければならなくなっている。

女性器の剃毛と脱毛

ポルノに出演している女性たちは陰毛を除去している。「ポルノに出てくる女性の大多数は、外陰部をきれいに剃っているか、それに近い状態である」(Castleman, 2000)。これはポルノで昔から行なわれていたわけではない。一九七〇年代には「完全な茂み」があり、一九八〇年以降に「無毛の傾向」が見られるようになった (ibid.)。なぜこのような変化が起こったのかについての情報はほとんどない。「開脚」写真で女性器を陰毛に邪魔されず覗き見できるようにしたいという需要が、男性消費者の間で高まったことが背景にあるのかもしれない。一九九〇年代のテーブルストリップ・クラブの流行も、男性消費者が女性の剃り上げられた性器やアヌスをたっぷり見つめられるようになったことから、この需要を後押しするようになったのかもしれない。

男性が女性のアンダーヘアを気にするようになったことには、他の理由も考えられる。アンダーヘアは女性を大人っぽく見えさせる。多くの男たちは、女性が思春期前のように見えることを好むため、無毛の女性を好む。男性はポルノによって、女性の無毛を「自然なもの」と思い込み、ガールフレンドのアンダーヘアを不快に感じたり、あまり興奮しなくなるように訓練されている。

ポルノ女優は性器部分を剃毛しているが、実はそのことからいろいろと問題が起こっている (ibid.)。無毛状態を維持するために剃毛は毎日行なわなければならず、「カミソリ負け」の原因となる。剃った部分にヘアが生えてくることで非常にかゆくなったり、女性器に埋没毛 (ingrown hair)〔剃毛や脱毛で皮膚が傷ついてかさぶたができ、毛穴がふさがることで、皮膚の下で伸びた毛〕が生えてきてかなり痛い思いをすることもある。ポルノ女優たちは、「サロン」というウェブサイトでマイケル・キャッスルマンに、無毛でなければならないことにどのように対処しているかを説明している。彼女たちは毎日剃り上げ、「ゆるい下着と衣服を身に着ける」。なぜなら「ヘアを剃った外陰部は、陰毛という柔らかいクッションで覆われた外陰部よりも擦れやすいからだ」(ibid.)。あるポルノ女優(ジーナ・ローム)によると、ポルノ撮影の控室にいる多くの女性たちには、カミソリ負けや埋没毛などの痛みを抱えている様子が見て取れるが、カメラはそれを撮らないので、女性は「実際よりも平気に見える」という。ロームはキャッスルマンに、ポルノから引退するとすぐに剃るのをやめた、もう剃る必要がなかったからだと語った。「それは仕事の準備の一部だったんです」(ibid.)。

前述したように、ポルノ女優は常に無毛でなければならないため、毎月性器を剃毛しなければならないが、ブラジリアンワックス脱毛〔毛を一センチぐらいにカットしてから特殊なワックスを塗り、その上から紙や布を貼りつけ、それを一気にはがして毛を毛根から抜くという脱毛方法〕という手法は、ポルノの外部にいる女性たちの間で流行しており、それは自分の彼氏のために無毛状態をつくる。ブラジリアンワックス脱毛は、ある一定の長さの毛にしか使えないため、それを再び行なうには毛が生えてくるまで待たなければならない。それゆえ毎日の無毛化には役立たない。これはビキニ脱毛の延長線上にあるもので、ビキニラインの脱毛は、ファッション業界がモデルの女性に男性の視線を釘付けにするために極小の素材を身に着けさせるようになったことで必要になった。極小ビキニは、陰毛を隠すのに十分なほど女性の体を覆うことができず、女性の陰毛がはみ出すのは恥ずかしいことだと考えられていたため、女性は脱毛することが求められた。そこには二つの力が同時に働いている。すなわち、女性がビーチでも性的役務を行なうよう求められていることと、女性の体毛に対する文化的な恐怖と嫌悪だ。

ブラジリアンワックス脱毛は、ニューヨークの七人のブラジル人姉妹から始まったとされる。彼女たちは「アメリカでブラジリアンワックス脱毛法を開拓し、完成させ、セレブ（グウィネス、ナオミ）を顧客に持った」。姉妹の一人ジョニスによると、「ブラジルでは、ビキニがとても小さいので、ワックス脱毛は私たちの文化の一部だ」(Fashion Icon, n.d.)。ブラジリアンワックス脱毛は陰部からすべての毛を除去する。「ブラジリアンワックスは基本的に、細い帯状に刈り込まれた陰毛だけをフロント部分に残して、それ以外のすべての毛をワックス脱毛する（一部の常連客は、「滑走路」「ひも状脱毛」「プレイボーイ脱毛」と呼んでいる）」(ibid.)。一部の女性にとってそれはビキニ脱毛の単なる延長である。「多くの女性がブラジリアンワックス脱毛を希望するのは、きれいで入念なワックス脱毛で、露出の多い水着やランジェリーを自由に着こなすことができるからだ」(iVillage, n.d.)。

それは次のような手順で行なわれる。「紙のTバックが提供されることもあるが、ほとんどの場合、全裸になる。まず、ワックスが毛根に届くように、ヘアをハサミで切り取る。その後、ヘラを使って、施術者が、脱毛したい箇所に少しずつ暖かいワックスを塗っていく。……伝統的なブラジリアンワックスでは、小陰唇から臀部までの領域がその対象だ。ワックス脱毛後に無駄毛が残っている場合、施術者は毛抜きで抜いていく」(ibid.)。ウェブサイトでは、痛みを伴うと説明されている。

楽なものと思ってはいけません。かなり痛いし、それを避ける方法は存在しません！……何度もやる必要がある場合もあって、それは最悪。その分、痛みは長引きます。……でも拷問は永遠には続きません。ブラジリアンビキニ脱毛は……三〇分以上かかることはありません。(ibid.)

埋没毛の問題はまだ残っているし、間違いなく性器付近では耐えがたい痛みだろうが、どうやら、ブラジリアンワックス脱毛を行なう施術者は、埋没毛を見つけてそれを毛抜きで抜くことに関しては、通常のワックス脱毛の施術者よりも注意深くなくてすむようだ。脱毛サロンでは、不快感を和らげるために、脱毛後に、殺菌鎮痛ローションが用いられている。

女性が性器にワックス脱毛をする主な理由は、ポルノや売買春におけるようなルックスの女性に性的に興奮する男性パートナーを喜ばせたいという願望から来ているように思われる。『コスモポリタン』誌に掲載されたオーストラリア人のブラジリアンワックス施術者である女性は、自分自身が初めてワックス脱毛された時は「地獄のように痛かった」と説明しているが、「最高だったのは、ボーイフレンドがそれを見た時でした。彼はそれまで完全に『つるつるの』女性とつき合ったことがなかったので、『すごい、最高にセクシーだ!』と言ってくれました」。彼女は妹にもワックス脱毛を施し、妹の夫は妹の不安を解消するために「『頼むからやってみて。セクシーに見えるからさ』と言いました」(McCouch, 2002, p. 92)。彼女は、客が痛みに対処しようとして危険なことになる場合もあると言う。「お客さんのせいで危険な目に遭ったことがあります。あるお客さんが痛みのあまり激しく体を動かして、あやうくテーブルを壊して私たちの上に熱いワックスをかけそうになりました」(ibid., p. 94)。

記事の小見出しには「痛みなくして得るものなし(No Pain, No Gain)。脱毛すれば、男はみな夢中に」とある。そのメッセージは明らかに、ワックス脱毛は男の満足のためだということだ。他の動機についてはいっさい言及されていない。その「男」たちは、女性の性器脱毛がどれだけ気に入っているかを口々に語っている。二八歳の会計士ロドニーは、「ブラジリアン脱毛は、ふしだらさとセクシーさ、悪女さと初心《うぶ》さとがちょうどいいバランスなんだ」と言う。「痛みに耐えてまでその部分にそんなに気にかけていることは、とてもクールで、僕のためにやってくれているというのはとても刺激的だ」(ibid.)。二四歳の調理師ジョン――「彼女が本当に気にかけてくれていることがわかる。男ならみんなうれしいさ」。パイロットのダン（二七歳）は言う。「ブラジリアンワックス脱毛はいろいろな意味で僕を興奮させてくれる。普段見ることのできないものを見るのは信じられないほど刺激的なんだ。それに、ちょっとエッチな女の子と一緒にいるような気分になる」。三二歳の広告担当重役のグレッグは、「ブラジリアンワックス脱毛をする女性は自分の体をお手入れするのが好きで、そこにセクシーさがあるんだ」と言う。このように女性は、ブラジリアンワックス脱毛による痛み、屈辱感、費用（オーストラリアの主要都市の中心部では一回あたり約五〇～七五豪ドル）こそが、男性パートナーを喜ばせるものであることを学ぶ。

剃毛は、男性のポルノ的な想像力と実践の重要な一側面だ。ネット上には、男性が女性のパートナーや自分自身の剃毛についてポルノトークを楽しむことのできるディスカッションサイトがある。ある男性は、恋人たちのフィードバック・フォーラムの「剃毛」セクションにこう書き込んだ。「すごいサイトを見つけた。女性器やその細部まで見える剃毛写真、その方法などがばっちりわかる」（Lloyd, n.d.）。このディスカッションサイトの男たちは、女性について非常に特殊な好みを持っている。「女性がプッシーをつるつるで清潔に保っているのがすごくいいんだ。つるつるであることが重要なんだ。定期的にワックス脱毛したり毛を抜いたり剃ったりするのをサボって、あそこを清潔に保っていないのは絶対によくない」（ibid.）。別の男は「私は妻にクンニをして楽しんでいるが、ヘアが邪魔で仕方ない。……今では数ヵ月ごとに彼女の下のヘアを剃っている」（ibid.）。

男性向けポルノの一ジャンルとして剃毛が存在することは、男性向け総合情報サイトである「アスクメン」での女性パートナーの剃毛に関する回答からも明らかだ。「剃毛シーンのあるＡＶを探してほしい。パートナーを本当に、、、、、、つるつるで美しくするやり方がわかる」（Strovny, 2002）。これは、ポルノが男性によって女性パートナーの取扱説明書として使われていることを示す良い例だ。つまりそれは性的に男性に奉仕するのに必要なものを教える。しかし回答者のストロヴニーはより強制的な措置も示唆している。「冗談っぽく、僕のために下の毛を剃ってくれるまでクンニはしないよと言ってみてはどうか。……それでも彼女がしてくれないなら、思い切ってセックスパートナーを替えてしまうのもありだ」(ibid.)。彼女が同意しない場合、ストロヴニーは相手の不意を突くことを提案している。「あなたが彼女に何をしようとしているのかわかっていること、いやむしろそれについて彼女が知らないことは、前戯の変態的要素をいっそう増す」。しかし、剃毛は大変な作業だと言う。男性はまず女性の足で練習して、女性器を傷つけないようにすべきだ。ストロヴニーは、男性が女性に剃ってもいいかどうか聞くときには、「冗談っぽい口調にしておくとよい。彼女が不機嫌そうに反応したときの逃げ道にもなる」、あるいは「前戯のときにカミソリと剃毛クリームを取り出しておいてから聞くのもいい」(ibid.)。

ポルノにおいて無毛であることがあまりにも普通になった現在では、逆にアンダーヘアのある女性を見るのが好きな男性のためのポルノの一ジャンルが発達した。これはあるサイトでは「髭の生えた二枚貝（女陰）」と呼ばれている（Shave My Pussy, n.d.）。この名称は、歯の生えたヴァギナを連想させることで女性器が危険であることを暗示しており、そしておそらく臭いがすることも暗示している。周知のように男性ゲイや異性愛者の文化の一部では、この臭いなるもののせいで、女性は「魚」と呼ばれている(Jeffreys, 2003)。

切り刻まれる女性器――ラビアプラスティ

ブラジリアンワックス脱毛の結果、女性は自分の女性器の形状をより意識するようになった。これまでは目にすることのなかったものが今でははっきりと見えるようになったからだ。ポルノでは、女性器のラビア（小陰唇）が均一になるように頻繁に画像修正がかけられている。両ラビアのサイズがはっきりわかるほど不均等だったりするわけでも、とりわけ長かったりするわけでもないのに、男性が不快にならないよう画像修正されて、ラビアの形状がそろえられ、男性は均一の商品を購入することができる。しかし画像修正だけでは十分ではなく、ポルノの中の女性たちは、性器の外観を均等にするため、ラビア（小陰唇）の一部を切除して形を整える「ラビアプラスティ」を受けさせられる。このポルノ業界の慣行は外部の女性にも影響を及ぼしている。ボーイフレンドが彼女に無毛のポルノ女優のように見えるよう圧力をかけるからだ。男性支配の文化の中ですでに自分の性器を嫌うように教え込まれている女性たちは、自分の性器をいっそう気にするようになる。彼女たちは、自分の性器の形状がポルノに出てくる女性とは違うのではないかと心配したり、男性のパートナーがそうはっきりと指摘する場合もある。その後、このカップルは、すでにポルノ女優に形成術を施して大金を稼いでいる美容外科医のもとに行くようになる。ポルノの影響は外科医自身が公然と認めている。たとえば、ラビアプラスティの第一人者であるゲイリー・アルター博士は、この施術に対する需要を「ペントハウス効果」と呼んでいる(Alter, n.d.)。彼は、一九六〇年代から七〇年代にかけて『プレイボーイ』が豊胸手術の需要を引き起こし、その後、「ポルノ雑誌やポルノ映画での開脚写真が、自分の『下半身』に対する女性の意識を高めた」(ibid.)と説明している。

『コスモポリタン』誌ではラビアプラスティは「性器向上手術」(Loy, 2000)の一つとされており、この「向上」手術には以下のようなものが含まれる。

膣を狭くすること（「ハズバンド・ノット」――出産後に裂けたり伸びたりした膣を少し多めに縫うこと――に似ている）、重力との戦いに負け始めた陰唇の脂肪吸引とリフトアップ、処女膜の「修復」、伸びている、あるいは非対称なラビアの部分切除、より強く刺激できるようクリトリス包皮を切除すること、薄すぎると思われる大陰唇に（内腿から採取した）脂肪を注入すること。(ibid.)

アメリカの『ソウルマガジン』に掲載された「選択による身体切除」という記事の中で、アヤ・ザワディは、ラビアプラスティと女性器切除（ＦＧＭ）とを比較している。彼女は女性たちに、なぜラビアプラスティを検討しているのか、その理由についてインタビューを行なったが、それはラビア（小陰唇）が醜いとされていることに対する女性たちの不安や羞恥心を明らかにしている。ある女性は、「長いラビアはとても醜くて気持ち悪い。その部分が気になってしょうがないので、ラビアプラスティを受けることを考えています」と述べている。別の女性はこう説明している。「私のラビアは大陰唇から飛び出ているんです。自分への誕生日プレゼントとして手術を受けようと思っています」(Zawadi, 2000)。

インタビューを受けた人たちが手術後にこうむった後遺症はかなり不快なものだった。「ベティ」は手術から六週間経ってもまだ痛みを感じていた。彼女の場合、傷跡はほとんどなかったが、同じ時期に手術を受けた別の女性には「ひどい傷跡が残っていました。私は直視することができませんでした。彼女（同じ病室の女性）は恐怖におびえ、ひどく落ち込んでいました」(ibid.)。この女性は結局、その経験に対処するためにカウンセリングを受けることになった。「ロンダ」は言う、「みんな自分の自尊心のために、自分のことをより魅力的に感じるためにそうしていると思っているかもしれないけど、本当のところは結局、男のためにしているんです」(ibid.)。他の後遺症としては、「激しい痛み。セックスできるようになるまでに最大二ヵ月かかることも。ラビアがひどく腫れるのは言うまでもない」。ラビアプラスティ後のリスクとしては、感覚の喪失、膣開口部が過度に狭くなること、衣服を身に着けたときの不快感、性器の不自然な外観がある。これらはポジティブな変化とは言えない。ザワディの結論はこうだ、「私たちは世界の他の地域でいまだに行なわれている性器切除に対して長い間、懸命に闘ってきたのに、今では自ら志願して医者の診察室で性器切除を受けている」(ibid.)。

異性愛者の女性が自分の性器に手術が必要だと感じる理由の一つは、他の女性の性器がどのような形状をしているかを知らないからだ。オーストラリアのある著名な形成外科医は、一九九〇年代初頭には女性器の形成手術に対する需要はなかったが、今では月に二人の患者を診るようになり、需要が高まっていると述べている(Fyfe, 2001)。彼は需要の増加を「男性誌」の影響だとしている。彼によると、自分のところに性器形成手術を受けに来る女性の九〇%は、自分の性器に何か問題があると誤認しているという。オーストラリアでは、「無規制出版物」(つまり売店の棚にビニール包装せずに置けるもの)において女性の性器を描写することは、一九九九年に決定されたガイドラインの下で禁止されている。つまり、ビニール包装を避けたいポルノ雑誌は、女性器の写真をデジタル加工して、「リアル」でないようにしている。そのため、ポルノで他の女性器を見た女性は、自分の性器と現実的に比較することができない。『ヴィーナスの嫉妬——美容整形の歴史』(Haiken, 1997)〔エリザベス・ハイケン『プラスチック・ビューティー——美容整形の文化史』平凡社、一九九九年〕の著者であるエリザベス・ハイケンは、ラビアプラスティの人気の起源について、次のような見解を支持している。「開脚写真が出回るようになる以前は、誰もそんなことに興味はなかった。今では誰もが、自分のラビアがどのようなものであるとされているか知っている」(Leibovich, 1998)。

『マリークレール』に掲載された以下のヴィクトリアの話は、ワックス脱毛の実践を通じてラビアが剝き出しになったために、女性がラビアプラスティを求めるようになったことを示唆している。

ビキニ脱毛用ワックスをたっぷり塗って陰毛を除去するのが流行っていた頃、私は自分の目立つラビアが本当に気になり始めました。裸になると、ラビアが一インチ〔二・五センチ〕も垂れ下がっているのが見えました。まるでそこに睾丸があるように感じました。自分の体に対する裏切りのように思えました。彼氏がコンドームをつけて、開いた脚のあいだに乗しかかってくるあの瞬間がいつも嫌でした。彼に見られたんだと思うと、セックスの最中もそれが頭から離れませんでした。そして、セックス中に内部に押し込まれることもあり、それは苦痛ではないですが、イラ立たしく感じます。本当に気になってしまい、彼がいっしょにシャワー室に入ってきても、思わず身がすくんでしまうほどでした。婦人科に行ったときも、気になって仕方がありませんでした。(Hudepohl, 2000)

ヴィクトリアのこうむった後遺症はとても痛々しいもので、「患部がとても腫れて、以前の五倍くらいの大きさになって、縫合も思った以上に広範囲に及んでいました。私は股間に氷のパックを何度もあてながら横になっていなければなりませんでした。三日目、短い散歩に出かけたとき、そこがズキズキし始めたので、家に帰って再び氷で冷やさなければなりませんでした」。しかし、彼女は、今ではあまり気にならなくなったので、やったかいがあったと考えている。

今では、裸でボーイフレンドの前に座っていても、自分の体のことをとても快適に感じます。自分がよりセクシーになった感じがするし、より自由になった気がします。傷跡もほとんど見えません。一番うれしいのは、鏡の中の自分を真っ直ぐに見つめても、何も垂れ下がっているものが見えないことです。(ibid.)

彼女はボーイフレンドが自分の決断に影響を与えたとは言っていない。このケースでは、ヴィクトリアが痛みを伴う手術を求めたのは、彼女が自分のごく普通の性器を見苦しいものとみなすよう文化的に誘導されたからである。彼女の外科医は、社会的な女性嫌悪から利益を得ているのである。

ラビアプラスティを行なう外科医がこの施術を宣伝するさい、女性がより性的に男性に受け入れられるようにするためではなく、むしろ女性の利益のためだという観念を振りまいている。美容整形外科医が仕事を売り込んでいるあるウェブサイトでは、次のように説明されている。

> ラビアプラスティとは、女性のクリトリスと膣の開口部を覆う皮膚であるラビア（小陰唇）を縮小ないし再形成する外科的処置です。いくつかの例では、大きなラビアを持つ女性は、性交時に痛みを感じたり、日常生活の中で、あるいはタイトな服を着ているときに不快感を感じることがあります。また、魅力的でないと感じたり、クリトリスを覆っている皮膚の一部を除去することで性的快感を高めたいと思う人もいます。ラビアプラスティの目的は、ラビアをよりきれいに整えることです。（LabiaplastySurgeon, n.d.）

「施術を受けるのに最もふさわしい人」とされているのは、「ラビアが……大きめだったり、非対称であったりするために、性的機能不全や恥ずかしさを経験している女性。また、自分のラビアの大きさや形状が気に入らない女性。そのようなラビアは見た目もよくないし、性的パートナーとの間で気まずい雰囲気を引き起こす可能性があります」。サイトに掲載されているビフォーアフター写真には、不幸な女性たちの性器が写っている。「ビフォー（術前）」の彼女には一センチほどの長さのラビアが見えているが、「アフター（術後）」の彼女には外から見えるものは何もない。別の外科医ロバート・S・スタッブス博士は、大陰唇を大きくする「大陰唇隆起術」と「クリトリス包皮切除」、または一般的な「性器向上手術」を含む、女性の性器に対するより多様な手術を提供している。これらすべてのビフォーアフター写真は、ウェブ上の「外科手術アートギャラリー」で見ることができる（Psurg, n.d.）。

ラビアプラスティの外科医は他の「性器手術」も提供している。女性は「尿道開口部の再形成術」を受けることができ、「膣に必要な改善」も同時に行なうことができる（LabiaplastySurgeon, n.d.）。膣の手術は「膣の若返り」と呼ばれ、「複数回の出産を経験した女性」は、出産時に膣筋肉の「拡張」を経験したことがあるため、「膣の筋肉が緩んで弱く」なっている。この手術は、「通常、出産に起因する膣筋肉の伸張の問題を修正することができ、再び性生活を向上させるための直接的な手段である」。ここでは誰の性生活が向上されるのか、女性なのか、それとも不満を持っている男性パートナーなのか、という問題ははっきりしていない。この手術は「外来で」行なうことができ、「余分な膣粘膜（膣の裏側）を減らすことで、筋肉と周囲の軟部組織を引き締める」（ibid.）。年齢による性器への影響を気にする女性たちのために、別の種類の手術も可能である。たとえば、前述したラビアプラスティ外科医のゲイリー・アルター博士は、女性の性器は年齢を重ねると形状が変化するので、それを回復させる必要があると説明している。

年齢を重ねると、重力の影響で体のあらゆる部分が垂れ下がってくる。そのため、陰毛、恥丘、膣領域も垂れ下がり、老けた外観の原因となる。この領域は、腹筋形成術や腹部形成術〔腹部のたるんだ皮膚や余分な脂肪を除去するための美容整形〕とは反対の方法で、陰毛の上の余分な皮膚を切除して、陰部を高くする。この手術は、しばしば腹筋形成術と組み合わせて行なわれる。（Alter, n.d.）

ラビアプラスティの外科医は現在、婚姻時に女性に処女性を要求する文化圏の女性に、頻繁に処女膜再生術を施している。たとえば、ニューヨーク州クイーンズのリバティ・ウィメンズ・ヘルスケアは、

「処女膜の修復・再生、処女膜の形成、処女膜輪の縫合術」(Liberty Women's Health, n.d.) を含むさまざまな性器手術を提供している。クリニックはこれらの施術の必要性を次のように説明している。「女性が性交をした後や、あるいは激しい運動やタンポン使用後にも、通常、処女膜輪が破れます。時には、文化的理由やその他の個人的理由で（たとえば結婚を近々控えているなど）、女性はより無傷で引き締まった処女膜輪を回復したいと考えています」。このような場合、クリニックは、「ほとんどの患者がより無傷で処女のような状態になるよう処女膜を修復し、引き締めることのできる」特別な手術法を提供している。この手術は「ほとんどそれとわからない」ものである。このクリニックが提供している手術は、トルコのように女性の処女性が婚姻契約の必須条件である国では一般的である (Cindoglu, 1997)。このような国では、女性は伝統的な家父長的道徳規範に従わなければならない。少女や女性は、より良い対価を得るために、あるいはより高い地位の夫を得るために、外科的に「処女」に作り変えられる。これらの国からの移民は、現在、アメリカやオランダなどの欧米諸国でこのような手術を提供している外科医にとって実に儲かる市場をつくり出している (Saharso, 2003)。

リバティ・ウィメンズ・ヘルスケアは、「女性の割礼や女性器切除のいかなる形態も、文化的信条に関係なく、けっして提供したり容認したりしない」と敬虔にも断言している (Liberty Women's Health, n.d.)。しかし、彼らは女性の身体を切り刻むことによって、女性に対して欧米のポルノ的要求と伝統的なイスラムの要求の両方に適合させるための手術を行なっている。これは公平ではあるが、彼らが拒否している身体切除とは容易に区別がつかないことは確かである。ラヴィアプラスティの外科医たちもまた、女性器を修復することでも利益を得ている。つまり、これらの医師たちは、処女膜再生術やラヴィアプラスティを通じて女性の身体に文化の残酷な要求を刻み込むことからも、そのような慣行から生じる損傷を修復することからも、大きな利益を得ているのである。

男性のポルノ的欲望を満たすために女性器になされている手術は、医療専門職が男性支配のための侍女として機能しうることの好例である。医学は現在、女性の身体にポルノ向けの性器を刻み込むことを実践している。ディレク・ジンドグルーがトルコでの処女膜修復手術を行なっている外科医の実践について述べているように、「専門家としての医師と制度としての医学は、彼らを取り巻く社会環境から独立しているわけではない」のであって、彼らが施す手術は「非常に家父長制的な方法で社会構造に医学が介入することだ」(Cindoglu, 1997, p. 260)とみなす必要がある。文化的に要求されるラビアプラスティやその他の「性器向上」手術を行なう欧米の外科医は、女性のポルノ化に深く関与しているのである。

一九八〇年代から九〇年代にかけて、マドンナ崇拝やインターネットを通じてポルノがノーマル化された結果、若い女性や少女にとって「美」のイメージが、性産業と不可分に絡み合うことになってしまった。マドンナ風のファッションは、二一世紀になってブリトニー・スピアーズ風のファッションに変わったが、売買春を模倣しようとする衝動は同じである。今や、ファッションショーのランウェイでは、売買春とポルノの価値観と慣行が支配的になっている。男性デザイナーたちは、金持ちでファッショナブルな人々に向けて、とくにＳＭクラブ風のルックスを売り込んでいる。次の章ではこのファッションの問題を取り上げる。すなわち、何がファッションとしてまかり通っているのか、そしてそれを作っている男たちについて批判的に検討していこう。

第5章　ファッションとミソジニー

大学でポスト構造主義的な思想が主流になり始めた一九八〇年代以降、ファッションが女性の従属性を反映しそれを維持するのに役立っていると指摘することは、すっかり不評になった。ポストモダン的傾向を帯びた文献では、ファッションがその物質的・政治的な土台から自由に振る舞うことができるかのように書かれる傾向がある。性差別、資本主義、階級差別、人種差別など、常にファッションを構成するものに影響を与えている政治的な諸力は雲散霧消してしまう。その代わりに、ファッションは自由な精神として、誰もが、とくに女性が選択と創造性を発揮し、自分のアイデンティティを表現し、境界線を越えることを可能にするものとして称賛されている。たとえば、ファッションについて書いているフェミニストでさえも、ファッションにどのような変化が起ころうとも、女性と男性が身につけるものには常に差異が刻印されていることに気づかないようだ。これらの差異によって、女性という性階級は男性という性階級と区別されるようになり、この数十年間に、人類の半分は残りの半分に性的興奮を与えるための道具になってしまったのである。この章では、二〇世紀後半のファッションデザインが、ポルノやSMのイメージ、ヌード、コルセット、黒い革やビニール、さらには血や傷さえも取り入れることで、なおさらミソジニー的になったことを論じる。また、ファッションデザイナーの間でなぜこれほどまでに男性とゲイが支配的なのかを問い、彼らがこの過程で果たした役割について検証する。

服装を通じた性差の創出

ファッションにおける性的な「差異／服従」の創出は、いくつかの方法で行なわれている。これには、肌の露出、スカートとズボンの使い分け、男性服がグレーやブラウンに限定されているのに対し、女性服には明るい色やパステルカラーを使用すること、女性の身体に売買春やSMを連想させるものを身に着けさせることなどが含まれる。さらに、性を露骨に示すためにファスナーやボタンが左右に開くように配置されていたり、女性の服には機能的なポケットがついていなくて、ハンドバッグを持ち歩く必要があるというルールもそこに含まれている。

女性は肌を見せるべきだが、男性は見せてはいけないという要件は、何も西洋文化に限ったことではないようだ。ジョアンヌ・アイカーは、この問題との関連で、アフリカのカラバリ族〔ナイジェリアのニジェール川デルタ地帯に住む部族〕に見られる非常に興味深い習慣について書いている。彼女は、一九世紀の米国フェミニスト、エリザベス・キャディ・スタントンの素晴らしい引用文を、カラバリ族に関する自分の論考の前書きに入れている――「舞踏会やパーティー会場で、男が普段の服を着て来るのに、どうしてファッションは女に対して、腕や首をむき出しにして、自己の身体を見せるよう求めるのか？　なぜ女は男の賞賛を集めなければならないのか？　なぜ女は男の肉体的愛を確保しなければならないのか？」（以下に引用。Eicher, 2001, p. 233）。この問いに対するスタントンの答えは、女性にとって結婚が唯一のキャリアであるため、男性を確保しなければならず、それを達成するには、男性の食欲をそそるために自己の身体を見せびらかすという、娼婦が確立した方法を用いることが最善であるというものだ。

経済的にも政治的にも男性が主導権を握っているカラバリ族の中でも、アイカーが指摘するように、「成人男性は日常でも儀式においても公の場では、上半身と下半身、さらに頭と通常は足を覆っている。男性は、自分の自宅内では腰に布を巻いて、胸を露わにしたカジュアルな服装を選ぶことはあっても、外に出るときは、胸を露わにしたり、足を剝き出しにすることはない」(ibid., p. 240)。これは、女性の格好と先鋭な対照をなす。「カラバリ族の成人女性の肩、胸、脚は、イリアの儀式に参加するときの服装では露出されているのに、成人女性の体のこれらの部分は、日常の活動における服装では隠されている」(ibid., p. 241)。アイカーは読者に対し、ハリウッドのアカデミー賞授賞式を見れば、男性支配階級と女性従属階級とを区別する同じようなやり方が西洋でも再現されていることがわかると指摘している。この授賞式では、女性は「体のさまざまな部分を露わにしたドレス」を身にまとっているが、男性は体型を隠すようなピシッとしたスーツを着ている、とアイカーは言う(ibid., p. 243)。アイカーの論考は、ジェームズ・ハミルトンが撮影した二枚の写真で締めくくられており、言葉によるよりもはるかにはっきりと、「ファッション」で通常女性が着ることを期待されている服を男性が着た場合の滑稽さを示している。一枚はハーフスーツ〔半袖半ズボンのスーツ〕を着ている男性で、もう一枚は肩を剝き出しにしたシャツを着ている。どちらも馬鹿げているように見えるのは、男性が場違いな形で裸体をさらすことでその社会的地位が損なわれているからである。

デパートで男性服売り場と女性服売り場を何気に見て回るだけで、ファッションが圧倒的にジェンダー化されていることに気づくだろう。このジェンダー化はあまりにはっきりとしたものなので、ファッションに関するあらゆる本がこの事実を無視ないし軽視しているのは驚くべきことのように思える。言うまでもなく、一般に男性服売り場で提供されている服は、身体を見せるような大きな切れ込みや穴が開いておらず、スカートやドレスはどこにも置いていないし、服はピチピチではなく、機能的で、さまざまな活動に適しているように見える。男性の身体を性の対象として女性に見せることをとくに目的としていないからだ。また、より良い素材で作られ、より長持ちする傾向があるが、色は地味なものに限られている。一方、「女性」服はしばしば人形の服に似ている。小さく、派手な色で、破れやすい素材で作られ、身体のかなりの部分を露出している。

この区別は、とりわけスーツという現象に顕著に表われている。アン・ホランダーは、スーツへのオマージュの中で、スーツを服飾史上最高の発明と考えていることを明らかにした（Hollander, 1994）〔アン・ホランダー『性とスーツ――現代衣服が形づくられるまで』白水社、一九九七年〕。スーツは一八〇〇年頃に男性のために生まれたものであり、女性のファッションの世界では同じほど素晴らしいものはまだ発明されていないと言う。彼女は、スーツが、これまで女性に提供されてきた他のどんな衣服よりも優れている点について詳しく説明している。ここでは少し引用するだけで十分だろう。

理想の男性服とは、別個に独立した重なり合う断片でできているにもかかわらず、身体を一つの統一感で包み込んでしまう構造を持つ。腕、脚、胴体の線を視覚的にたどることはできるが、服が体にぴったりと沿っているわけではないので、胴体や手足を大きく動かしても、縫い目や継ぎ目に余計な負担がかからず、つっぱるようなことはない。個々人の身体表面の凹凸は、わざとらしく強調されるのではなく、全体的に均一で調和がとれている。（ibid., p. 8）〔同前、一四頁〕

スーツは、身体を快適に覆い、しわにならずにかなりの動きを可能にし、身体の不完全な部分を隠すという機能を果たす。このように、スーツは人間の尊厳を可能とする衣服の一形態であり、それゆえに女性には許されてこなかったのである。スーツが一九八〇年代に働く女性たちにも広がるようになると、スーツは制約的なものになり、短いスカート、肩パッド、そしてまたしても窮屈さという形態をとるようになった。しかし、ホランダーの本は、ファッションに関する大多数の文献と同様、スーツの男性的形状が男女間の権力格差にとって持つ意味合いについては論じていない。その代わり彼女は、「概して人々は、常に自分が着たいと思う服を着てきたし、ファッションはこうした欲望を満たすために存在している」(ibid., p. 141)〔同前、一九七頁〕と述べている。自分に合った服装に関する女性の考えが、あらゆる社会的影響から免れているのであれば、このことは真実かもしれない。しかし、女性と男性のファッションは、社会的に構築された想像力の範囲内にあるものに制限されているし、そして最も重要なことに、店の中にあるものに制限されている。

二一世紀の今日、服装における性的区別の程度は、一八世紀末における男性の服装の大きな変化に由来すると歴史家たちは言う。それ以前は、上流階級の男性は女性と同じように、きらびやかな装飾を衣服にほどこすことができた。そこへ、フランス革命が西洋文化に変化をもたらした。男性は、金持ちと貧乏人の間の社会的地位の相違を示す富裕層向けの装飾を放棄し、すべての男性が同じような服を着ることで兄弟愛を確立することができるという、より民主的なモデルを支持した。この服装は地味で暗いものであり、これらの男性たちが参加していた資本主義的な労働世界の価値観を表わしていた。しかし、女性の服装は男性と同じではなかった。区別するためにスカートを履いたのである。こうしてフランス革命以降、現在のようにはっきりと目に見える形で男女のフォーマルな服装に極端な違いが現われるようになった。

よく引用される一九三〇年の著作『衣服の心理学』の著者J・C・フリューゲルは、なぜ男性だけがこのような新しい民主的な衣服の形態を手に入れたのかを説明しようとしている。彼は、男女間の衣服の違いは、性的想像力をかき立てる必要性に基づいていると主張する。とはいえ彼は、女性に押しつけられた屈辱的な服装に対するフェミニストの批判――この種の批判は興味深いことに、彼が執筆していた当時にもよく知られていたようだ――を、「年を食った家政婦の性的妄想」として退けている(Flugel, 1950, p. 109)。つまり、女性が「女らしい服装の装飾と露出」を行なうのは男性の要求にもとづくものだと主張する女性たちがすでにいたのである（ibid., p. 108）。これらの女性たちは、昨今の多くのフェミニスト批評家たちが主張しているように、こう論じていた。「女性が自分の身体を露出することに（不承不承）同意するのは、もっぱら男性の執拗な要求に応えるためだ。不道徳という罪は認めるが、真の罪は他方の性〔男性〕に投げ返される」（ibid., p. 109）。しかし、これらの厄介な女性たちは、フリューゲルによれば、「個人的な魅力が劣っているせいで、男性の注目を受ける可能性の低い女性たち」であり、つまり、彼の男性的な認識にあっては、そういう女たちは、女性の側から性的に誘惑することに批判的な「欲求不満を抱えた女性」や「年を食った家政婦」である可能性が高いという。私は別著で書いたが、性科学者たち――その中にはフリューゲルのようなタイプの男性精神分析家が大勢いた――は、二〇世紀初頭に男女間の性的な力関係を批判しようとしたフェミニストたちを激しく攻撃した。これらのフェミニストたちは日ごろ通常の異性愛を理解することができないか、あるいはそれに敵対的でさえあるオールドミスや性的逸脱者であると非難された（Jeffreys, 1985/1997a）。

フリューゲルはオールドミス・フェミニストの見方を拒絶しているにもかかわらず、彼自身の言葉は、そうした見方がまったく理にかなっていることを示唆している。男女が同じような服装をしたらどうなるかを検討して、これは「われわれ」（男性のことだろう）にとって魅力的ではないだろうと主張しているが、それはまさに「われわれ」が服装の区別によって可能となる性的興奮を経験することを望んでいるということだ。彼は、「二つの性別にとって特徴的な服装を採用することの基本的な目的は、性的本能を刺激することだという見解」（Flugel, 1950, p. 201）を「認めざるをえない」と言う。ファッションの心理学に関するこの最も有名な作品の中で、女性に男性と異なる服を着せることは、男性の性的興奮に奉仕するためであることが、はっきりと確認されているのである。

二〇世紀の最後の四半世紀には、女性のためのファッションが露骨にポルノ化されたことで、男性の性的満足を生み出すという女性服の役割はなおのこと明瞭になった。ファッション写真家やデザイナーたちは、コルセットや黒ビニール、女性の裸体など、男性向けポルノのフェティシズムに基づいたイメージや衣服を生み出した。かつては、男性の性的興奮のために女性をパッケージ化したポルノと、男性に「美しい」と感じてもらうために服を販売するファッションとの間には、一定の隔たりがあると思われていたろうが、その隔たりは今ではすっかり消し去られてしまっているのである。

ファッションのSM化——コルセットとボンデージ

女性のファッションは、昨今とくにSMポルノのスタイルに従うようになった。ポルノの中でも、SMのジャンルがますます重要になっている（Russell, 1993; Tyler, 2011）。これは売買春にも当てはまる。SMポルノやSMクラブでは、女性は男性客に叩かれたり、縛られたり、拳で犯されたり（フィストファック）、焼かれたり、切られたりしている。たしかに女性が男性に対して「女王様」の役を演じることもあるが、それは、男性が自らコントロールできる状況下で服従の興奮を得るための方法でしかない。ファッション写真がSMへの男性の性的関心を取り入れたのは、この二つの性産業〔SMポルノとSMクラブ〕で女性が演じている隷属的役割が、男性の性的興奮にとって象徴的な意味を持っていたからである。

ファッション史家のヴァレリー・スティールは、その著書『フェティッシュ、ファッション、セックス、パワー』（Steele, 1996）の中で、ファッションデザイナーがSMを取り入れる傾向にあることを明らかにしている。彼女は次のように説明している。

コルセット、奇抜な靴やブーツ、革やゴム、アウターウェアとしての下着（タトゥーやボディピアスは言うに及ばず）は、フェティッシュクラブと同様に、ファッションショーのランウェイでもほぼ一般的になっている。アズディン・アライア、ドルチェ&ガッバーナ、ジョン・ガリアーノ、ジャン＝ポール・ゴルチエ、ティエリー・ミュグレー、ジョン・リッチモンド、アナスイ、ジャンニ・ヴェルサーチ、ヴィヴィアン・ウエストウッドなど、多彩な大物ファッションデザイナーたちは、「フェティシズムのスタイル（フェティシズムの精神とまでいかなくても）」を頻繁にコピーしている。(ibid, p. 4)

スティールがここで言及しているデザイナーの大半はゲイであり、本節ではゲイ男性SMの影響が彼らのデザインの根底にあることを論じたい。彼らはゲイ男性SMの関心を女性に投影している (Jeffreys, 2003)。実際、スティールは、これらのSM的関心が特殊に男性的なものであることを指摘している。スティールによれば、自分の著書について話をした男性たちが熱狂的な関心を示したのに対し、女性たちは「ポルノに興味を持っている芸術関係の」女性でないかぎり、そのテーマに嫌悪感を示したり、うんざりした風だったという (Steele, 1996, p. 14)。彼女はこの現象を、不可避的かつ生物学的に構築された男性セクシュアリティの一形態から生じたものであると説明している――「つまり、人間のオスはどうやら、たまたま出くわす『魅力的な』(つまり生殖をするのに適しているように見える) メスと交尾する可能性に対して常に敏感でありつづけた結果、性的興奮の諸パターンに対してすぐれて視覚的に刺激される方向に進化していったようだ」(ibid., p. 23)。彼女によれば、コルセットのようなフェティッシュなものは、女性の生殖上の特徴を誇張しているがゆえに、この社会生物学的モデルに適合しているという。彼女は、一九六〇年代の性革命が「性的逸脱の再評価」につながったと考えている (ibid., p. 33)。パンクファッションはフェティシズムをファッショナブルにすることに貢献し、一九七〇年代にはファッション写真家のヘルムート・ニュートンが「フェティシズムをいけてるものにした」と彼女は言う (ibid.,

p. 38)。彼女は、「倒錯」は売買春で女性を利用する男性の間で人気が高まり、売春店の女性たちはそれをレパートリーに取り入れざるをえなくなったと指摘している。売春店からファッションへのSMのイメージの広がりは、一般女性に対する文化的期待を構築する上での売買春の重要性を示している。しかし、ファッションの世界でとりわけSMフェティッシュな衣装を推進しているのは、ゲイのファッションデザイナーたちである。

これらのデザイナーたちが推進しているSM衣装の重要なアイテムは、コルセットだ。コルセットは、一九世紀から二〇世紀初頭のそれほど遠くない時代における女性への拷問を示唆するものであるがゆえに、男性のサディストにとって重要である。それは、圧迫、痛み、女性の健康破壊を意味している。興味深いことに、一九世紀のコルセットが本当に女性を抑圧するものだったのかどうかをめぐって、学者の間で論争が起きている。これらについては、リー・サマーズの魅力的な著書『縛ってほしい』(Summers, 2001) で詳しく取り上げられている。しかし、彼女は豊富な証拠にもとづいて、コルセットが女性にとってきわめて有害だったと主張している。スティールは、コルセットを推進したファッションデザイナーとして、ジャック・ファット、コルセットの形をしたボトルに入った香水をデザインしたジャン＝ポール・ゴルチエ、ティエリー・ミュグレー、アズディン・アライア、クリスチャン・ラクロワ、ウンガロ、ヴァレンティノ、カール・ラガーフェルドを挙げている (Steele, 1996, p. 88)。

ゴルチエはコルセットへの個人的な興味を大っぴらに語っている。彼は「小さい頃からコルセットが大好きだった」と語っている (Hirschberg, 2001)。彼は男性用のコルセットを作ったこともある。自分でコルセットを試着したことがあるか聞かれると、彼は「ない、ない。恥ずかしがり屋なんだ。だから私の服を着る人たちには勇気を持ってもらいたいんだ」と答えている (Steele, 1996, p. 88)。スティールはゲイのファッションデザイナーの影響力の大きさについて次のようにコメントしている。「『ダウンタウン』

のゲイ男性のスタイルが広がっていることは、ファッションの最高レベルでもますます目立ってきた。ヴェルサーチのボンデージ・グラディエーター・ブーツから、シャネルのトリプルバックルのレザー製コンバットブーツに至るまでだ。後者は白バイ警官のブーツに似せている」(ibid., p. 113)。

コルセットの着用と生産の両方に対するゲイＳＭ愛好家たちの関心は、身体改造の第一人者であるファキール・ムサファーの経歴に示されている。ムサファーはアメリカの広告会社の元重役で、その後名前を今のものに変えた。彼は、一九八〇年代から一九九〇年代にかけて、ゲイや異性愛者のコミュニティを通じて「ボディアート」やその他のＳＭの実践を広める上で大きな影響力を持った(Jeffreys, 2000)。彼は自分のウエストを二九インチ〔約七四センチ〕から一九インチ〔約四八センチ〕に縮め、一九五〇年代にコルセット事業を立ち上げたが、失敗して売却した。

スティールの著作は、近年、男性に性的興奮を与えるための女性用コルセットへの関心の高まりが、女性着用者にとって有害で抑圧的なものであることを示すいくつかの例を示している。スティールは、男性がコルセットに熱狂していた旧世代の被害女性であるキャシー・Ｊにインタビューした。キャシーは一日二四時間ずっとコルセットを着けていたため、彼女の身体は完全に変形してしまっていた。彼女のコルセット着用は明らかに夫の意向によるものだった。夫は「生涯にわたってコルセットに興味を持っていた」し、結婚式のためにコルセットを特注で作ったほどだった(Steele, 1996, p. 83)。夫はコルセットを着けている女性の姿に性的刺激を受けていたのに対し、キャシー自身はコルセットからは何の官能的な感覚も得られなかったという。「私の関心は夫を喜ばせること」であり、「九九％、女性がコルセットを身につけているのは、夫や大切な人がそれを気に入っているからだ」と語っている。「少なくとも私の世代はそうだ」(ibid., p. 85)。コルセットの着用はあまりにも体を変形させるので、日ごろからそれを着けていないと過ごせなくなる。不快感もある。「体を締めつけて無理に小さくするんだから、それなりに不快感はあります。『痛み』というほどじゃないかもしれないけど」と彼女は言う。「敏感な肌がすりむける」という問題の方が多く、「水ぶくれや小さな傷ができる」こともあるという (ibid.)。キャシーは、急いでコルセットの紐を締めることで、めまいがするのがいやだった。女性の呼吸能力を制限することは、コルセットフェチの男性異性愛者にとって重要な目的のようだ。

スティールはエセル・グレンジャーの物語も紹介している。夫が彼女の身体にひどい損傷を加えたことで男性フェティシストの間で有名な女性だ。夫のウィル・グレンジャーは「時おり、来訪者の見ている前でエセルに非常にきつく速く紐を締めたので、彼女は気を失ってしまうこともあった」(ibid.)。

ゲイのファッションデザイナーは、黒革や緊縛といったゲイ男性SMのその他の定番をも女性の身体に投影している。ジャンニ・ヴェルサーチは一九九二年にボンデージ・コレクションを発表した。スティールによると、「一部の女性はヴェルサーチのSM服に腹を立て、搾取的でミソジニー的と表現した」が、他の女性は「女王様スタイルについて、ポジティブで男まさりな自己主張であり、最新流行のキャットウーマンだと解釈した」(ibid., p. 164)。ヴェルサーチ自身は「女性は強い」と言い、「女性は自由になったのであり、そこには性的にアグレッシブになる自由も含まれる」と主張している (ibid.)。スティールによれば、ヴェルサーチのデザインは「レザーセックスに関連したデザインの語彙を用いている……『ラディカル・セックス』、すなわちゲイSMと結びついたカリスマ性を利用している」(ibid., p. 166)。スティールは言う、「このコレクションは、女性に関するものというよりも、反抗的で規範侵犯的、悪びれることのない、快楽追求的で力強く大胆なセックスに関するものであった」(ibid.)。だが、「規範侵犯的な」セックスは基本的に男性の関心事であって、女性の関心事ではないと彼女は説明する――「フェティシストの圧倒的多数は男であり」(ibid., p. 171)、女性がフェティシズムの衣装を着るのは、性産業に従事していたり、彼氏や夫を喜ばせるためである。このようにフェティシズムは男性の関心事であり、女性はデザイナーが自分のＳＭ趣味を満たすための材料にすぎないのである。

デザイナーのジョン・ガリアーノは、二〇〇三年のコレクションにおいてＳＭフェチで使われる素材であるゴムをデザインに用いた（McCann, 2003, p. 14）。このコレクションは「ハードコア・ロマンス」と呼ばれ、「ＳＭボンデージ」が含まれていた。ＳＭポルノのコスチュームでのパフォーマンスはモデルたちにとって不快なものであり、このコレクションを宣伝するためのショーでは、「七インチ〔約一八センチ〕ものプラットフォームヒールのせいで、一人のモデルが転んで膝をつき、三つのニアミスが起きた」。衣装を身に着けるのも大変だった。モデルたちは「ピチピチのゴムの衣装を着る前にベビーパウダーをかけられた」。ガリアーノは、パリのレストランで他の客に向かって「俺はヒトラーが好きだ」とか「お前の母親やお前の先祖たちはガス室送りにされて死んだんだろう」と反ユダヤ主義的暴言を吐いている様子を映した動画のせいで、ディオールのデザイナーを解雇された（CNN Wire Staff, 2011）。

スティールは、ゲイ男性の性的文化やポルノにおける他のフェティッシュな衣装も使用されていたことを指摘する。


バイク乗りもカウボーイもゲイ男性の重要なアイコンである。女性向けファッションのデザイナーたち（その多くはゲイ男性である）も頻繁にカウボーイやバイク乗りの服に触発されている。ファッショナブルなカウガールは、カウボーイのマッチョな出で立ちのあらゆる要素をコピーしている。その大きな帽子からピカピカのブーツ、そして革製の衣服に至るまで、カウガールはほとんど「男根女」の風刺画である。（Steele, 1996, p. 179）

このような理想化された男らしさの諸形態は、一九七〇年代のゲイ男性文化における「ブッチシフト」から生まれたもので、なよなよした男というステレオタイプがゲイ解放運動において拒否された後、労働者階級の誇張された男らしさがゲイの性的ファンタジーの定番となった。それを代表するのが、ダンスミュージック・グループ「ヴィレッジ・ピープル」〔アメリカ合衆国の男性六人組のグループで、多くのヒット作を生み「YMCA」がとくに有名〕である（Jeffreys, 2003）。

ゲイのファッションデザイナーにおけるミソジニー

女性向けファッションの分野がなぜゲイ男性に支配されているのかは興味をそそる問題だが、アカデミズムでも一般社会でも関心がないようだ。アメリカのゲイ雑誌『アドボケート』〔カリフォルニア州で一九六七年に創刊〕の記事の中で、ブレンダン・レモンは次のように考察している。「ゲイ男性やレズビアンがファッションビジネスを支配しているとみなすことは、ロシア人がモスクワを支配していると言っているのと同じくらい普通のことのように思えるかもしれない。しかし、少数の例外（トッド・オールダムやアイザック・ミズラヒ）を除けば、公然とゲイであることをカムアウトしているトップデザイナーの数は驚くほど少ない」（Lemon, 1997）。レズビアンは実際にはほとんどいないようで、レモンも名前を挙げていないが、ゲイ男性は業界にたくさんいる。『ガーディアン』紙のファッションレポーターであるチャーリー・ポーターは二〇〇三年に、男性ゲイが業界を支配することで、女性デザイナーにとってそれほど性差別的でない環境になることが期待されると書いているが、実際にはそうはならなかった。「男性のほとんどがゲイである業界では、性差別主義に関してより啓発的な状況になると期待されたが、そうではなかった。ミウッチャ・プラダ、ドナテッラ・ヴェルサーチ、ダナ・キャランなどの女性デザイナーは数人いるが、支配しているのは依然として男性である」（Porter, 2003, p. 6）。

ゲイ男性が、自分たちの性的パートナーでもなければ（おそらく）エロティックな想像力の焦点でもないはずの女性のための服を作ることに、なぜそんなに興味を持つのかという疑問は重要な問いである。ゲイ文化の中では、ドラァグショーやシドニーのゲイ・マルディグラ〔シドニーで毎年開かれる世界最大規模のゲイパレード〕のようなパレードで、女らしさを特定のゲイ男性的なスタイルで模倣することに執着している。一九七〇年代にゲイ解放運動が起こるまで、男性同性愛は生物学的に女性性（femininity）と自動的に結びついていると考えられていた。この時代には、ゲイ男性の生来の「女性性」ゆえに、女性により同情的になり、女性が何を望んでいるのか、何を必要としているのかを理解することができるのだという文化的想定が存在した。しかし実際には、ゲイであることは生物学的な意味での女性性（femaleness）とは無関係なのである。

同性愛は遺伝子やホルモンでは説明できないのであって、それは社会的に構築された振る舞いの一形態である（Rogers, 1999）。ゲイ男性は、男社会から締め出され、時にひどく迫害されたり嫌がらせを受けたりした結果として、「女性性」への共感を発展させた（Plummer, 1999; Levine, 1998）。「女性性」とは、異性愛的な男性支配の特権から排除された人々にとっての「基準」となるものなのだ。それは、エロティックな形で男性性（男らしさ）と関係しつつ、男性性の対極を表現する。したがって、ゲイ男性が採用する「女性性」とは、彼らが考案したあからさまに従属的な振る舞いのことであり、それを「女性的」とラベリングするのだが、女性的であることこそが男性至上主義のもとで従属的なあり方を意味するものだったからである。この「女性性」なるものは、「本物の（real）」男との関係で劣等な自身の立場に適応するためのゲイの戦略であり、したがって女性の実生活とはほとんど関係ない。ゲイの男性デザイナーが女性に投影しているのはまさに、ゲイによって創案されたこの種の女性性なのだと私は言いたい。ゲイとして成長する中で学習した、自分自身の内部における「女性性」に対する憎しみや恐怖を、ゲイの男性デザイナーは女性に投影している。彼らにとって「女性性」とは、愛されたり評価されたりする何かではなくて、彼らゲイ男性が男らしい男性への羨望によって追いやられた、セックスにおける「ウケ(bottom)」の立場を表わしていたのである。

一九七〇年代の「ブッチシフト」では、ゲイ解放の政治が、ゲイであることが何らかの形で女性性を必要としているという概念を否定した後、ゲイ男性は、自分自身や他のゲイ男性の中にある男らしさをエロティックにすることができるようになった。それに呼応して、攻撃的な男らしさの誇張されたイメージは、ゲイ文化の中で誇らしげに扱われるようになった。ゲイのポルノ画家のトム・オブ・フィンランドの作品のように、ゲイの理想的な男性像は、黒革のズボンとナチスの帽子をかぶった筋肉質な男の姿になったのである(Jeffreys, 2003)。

興味深いことに、一九八〇年代から一九九〇年代にかけて注目を集めるようになったカミングアウトしたゲイのデザイナーたち、ゴルチエ、マックイーン、トム・フォードなどは、公然と男らしい振る舞いをしていた。しかし、公然とした男らしさは彼らのジェンダーやセクシュアリティをめぐる葛藤が解消されたことを意味するものではない。男らしさと女らしさ、男性の支配と女性の従属という振る舞いは、互いを抜きに想像することはできない。ゲイ男性文化の中では、個々の男性は性的興奮のために「たくましい(ブッチ)」男らしさと劣化版の女らしさの間で揺れ動くことを楽しむことができる。ファッションデザイナーの側におけるこれらの振る舞いの政治性を理解するために、精神分析理論にまで入り込む必要はないが、精神分析家のエドモンド・バーグラーは、そうしようとした数少ない論者の一人である。

バーグラーは一九五〇年代にファッションデザイナーの同性愛について論じている(Bergler, 1987. 初版は1953)。バーグラーは別に女性の味方というわけではない。私は別の著書で、女性の自立に反対する彼の猛烈な攻撃について書いたことがある(Jeffreys, 1990)。しかし彼は、ゲイの男性ファッションデザイナーたちが女性に与えた服飾の「残酷さ」に強い疑問を感じ、それを説明するために一冊の本を書いたのである。彼は何人かのゲイ男性ファッションデザイナーを精神分析し、彼らには女性に対する極端な形態の恐怖と憎悪があると考えた。女性に対する敵意や恐怖心は、赤ん坊が子宮の中で甘やかされ、その後、「母親の乳房に依存する」という事実に起因している（Bergler, 1987, p. 29）。この問題は同性愛男性の場合、いっそう厄介なものになっている。というのも、「普通の異性愛男性は、『彼／男性（He/Man）』としてのヒーロー幻想でもって女性に対抗して自己の身を守るが、同性愛者にはそれに相当する鎧がない」からである（ibid., p. 49）。異性愛男性は女性に無力さを押しつけ、そのことによって自分が「彼／男性」だと確信することができるが、同性愛者の男性はこのような策略によって自分が「彼／男性」だと確信することができず、より極端な手段を必要とする。このようにして、ゲイのファッションデザイナーたちは、残酷なファッションを通して、女性に自分たちの軽減されざる憎しみと恐怖を投影しているのである。

バーグラーが一九五三年の時点ですでに、女性が身につけるよう求められたファッションが品位を落とすものだとみなしていたのは興味深い。というのも、二〇世紀の最後の数十年間に女性向けにデザインされたものと比較するなら、まだおとなしいものだったからだ。しかし、精神分析は納得のいくものではない。男性優位の男性の行動を説明するのに、無意識の領域に後退する必要はない。精神分析的説明は、人生の最初の数年間に何が起こったかに依拠しているため、男性の虐待行動や女性憎悪に対する回答を提供してくれはしない。その時期の経験を「想起」し、かつそれを解釈するためには、金のかかる医師の助けが必要になる。この種の説明は個人主義的であり、男女の生涯を通じて習得される日々の社会的学習の効果を無視している。「無意識」という概念は、元精神分析家のジェフリー・マッソン（Masson, 1984）によって的確に批判されている。ここで、ゲイの男性ファッションデザイナーや、彼らのデザインを解釈したゲイファッション写真家が女性に与えた「残酷さ」の最近の諸事例について、より詳しく見てみよう。

ミソジニー的なファッションショー——マックイーン

一九八〇年代、ファッションショーは変化を遂げた。女性が実際に着るような服は一般的ではなくなり、デザイナーたちはショーを利用して自分たちがいかにクリエイティブであるかを誇示し、モデルを露骨にポルノ化することでメディアの注目を集めるようになった。モデルは全裸に近い姿で、服と呼ぶのも難しいような何かを着て登場しなければならなかったが、それはデザイナーや男性優位のメディアの性的想像力を刺激するものだった。デザイナーはショー以外の場ではまだ着用に適した服を作っていたかもしれないが、それが彼らの収入に占める割合が明らかに小さくなっていた。ファッションは危機を迎えていた。ブランド系の企業は、洋服よりも香水やハンドバッグで利益を上げる方が多かった。ショーはファッションブランドの名前を知らしめるために企画されるようになった。

公然たるゲイのデザイナーであるアレキサンダー・マックイーンの作品は、この発展の最良の例である。一九九二年にイギリスでファッションとデザインの修士号を取得した彼の卒業制作のショーは、「切り裂きジャックとヴィクトリア朝の娼婦」というものだった。「娼婦たちは自分の髪を売り、それらの髪は房にされ、恋人に贈るための商品として売買された。マックイーンは髪の房を赤い血の色をした裏地に縫いつけた」(Evans, 2001, p. 201)。キャロライン・エヴァンズは、「ここでは、マックイーンのその後の作品の多くがそうであるように、性、死、商売というテーマが絡み合っている」と評価している(ibid.)。卒業後の最初のショーでは、「モデルたちは半透明のラップに中途半端に包まれていて、殴られたアザや怪我でボロボロになっているように見えた」(ibid., p. 202)。二回目のショー「ニヒリズム」では、

「血や汚れが飛び散っているように見えるトップスの上に、腐食した金色のエドワード朝風のジャケットを羽織って、薄手のモスリンの下に血まみれの術後の乳房があるような印象を与えた」(ibid)。彼の四回目のショー「ザ・バード（鳥）」では、次のような作品が上演された。

路上殺人をテーマにしており、非常に固い仕立ての服が用いられた。ショーに出演したモデルたちはセロテープでぐるぐるに縛られ、タイヤの跡がつけられていた。これらのタイヤの跡は、いくつかのジャケットの上にもプリントされていて、モデルが車に轢かれた直後であるかのように見えた。(ibid.)

マックイーンの五回目のショー「ハイランド・レイプ」では、ヒースとワラビが散りばめられたランウェイが設けられ、「よろめいて歩く血まみれのモデルたちは気が狂ったように取り乱した様子で、ボロボロのレースと破れたスエードから胸とお尻が露わになっており、袖のないジャケットを着ている肌に密着したゴム製のズボンやスカートは非常にローカットで、重力に逆らうかのように腰の下あたりで引っかかっている」(ibid)。一九九六年のコレクション「人形（La Poupée）」のキャットウォークショーでは、「黒人モデルのデブラ・ショーが、腕と太ももを金属製のフレームで固定されたまま、身をよじりながら歩いていた」(ibid., p. 203)。

このショーを報道したメディアの多くは、マックイーンがミソジニーであると非難される可能性があると報道したが、エヴァンズはそうした反応が適切なものであるとは考えていない。マックイーンはコレクション『It's a Jungle Out There』のための作品について、インタビューの際にカメラに向かって、「ブロンドの髪の毛が毛皮のようについている服の切れ端」をかざし、こう言った。「これが示しているのは、野生の獣が本当に可愛いこのブロンドの女の子を食べてしまったので、彼女は〔口から〕外に出ようともがいているということだ」(ibid., p. 204)。これは残酷に見えるかもしれないが、「マックイーンの女性表現に内在する残酷さは、世界の残酷さに対するデザイナーのより広い視野の一部であり、彼の見解は間違いなく暗いものだが、私が主張したいのはそれはミソジニー的なものではないということだ」(ibid.)。この見解では、マックイーンは単に世界の暴力を映し出すためのキャンバスとして女性を利用しただけであり、女性はあまり感情的に受け止めるべきではないということになる。さらに、マックイーンは、実際には自分は女性を強くて恐ろしい存在として描いており、これは女性にとっても良いことだと言う。「妥協のない攻撃的なセクシャリティ、すなわち、世紀末的な魔性の女に似たセクシャリティに魅せられており」、「そのセクシャリティは危険で、死に至るほどのものであり、したがって、男性の欲望は常に恐怖を帯びている」(ibid.)。

マックイーンは、自分の採用したモデルのほとんどがレズビアンであることを批判者たちは理解していなかったのだから、ミソジニストと呼んだのは間違っていると言う。だが、モデルたちがレズビアンであることが観客に明らかでなかったとしたら、それがどのような違いをもたらすのかは不明である。友人には気の強いレズビアンが多く、彼女らを意識してデザインしているとマックイーンは言うが、しかしレズビアンの身体に着せられたり、レズビアンのためにデザインされたりしたからといって、ミソジニーが自動的に軽減される理由にはならない。

さらに、マックイーンは、女性を「魔性の女」に擬すことで男性を支配する力を女性に付与したのだという理屈で、支持者の間ではミソジニーの疑いを晴らしたのだが、そもそも、女性が娼婦やＳＭの女王様役になることで男性を支配する力が与えられるという発想自体が、たちの悪い神話である。フェミニストを称するファッション理論家エリザベス・ウィルソンの議論もそれと似ている。彼女は言う、

「フェティッシュなファッションが女性に人気があるのは、その大部分は、それが女らしさに力の観念を加えているからである。力を表すもう一つの言葉は自由である。……『ヴォーグ』が『強くてセクシーな』ルックスと呼ぶものは、現代ファッションのパラダイムとなっている。これは女性解放の直接的な結果である」(Wilson, 1985, p. 184)。ウィルソンの見解では、新たに解放された女性たちが娼婦のようなルックスを望んでおり、それが新たなポルノ的ファッションを支えているとのことだ。しかし、これはゲイのファッションデザイナーやファッション業界の強力な影響力を無視している。

売買春を通じて、あるいは性的な誘惑によって女性たちが男性を支配する力を持つようになるという神話は男性支配に奉仕するものであって、女性に奉仕するものではない。売買春の中にいる女性たちの経験に関する研究が示すように、彼女たちは「性と生殖に関わる健康《リプロダクティブ・ヘルス》」へのダメージ、ＰＴＳＤ、自殺未遂など深刻な被害をこうむっており、大多数の女性が売買春からの離脱を望んでいる(Farley *et al.*, 1998; Giobbe, 1991; Parriott, 1994)。女性がしかるべき賃金や昇進を得ることができず、女性に対する暴力やハラスメントが横行している世界では、セクシーに着飾ることは、ある種の力への道のように思えるかもしれないが、マドンナのように大金を稼ぎ社会的影響力を得ることができるのは、ごく一部の女性だけである。

マックイーンのモデルたちは、一九八〇年代半ば以降の主要なデザイナーたちのほとんどのモデルたちと同様に、胸やお尻を含む身体の多くの部分を見せているが、こうした裸体の提示に加えてさらに、女性に対する相当に残酷でむごい扱いも見られる。たとえば、マックイーンの一九九六年のショーでは、とげの冠をかぶった女性、顔に大きなオブジェでピアスをしているように見える女性、箱の中に閉じ込められた女性、ありきたりのコルセットだが服の上から着用されているもの、などが見られた。マックイーンは、この一九九六年のショーでモデルに履かせた「バムスター(半尻)」ジーンズで有名になった。そのジーンズのウエスト部分はお尻の半分近くまでしかなく、臀部の割れ目をかなり見せている。

この一九九六年のショーでは、上半身の半分を石膏で固めた女性たちが登場し、その顔は目の部分が開いていない素材に包まれ、骸骨の手で覆われていた。マックイーンは動物に執着していると言われており、女性を動物（生死問わず）に擬すことが多い。私のリサーチアシスタントが教えてくれたのだが、ある画像に写っているモデルは、乳首が露わになっていて、鳥の頭蓋骨のようなもので顔が覆われているのだが、彼女は明らかに泣いていた。一九九五年のショーのあるモデルは、ブラジャーをつけていない胸がスーツ・ジャケットの下で革のベルトで締めつけられていた。一九九六年のショーでは、あるモデルは額から大きな角を出し、別のモデルは頭に鹿の枝角を何本も生やしていた。

二〇〇二年春夏のショーは闘牛をテーマにしていた。モデルたちは、非常に高いヒールを履いていたにもかかわらず、闘牛士に扮していた。セイラ・モワーはこのショーについて次のように書いている。「それは、激しくうねる煙、フラメンコダンサーの足を踏み鳴らす耳をつんざくような音、そしてポルノ映画の一部が挿入された闘牛のビデオ映像で幕を開けた」（Mower, 2002, p. 45）。マックイーンは明らかに、自分の「ファッション」とポルノとの相互関係を示すことにためらいを持っていなかった。モワーは、あるモデルが剣で刺されたような恰好をする演出にはさすがに引いたようだが、コレクション全体については熱狂的に支持した。「あるモデルが闘牛士の短剣で刺されたようなドレスを着て出てきたときには暴力的な瞬間があったが、マックイーンの素晴らしい黒のシグネチャー・パンツスーツ〔デザイナーの名前の入ったパンツスーツ〕がたくさんあったので、コレクションは、彼が見せたかったもの、つまり本物の服を志向するものだった」（ibid）。だが、このような演出が、女性を性的にアグレッシブに見せるというマックイーンの哲学をどのように表現しているのかは不明である。というのも、このような衣装〔剣で刺された衣装〕は、性的に何かを表現しているとしても、それはすでに女性が死んでいることを示唆する以外にはなさそうだからだ。マックイーンは一九九六年とそれに続く二年間、英国のデザイナー・オブ・ザ・イヤーに選ばれ、二〇〇一年には国際的なデザイナー・オブ・ザ・イヤーにも選ばれ、エリザベス女王から大英勲章を授与された。二〇一〇年二月、彼は母親が亡くなってまもなく自殺した。

ヴェルサーチとミュグレー

ゲイのデザイナーであるジャンニ・ヴェルサーチの作品にも似たようなテーマがあるが、これほどあからさまにミソジニー的ではない。写真家リチャード・アヴェドンによるヴェルサーチのデザイン写真集は、冒頭ページの次のような大げさな文章で始まっている——「ここに垣間見ることができるのは、芸術と巧緻さの向こう見ずな魔術師の、情熱的で大胆、ぜいたくで刺激的な裁縫術であり、これこそジャンニ・ベルサーチであり、そうであり続ける人物の作品だ」(Avedon, 1998, p. 1)。彼がゲイ男性の異性装に興味を持っていることは、一枚の写真を見れば明らかだ。裸で筋肉質の黒人男性がしゃがんで、体を横に向けたまま、視線はカメラに向けられており、ヴェルサーチのアイテムを二点身につけている。一つは膝上まであるブーツで、非常に高く細いヒールがついていて、それを手袋のように手に装着している。もう一つは、小さなバッグの付いた革ベルトで、片方の肩に弾薬用ベルトとして身につけている(ibid., p. 30)。男性のホモエロティックな想像力に訴えるための筋肉質な男性の画像はたくさんあり、その中には、ペニスを出しているが、ヴェルサーチがデザインした布を上半身に巻いて顔を隠しているものがある。

ファッションデザイナーが現在、男性のポルノ的想像力に訴えかける奇抜なイメージを作り出そうとする方法の一つが、モデルをレズビアンとして描くことである。ある写真では、一人の女性がもう一人の仰向けになった女性の足の上から、まるで彼女に乗しかかろうとしているかのような姿で写っている

(ibid., p. 14)。またある写真では、ハイヒールを履いた女性が靴のかかとで別の女性を攻撃している。別の作品では、胸を露わにした二人の女性がポーズをとっており、一人がオーガズムを感じているような表情をしている一方で、もう一人が黒の手袋をした手で彼女の胸にキスをするようなポーズをとっている。裸の男性は服を着た女性といっしょに写っていることもあるが、いつも筋肉質の男性であり、ほとんどの女性がガリガリであるのとは実に対照的である。

ポルノと同様、ファッションに共通するもう一つの要素は、男性の性的興奮のために女性を子どものように表現していることである。たとえば、ヴェルサーチの一九九四年のコレクションには、ボビーソックス〔一九四〇～五〇年代の少女が履いた、足首までの長さで折り返して履くソックス〕とハイヒールを履き、ミニスカートを履いた五人の女性が自分の体を触っている画像がある。彼女たちはスカートの端を触ったり、自慰をしているように股間に手を入れたりしている。ある女性はスカートを持ち上げて裸のお尻を見せ、別の女性は指をしゃぶっている。自慰をしたり指を吸ったりする女性の表現はポルノの定番であるが、この場合は児童ポルノでもある (Avedon, 1998, p. 126)。

デザイナーのティエリー・ミュグレーは、作品の中で、女性を黒いビニールに覆われた虫のように表現し、より過激なミソジニーを表現している。女性に関する彼のデザインは、『ファッション、フェティッシュ、ファンタジー』と題された写真集の中で示されている (Mugler, 1998)。この写真集の冒頭の写真を見れば、テーマが男性の性的興奮のためのフェティッシュな客体として女性を提示することであるのは明らかだ。黒いラテックスのタイトなボディスーツを身に着けた女性がいて、ゴム製に見える非常に高いヒールを履いている。彼女は女王様として腰に手を当てて立っており、床に座った男性が彼女の股間を見上げている。この写真集には、ミュグレーやその他の人物による、無内容だが変に明るい箴言が添えられており、いっしょに掲載されている写真とはほとんど釣り合っていない。女王様に扮した女性を写したこの冒頭の写真に添えられている言葉はこうだ――「人生は美のコンテストだ。私は身体の言語を、魅惑的になるためのさまざまな方法を愛している」(ibid., p. 2)。頭からつま先まで覆う黒ビニールは同書に繰り返し登場する。たとえば、ある写真では、女性は黒ビニールのボディスーツと、虫の頭のカバーが着いた手袋、虫の目のような形をしたシェードを身につけ、すべて黒に包まれている(ibid. p. 12-13)。この写真集に収録されている多くの写真は、女性を昆虫として表現している。

ミュグレーの作品における興味深い一側面は、ルポール〔アメリカの有名なドラァグクィーンで俳優〕のようなトランスヴェスタイトをファッションショーや写真に取り入れていることであり、ミュグレーにとって、「女性的」な性的空想を投影するのに本物の女性を必要としていないことがわかる。男性でもかまわないのだ。コルセットを着た女性の写真には、この拷問器具が引き起こす被害を軽く扱った、ポリー・メレン〔アメリカのスタイリストでファッションエディター〕という人の言葉が添えられている。「別に呼吸できなくたっていいじゃない」(ibid., p. 18)。別の写真では、オフィスの椅子の縁に座っている女性が、ラテックス製のタイトなレギンスとハイヒールを履き、黒のトップスに手袋とヘッドピースをしているが、これもまた虫を表象している。添えられた言葉には、「快適って言うけど、快適って何? 自信はどうなの?」(ibid., p. 21) とある。その一方で、ミュグレーについては、「彼の創造性のセンスは、永遠のドリームボートの美しい瞬きである」(ibid., p. 27) などと歯の浮くようなことが書かれている。

ミュグレーは自分のショーの中で女性に裸体をさらさせることに興奮している。写真集の中で彼は言う、「私は、女性が内面の情熱を見せてくれるとき、女性がより美しく、最高の状態になると思う。スーツを着ている時でもそうだ。とてもぴっちりしたスーツで、彼女が動くと、スカートが開いて太ももが見えてしまう。……あるいは、彼女がジャケットの下には何も身に着けていないことに気づくかもしれない」(ibid., p. 41)。この発言に添えられているのは女王様の写真であり、反対側のページには昆虫の仮面をかぶった女性の写真が掲載されている。後の頁に登場するミュグレーによる「箴言」にはこう書かれている。「ファッション……それは素晴らしく、そしてとても残酷だ。……非常に口うるさい愛人だ」(ibid., p. 49)。あたかも「ファッション」にはそれ自身の人生があり、女性にあてがわれたこの「女王様」の役割が、残酷で口うるさいこの男の頭脳以外のどこかからやって来ているかのようだ。

この男の哲学を示す発言は他にもある。ミュグレーは女性により大きな力を持たせようとしていると言う。「私はただ力を持った女性が好きなだけだ。私は女性を世界の頂点に置く」(ibid., p. 85)。これは前述のマックイーンの心情と非常によく似ているが、女王様役の娼婦が本当に世界で力を持っていると信じるのでないかぎり、受け入れがたいものである。力を求める女性は普通、経済的に生きていくために売春店で男性の体液を扱うよりも、マスコミやＩＴなどの企業の世界に入りたがるものだ。しかしミュグレーは言う、「ミュグレーの描く女は、自分の外見と人生をコントロールする征服者だ。彼女は自由で、自信に満ちていて、楽しんでいる」(ibid., p. 102)。しかし、黒ビニールで覆われ、昆虫の小道具をつけさせられている女性たちは、とても楽しい時間を過ごしているようには見えない。彼はこう続ける――「女は誰でも自分の中に女神を持っていて、それを引き出したいんだ」(ibid., p. 110)。しかし、なぜ女神がＳＭの衣装を身に着けているのかは不明である。ミュグレーは「黒い革、ビニール、これ以上にクラシックなものはない」(ibid., p. 138) と言って、自分のポルノ的なビニールルックを説明している。たしかに、黒ビニールには歴史があるが、女性の日常のファッションの中には黒ビニールはない。黒ビニールは男性のフェティッシュな服飾店では一定の歴史があり、ＳＭポルノにおいてはクラシックな装いである。ミュグレーは、「エレガンスとは勇気と大胆さであり、あらゆる動きに表れる動物的な本能である。それは調和と一体感であり、自分の体を楽しむことである」と言う (ibid., p. 164)。だがこれは、体に何らかの物体を巻きつけたり、乳首にリングをぶら下げたりしている女性の写真とは正反対のものであり、エレガンスという言葉を聞いて最初に浮かんでくるようなものではない。写真集の最後の方で、なぜ女性を昆虫として表現したのか、その理由をミュグレーは次のように説明している。「昆虫は常に、そのあるがままの姿ゆえに私を魅了する。昆虫／女性は壊れやすい存在であると同時に、固い鎧で覆われた捕食者でもあり、恐ろしいと同時に畏敬の念を抱かせる存在でもある」(ibid., p. 180)。

その他のデザイナーたち

トム・フォードも公然たるゲイのファッションデザイナーである。二〇〇四年までの一四年間、グッチのためにデザインし、ファッション評論家から一九九〇年代半ばの最も影響力のある三人のデザイナーの一人として認められた。彼もまた、好んで女性を「女王様」として表現しようとする。あるコレクションは次のようなものだった。

八〇年代風のレザースーツに鎧のようなショルダーとキラーハイヒールを合わせたシルエットは、フォードが女性の力強さを称えるだけでなく、今日の「非常に暴力的な」美しさの理想を映し出している。「パワフルな女性が少しでも攻撃性を醸し出すだけで、とてもセクシーだ」と彼は言う——「SMの女王様でなくてもそれぐらいのことは知っている」。(Lemon, 1997)

フォードは厚かましくも、男性の方が女性よりも女性向けのデザインをするのが得意であると主張している(ibid)。フォードはハイヒールという拷問具を女性に強制したがっているが、それというのもハイヒールが男性を性的に興奮させるからだというのだ。「『君、ヒヒって知ってるかい？』と彼は尋ねる——『メスのヒヒはね、性的に興奮している時、つま先立ちで歩き回るんだ』、彼はそのポーズを取りながら言った――『男はね、ハイヒールを履いた女性のことを信じられないほどセクシーだと思うんだよ』」(ibid)。さらに、彼はオフィスの女性スタッフにもハイヒールを履かせている。「スタッフは、彼がオフィスに入ってきたときに、ヒールでよろよろ歩けるよう、引き出しの中にスティレットヒールを入れている」(Hint Fashion Magazine, 2001)。フォードは、二〇〇六年に自分自身の新しいファッションブランドのレーベルを立ち上げるために、当時の新進気鋭の映画俳優キーラ・ナイトレイとスカーレット・ヨハンソンをポルノ的に撮影して注目を集めた。『ヴァニティ・フェア』の表紙で、服を着たフォードに寄り添っているこの二人の女優は裸だった(Wagstaff, 2012)。

ゲイのファッションデザイナーの作品を制作したり撮影したりする人々は、SMや、自分や他人の身体損傷に関心を持つ男たちのネットワークを形成している。例えば、マックイーンのアートディレクターを務めたサイモン・コスティンは、自傷行為に強い関心を持っていた。

彼の作品は、自分自身のデジタル加工された写真で構成されており、フォトショップのようなコンピュータ・アート・ソフトを使って、自分自身を切り刻んだり、変形させたり、傷つけたりしている。この画像ソフトを使って、彼は自分の皮膚を火で覆ったり、自分の舌や指を切断したり、ペニスを感染させてかさぶたで覆ったりしたデジタル写真を作っている。彼自身が言っているように、「自分をモデルにしているのは、誰も火をつけるのを許してくれないからだ」。(BBC, 1997)

宝飾デザイナーとしての彼の作品は、自分の体液を使うのに最適な道具でもある。「われわれのサイモンズショーの頂点を飾る宝石は、小さなガラスの小瓶がぶら下がったネックレスだった。この瓶は彼の、その……精液で満たされていた」(Mackay, 2001)。

このファッション・ネットワークのもう一人のメンバーは、何人かのデザイナーのために仕事をしてきた写真家のデヴィッド・ラシャペルである。ラシャペルは、学生時代、他の男子生徒から受けたホモフォビアな嫌がらせによって、自分の学生時代がどれほど悲惨なものだったかについて多くを語っている――「食べ物や牛乳パックが四方八方から投げつけられるので、食堂に入ることができなかった」(Saban, 2002, p. 33)。有名デザイナーのために写真を撮っていないときの彼のプライベートな創作活動は、ある批評家が「フリーク(変人)」と呼ぶものに集中している。つまり、「厚化粧、照明、写真の魔術的な加工技術によって作り出され奴隷にされた、痩せすぎで傷一つない人間種族、すなわち、ファッションモデル、トランスセクシュアル、レオナルド・ディカプリオ」(Wilson, 1999)。シントラ・ウィルソンは、ラシャペルの写真展を初日に見に行ったときの感想を次のように表現している。「作品には、共感のエナジーや人間的な感情がまったく欠けていて、それはただ目のくぼみにするっと入り込んでくるだけだ。空虚で利用されていると私は感じた」。別の批評家は、ラシャペルについて肯定的な記事を書いており、彼の「より『興味深い』」写真には、裸で車椅子に乗った太った女性が酸素ボンベを持っている写真や、トランスセクシュアルのアマンダ・ルポア(ラシャペルの崇拝する女神《ミューズ》)がヌードで膝の上に瑞々しいスイカのスライスを乗せているもの、トップレスのアンジェリーナ・ジョリーが馬に鼻づらを押しつけられているものがあったと述べている(Saban, 2002, p. 30)。

ラシャペルは、イギリス人でファッション中毒のイザベラ・ブロウと協力して、彼女が「ポルノ的な高級ブランド服の撮影」と呼ぶものを制作した(Blow and LaChapelle, 1998, p. 2)。ラシャペルが言うように、「イザベラはそれをポルノすれすれのものにしたがっていた。彼女はエロチカが好きで、いたずら好きなんだ」(ibid., p. 3)。イザベラ・ブロウは、アレキサンダー・マックイーンを「発見」し、彼に資金提供をしたのだが、二〇〇七年に除草剤を飲んで自殺している。ラシャペルはポルノ業界と密接につながっているようだ。ある写真撮影は、「ヒュー・ヘフナーのガールフレンド七人全員、マッチョマン、女性のボディビルダー、アマンダ・ルポアらといっしょに、同じ郊外の邸宅で、彼が企画したヌードセッション」(Saban, 2002, p. 30) で行なわれたものだった。

ラシャペルにはポルノ写真家としての才能もあり、被写体には必ず服を脱がせることにしていた。ある評論家が言うように、「ラシャペルは脱がすことのできない被写体に会ったことがないようで、有名人を被写体にした彼の肖像写真はしばしば物議を醸している。『ほとんどの場合、結局、女の子たちは裸になりたがっているんだ』と彼は言う、『「ドリュー・」バリモアは脱いだだけでなく、一日中その姿のままだった。彼女は裸でランチを食べていた』とラシャペルは振り返った」(ibid., p. 31)。

ラシャペルは一九八〇年代初頭にロンドンで一年を過ごし、リー・バウリー〔オーストラリア出身でロンドンを拠点とするファッションデザイナー〕のファッションショーでモデルを務めた。「ロンドンでの最初の週、私はリー・バウリーのファッションショーでモデルをしていて、トロージャン〔奇抜なメーキャップで有名なアーティスト〕とリー、そしてボディマップ〔一九八〇年代におけるイギリスの奇抜なファッションデザインで有名なレーベル〕の舞台全般の写真を撮っていた」(ibid) とラシャペルは語っている。トロージャンは薬物の過剰摂取で、バウリーはエイズ関連の病気で一九九四年に亡くなった。享年三三歳だった。

バウリーはメルボルンのサンシャイン――そこはボヘミアンが大勢たむろする裕福な郊外ではない――の出身で、自傷行為のパフォーマンスによってゲイのアイコンとなっている。彼は若くして亡くなる前に、ド派手なドラァグクイーンの格好をしてさまざまな自傷パフォーマンスを披露した。彼は、当初から男性ゲイのファッション・ネットワークとよくつながっていて、イギリスのデザイナー、ジョン・ガリアーノは彼のランウェイショーでバウリーを起用していた。彼は背が高く、丸坊主で、太っていて、彼のパフォーマンスはしばしば、自分自身への、自己の身体への、女性性への嫌悪感を表現するものであるように見えた。彼は頬に空けたピアス用の穴を使ってパフォーマンスをするのだが、それ以外のときは、その穴にプラスチックのプラグを入れていた。ある有名なパフォーマンスでは、彼は「裸体、ソーセージ、ワセリン、血のりでぐちゃぐちゃになった中で妻のニコラ・ベイトマン・バウリーを『出産』した」(Low, 2003)。彼の最後のパフォーマンスの一つでは、バウリーは「ストッキングとハイヒールだけを履いて逆さまに吊るされてから、ガラスの皿を突き破った」(ibid)。ある舞台では、バウリーは「自分で行なった浣腸から生じたもの」を観客に吹きかけたと言われている(Gottschalk, 1995)。しかしバウリーは、ゲイ男性のファッションデザイナーとは違って、自分の暴力的で自虐的な想像力の産物を女性に投影するのではなく、自分の身体で試すことを選んだ。

元ドラァグクイーンのローラン・メルシエは、自分がファッション業界に入ったのは、自分を着飾らせるだけでは飽き足らず、「本物の」女性を着飾らせたかったからだと説明する。彼は二〇〇二年にパリのファッションブランド、バルマン〔フランスのピエール・バルマンが立ち上げたブランド〕のデザイナーに抜擢された。彼は、「ドレスアップは私にとって常にファッションの実験だった。私はドラァグクイーンのようなものに夢中になっていた。[今では]自分の妄想を自分に投影するのではなく、実際の女の子に投影している」(Burns, 2003)とコメントしている。

アメリカのゲイ雑誌『アドボケート』は、ゲイのファッション・ネットワークの中のニッチの一つである雑誌『ヴィジョネア』を取り上げている。この雑誌は、メーキャップ・アーティストのスティーヴン・ガン、彼の元ボーイフレンドであるジェームズ・カリアード、そして女性モデルの友人によって始められた。ガンはカルバン・クラインの広告キャンペーンのアートディレクターを務めていた。デヴィッド・ラシャペルは、他の多くの人といっしょに、創設者たちが夢見たさまざまなテーマを探求しながら、この雑誌に無給で貢献した。そのテーマには、ゲイのファッションデザイナーによるペニスや男性セクシュアリティへの崇拝が含まれていた。二つの例を挙げておこう。「『エロティカ』では、コルセットを身に着けた男性たちの写真と、オーラルセックスをしている男性カップルの水彩画が描かれていた。四五〇ドルもする『ライト（光）』号――グッチのデザイナーであるトム・フォードがゲスト編集したもので、光をつけると中の作品が見えるようになっているバッテリーボックス――は、アレキサンダー・マックイーンの勃起し射精するペニスの写真を提供していた」（Bahr, 1998）。

ゲイ男性は、異性愛男性より下に置かれていることとの結果として、女性性や女性自身との関係で問題を抱えている場合がある。学校、遊び仲間、教師、ラグビーのコーチ、父親、警察、ゲイ嫌いの人々などによるいじめや迫害、政治家や右翼のコメンテーターによる反ゲイ・プロパガンダなどさまざまなものが、同性に惹かれる少年や成人男性は男性性（manhood）という地位にふさわしい男らしさを欠いているという考えを彼ら自身に植えつけている（Plummer, 1999; Levine, 1998）。そのせいで、女性性がゲイにとっての基準になってしまい、マゾヒスティックなゲイ男性のセクシュアリティの中ではエロチックなものとされる場合がある。それは、彼らが異性愛男性との関係において付与される従属的な立場を象徴しており、その点で、女性性や女性自身に対する関係は悩ましく居心地の悪いものになりうる。その結果の一つが、「イック反応（ick factor）」［「イック」は吐き気を催した時の「おえっ」という擬音語で、気持ち悪い、汚いという感情を表わす口語表現］と呼ばれているものに表われている明らかなミソジニーである。私が他の著作で論じたように（Jeffreys, 2003）、この用語は、女性の裸体を想像したり見たりした時に一部のゲイ男性が経験する極度の嫌悪感や不快感を言い表わすために、ゲイ男性によって使われている。

たとえば、米国のクィア理論家であり活動家であるエリック・ロフェスは、レズビアンとフェミニストに共感を持っているにもかかわらず、「レズビアンのセックスや身体を目にしたときに感じる嫌悪やむかつきなどの本能的反応」からなる「イック反応」を経験し、そのことで大いに悩んでいると説明している（Rofes, 1998, p. 46）。彼は、ゲイ男性の三分の一がこの「イック反応」をこうむっていると推定しているが、二五年以上にわたってゲイ男性文化の中で目撃してきたことをその証拠として提示している。彼は、「多くの男性がレズビアンのセックスと女性の身体に対する嫌悪を表明している」ことや「無数の『マグロ』ジョーク」を耳にしたことがある。「『マグロ』ジョーク」というのは、一部のゲイ男性が女性の性器の臭いを嫌悪して、女性のことを「魚」と呼ぶ習慣から生まれたジョークのことである。彼は「レズビアンのセックスが映画に登場すると男性の顔が不機嫌になり、政治的なデモでトップレスになる女性に嫌悪感を示すゲイ男性が小集団で集まっているのを見てきた」（ibid）。ロフェスは、ある男性が「レズビアンの体から発せられる（と彼が信じて込んでいる）臭いが気になって、レズビアンと身体的に近しくなることができない」と語ったことを引用している（ibid., p. 47）。先に説明したゲイのファッションデザイナーたちが作った服は、彼らの中にロフェスと同じように「イック反応」をこうむっている者がいる可能性を示唆している。

女性にとってこれは大いに困った話である。というのも、女性にとって快適で魅力的で、威厳があって機能的な服を作る資格を最も欠いた人たち――というのも、彼らは自分たち自身の抑圧からでっち上げた「女らしさ」の観念にあまりにも深く囚われているから――が、生きた生身の女性たちが従うべきだとされている「ファッション」を作っているということを意味するからだ。そのことによって、ファッションはますますポルノ的なものになっていっている。ランウェイのショーにおいても、ファッション写真においても、そして若い女性たちが実際に身につけている服装においてもだ。たとえば、ゴルチエがランウェイでピアッシングを使用したことで、ピアスショップが次から次へとオープンして、女性の臍、鼻、舌、性器に穴をあけるというピアッシング・ブームが生まれた（Strong, 1998; Jeffreys, 2000）。ゲイのミソジニストがファッション業界の中で大きな影響力を持ち続けているかぎり、その業界が女性に尊厳を与える可能性はほとんどないだろう。

ファッション理論の変貌――批判から賛美へ

私は本章で、ファッションは性的差異に基づいており、ファッションに表現されるミソジニーは二〇世紀後半から二一世紀初頭にかけてエスカレートしてきていることを示唆してきた。一九九〇年代まで、これはフェミニストの活動家や理論家のあいだでは、ファッションに対するフェミニストたちの共通の理解であった（Brownmiller, 1984）〔スーザン・ブラウンミラー『女らしさ』勁草書房、一九九八年〕。しかし、これはファッションについて書くことを専門とするアカデミックなフェミニスト理論家たちの理解ではない。たとえば、エリザベス・ウィルソン（Wilson, 1985）とジョアン・フィンケルスタイン（Finkelstein, 1991）はどちらも、「フェミニスト」だとされているファッション理論家だが、ファッションが女性に与える影響についてはほとんど考慮していない。ウィルソンはファッションを「衣服の急速で継続的な変化をその重要な特徴とする身なりのこと」であると定義し、「ファッションはある意味では変化であり、現代の西洋社会ではファッションの外部にある衣服は存在しない」（Wilson, 1985, p. 3）としている。彼女は著書『夢の中で飾られて』の中で、ファッションを「文化現象として、社会に流通するアイディア、欲望、信念を表現するための美的媒体として」理解すると述べている（ibid., p. 9）。驚くべきことに、ウィルソンはよく知られたフェミニスト作家であるにもかかわらず、その定義の中で、男性支配との関係における「ファッション」の役割について何も言及していない。むしろ、同書の中でフェミニズムが言及されている唯一の箇所において、彼女はフェミニストの分析がファッションを理解する上で特別な役割を持っているかもしれないという考えを明確に否定している。彼女は、フェミニストのアプローチを、ファッショナブルなおしゃれが「彼女ら（女性）を装飾品や性的動産の地位に閉じ込めてきた」と仮定していると特徴づけつつ、次のように反論している。「ファッションは、女性が自己表現を達成することのできる方法の一つでもあり、フェミニズムは、ファッションを否定する点で、他のほとんどの理論と同様に、単純にすぎ、道徳主義的であった」(ibid., p. 13)。彼女は、ファッションや化粧品の使用が「従属の表現」ではないし、またファッションは女性に特化したものでもないと主張する。というのも、「男性は女性と同じようにファッションに関与し、女性と同じぐらい『ファッション中毒』になっている」(ibid.) からだ。ウィルソンはファッションを崇拝しているようで、次のように主張している。

ファッションを単にフェミニストの道徳的問題として論じることは、その文化的・政治的な意味の豊かさを見逃すことになる。ファッションに関して最も重要な点が、女性を抑圧することではないのだとすれば(そして私はそう信じているが)、女性の政治的従属は出発点として不適切である。(ibid.)

「それどころか、ファッションに関する学術的な言説は、着飾ることは本質的に人間的であり、しばしば快楽的であり、潜在的に転覆的であることをますます示唆するものとなっている」(Wilson, 1985, p. 186) とウィルソンは言う。もちろん、ここで彼女が言及しているのは、サンドラ・バートキー (Bartky, 1990) のような、まったく異なる主張をしているフェミニストのファッション批評ではない。流行のポストモダン理論に影響を受けたウィルソンは、「ファッションの世界では、文化的な印象は固定された意味を持たず、絶えず変化する」(ibid., p. 188) ので、ファッションから推論されるべき一貫した意味はないと考えている。これが本当であれば、ファッションに対する政治的な批判を形成することは確かに難しいだろうが、もちろん、意味の中には変化しないものもある。圧倒的に、女性と男性という二つの性階級のメンバーは、非常に異なる意味を帯びたまったく異なる服を身に着けることで、「ファッション」を通じて識別されており、その意味は時代とともにあまり変化しないようである。ジョアン・フィンケルスタインも性的差異の重要性を無視している。彼女はファッションを「身体の形成と装飾」と定義しているが、それは「ある個人が他の人に、自分の望ましい自己イメージを提示するための方法となっている」(Finkelstein, 1991, p. 5)。彼女の本の中でもやはり、ファッションが女性の従属性を維持するためにどのように機能しているかについては考察されていない。

簡便なアンソロジーである『ファッション理論読本』(Barnard, 2007) には、もともと一九九〇年代初頭に書かれた論文がいくつか収録されているのだが、ファッションに対するフェミニストの批判に言及して、あたかもこの批判が実際に成功を収めたかのように書いている。たとえば、一九九二年に書かれた論文の中でフレッド・デイヴィスは、「フェミニストの見解は……ファッションの創造そのものの現場にまで浸透している」と指摘し、「今日ではどんな有名デザイナーでも、フェミニストの立場から発せられる反ファッション的な感情に無関心な振りをすることはできない」(Davis, 2007) と述べているが、実際にはそんなことは起こらなかった。その他の諸論考は、女性の従属におけるファッションの役割を無視し、明らかにジェンダー視点を欠いたファッション史について、あるいはファッションの喜びについて無批判に書いているだけである。

ファッションに対するフェミニストの批判は、受け入れられるどころか、一貫して退けられてきた。二〇一二年に出版された、このテーマに関する「フェミニスト的」と称される諸論稿のアンソロジー『ファッション・トークス』の中で、ファッション理論家のアストリッド・ヘンリーは、アンドレア・ドウォーキンやスーザン・ブラウンミラーのような第二波フェミニストたちによって着手されたファッション批判について、次のように否定的に述べている (Henry, 2012)。「ドレスやスカートやハイヒールを愛する者として、私はいつも、ファッションに関するこの種のフェミニスト的思考様式について困惑を感じてきた。なぜ、伝統的な男性的服装の単調な画一性を支持して、女性的な服装の多様性と美しさを拒むのか?」(ibid., p. 19)。ヘンリーは、彼女が参照しているイギリスのフェミニスト、ナターシャ・ウォルターと同じく、同時代のファッションを構成する女らしさの表現の文化的に押しつけられた形態を意図的に採用することで、第二波フェミニズムに「反抗」しなければならないと感じている——「言いかえれば、一九六〇年代以降に育った私たちにとっては、それ以前の世代がズボン、実用的な靴、ショートヘアのうちに見出した反抗心が、今では女の子らしいスカート、スティレットヒール、ロングヘアのうちに見出すことができるのだ」(ibid.)。しかしウォルターは、彼女の二冊目の著作『生きた人形』(Walter, 2010)で明言しているように、かつてフェミニズムを否定して男性主流《メイルストリーム》のファッション文化を受け入れたことを悔い改めている。ヘンリーは悔い改めていない。彼女の論考が収録されている(そしてフェミニストのファッション理論の集大成とも言うべき)前述した二〇一二年のアンソロジー『ファッション・トークス』はまるまる、女性の従属におけるファッションの役割についての考察を断固として避けているのである(Henry, 2012)。ファッションについて書いている女性たちは総じて、ファッションが提供する興奮に取りつかれているせいで批判的になることができないようだ。彼女たちが書くのは性差別についてではなく、ファッションの喜びや楽しみについてである。

ファッションが性差の創造と維持に捧げられているかぎり、それに対する政治的分析は必要不可欠である。ファッション批評は、遊戯性、創造性、主体性などに関心を持つポストモダン理論家や、フリルのついたスカートを履くことの喜びについて書きたがる女性たちに任せられるべきではない。ファッションは些細な問題ではなく、政治理論家の真剣な関心を必要としている。なぜならそれは、「差異/服従」をつくり出し、女性の従属を支える上で決定的なものだからだ。もし差異が女性の身体に刻まれていなければ、つまり衣服がジェンダー化されていないならば、男たちは街や職場で出会う人たちの性的地位を瞬時に判断することができなくなるだろうし、男性は、女性が自分たちの従属性をファッションを通じて実践することで得られる性的快楽を入手できなくなるだろう。しかし、差異を生み出す手段は衣服だけではない。化粧も非常に重要である。次の章では、口紅を塗ることや脱毛など、女性の「差異／服従」を示すために日常的に行なわれている美容行為について見ていきたいと思う。

第6章　化粧の罠
――日常の美容行為に潜むもの

化粧や脱毛などの日常の美容行為は、「美」に対するフェミニストの批判の中心となっていた。それは、一九七〇年代にアンドレア・ドウォーキン（Dworkin, 1974）とサンドラ・バートキーによって開始された（Bartky, 1990）〔ここで挙げられているバートキーの著作『女らしさと支配』の出版は一九九〇年だが、一九七〇年代に書かれた論文を収録している〕。しかし一九九〇年代になると、非常に奇妙なことが起こった。突然、人気のあるリベラル・フェミニストの著作や、ポストモダンなアプローチを採用したフェミニストの著作の中で、かつて批判の対象とされたのと同じ美容行為がまったく新しい正統性を獲得したのである。それは女性を「エンパワーする」ものとして推進され、フェミニズムが重視してきた「選択する新たな力」を証明するものだとされるようになったのである（Lehrman, 1997; Walter, 1999; Frost, 1999）。しかし、その美容行為そのものは変わらなかった。本章では、日常的な美容行為がこの新しい熱狂の対象となるに値するかどうかを考察する。私は、これらの日常的な美容行為が有益で女性の生活に役立つものであるという主張を批判的に検証していく。

化粧は自然な行為か

女性がなぜ化粧をはじめとする「身づくろい（grooming）」をするのか、また、それらの習慣が女性にとって自分自身や他者に対する感情に、また公的世界との相互作用にどのような影響を与えているのか、これらについては、ほとんど研究されていない（Dellinger and Williams, 1997）。これは実に不思議なことだ。たとえば、口紅をつけることは、女性が一日に数回、とくに公的世界に出て行く前に、有毒物質を唇にしみ込ませ、生涯の使用で推定三キロから四・五キロもの化学物質を体内に取り込むという、非常に奇妙な慣行であると考えられるからである（Erickson, 2002; Farrow, 2002）。口紅をつけることは、本章で見ていく他の慣行と同様に、女性の時間、お金、感情的余裕を費やさせる。口紅をつける行為を検討することに総じて問題関心が低いのは、それが女性にとって「自然なこと」とみなされ、検討する価値がないとされているからである。摂食障害（Fallon *et al*., 1994）であったり、豊胸手術（Davis, 1995）のように深刻な手術を必要とするような、女性の生活を危険にさらすより極端な美容行為は、それなりに研究されてきた。しかし、本章では、口紅をつけること、脱毛、毛染め、パーマなど、女性が日常的に行なっている身づくろいの習慣には説明が必要であり、それらを有害な文化的慣行として理解することで最もよく説明がつくことを示唆したいと思う。これらの行為は、女性の従属から生まれたものであり、男性の利益のためになされ、ジェンダーのステレオタイプを生み出し、したがってジェンダーの差異を生み出すという基準を満たしている。それらは、女性にとって当たり前のこととして伝統によって正当化されているが、女性や少女の健康に有害であると認識される必要があるのではないか。そして、後で見るように、化学物質や、人および動物の体の一部を使った製品には、身体の健康を害する危険性がまちがいなく存在するのである。

しかし、日常的な美容行為であっても、それが極端なレベルにまで進むと、精神疾患の一形態として研究の対象となる。アンドレア・ドウォーキンの著作（Dworkin, 1974）が出版されてから三〇年が経った今日、彼女が的確に描写していた、不安に駆られた強迫観念的な美容行為は、新たに発見された「身体醜形障害」（ＢＤＤ）と呼ばれるメンタルヘルス上の症状であることが明らかになっている。この分野の専門家であるキャサリン・フィリップスによれば、障害の有無を判断する手がかりは、「鏡でしきりに自分の欠点をチェックすること、過度の身づくろい、顔を絶えずいじること、相手に何度も確認を求めること」（Phillips, 1998, p. 48）〔キャサリン・A・フィリップス『歪んだ鏡――身体醜形障害の治療』金剛出版、一九九九年、六九頁〕である。フィリップスによる詳細な説明を見ると、それらが女性らしさの普通の日常的慣行とそれほど違わないことがわかる。

> 頻繁に鏡やその他、窓などの反射するもので自分の外見をチェックすることがありますか？　もしくは、鏡を使わないでも、自分の体の気になるところを直接見たりして頻繁に外見をチェックすることがありますか？　……髪をとかしたり、髪型を変えたり、抜いたり、切ったり、化粧をしたり、剃ったりと、外見の手入れに多くの時間を費やしていますか？　朝の身支度に時間がかかりすぎていますか、日中にも頻繁に身だしなみをしていますか？　他の人から洗面所を使う時間が長すぎると苦情を言われることがありますか？……自分の外見の欠点を隠したり、できるだけよく見えるようにと、頻繁に服を着替えますか？　自分をよりよく見せる服を選ぼうとして、その日の服を選ぶのに長い時間をかけていますか？（ibid., p. 49）〔同前、七〇頁〕

フィリップスは、外見に関する不安を示す二七の手がかりを提供しているが、どれも女性の日常生活の中では例外的なものとは思えない。

スーザン・ブラウンミラーは、『女らしさ』という著作において、非常によく似た習慣を、単に少女が大人の階段を上るための通過儀礼として説明している。

少女はいくつになったら、自分の美点を見直し、自分の欠点を数えるようになるのだろうか？　いつごろから、部屋のドアを閉めて、鏡の前でひとり体をひねって、後ろ姿や左右の側面を映しては、自分のふくらはぎの曲線や太ももの形をチェックし、肩甲骨の形を確かめ、将来のウエストラインがどうなるかに思いを致すようになるのだろうか？　そして、いつごろから、お腹を引っ込めたり、胸を突き出してポーズを取りながら、……どこをどんなふうにシェイプアップする必要があるのか、どこをどう発達させ、どこを引っ込めたままにするべきかを頭に刻みつけるようになるのか？
(Brownmiller, 1984, p. 9)〔スーザン・ブラウンミラー『女らしさ』勁草書房、一九九八年、一六頁〕

しかし、興味深いことに、フィリップスの言うところでは、彼女に紹介される患者には男女がほぼ同数含まれているという。男性が圧倒的に心配しているのは、自分が十分に男らしくないことと、ペニスが小さいことである。女性の間ではごく普通の悩みである外見に関する不安が、極端な形態を取って男性の間でも同じように現われるのは、非常に奇妙なことのように思える。そのことを説明するのは、それが女性にとってはごく普通のことで、ほとんどの場合気づかれないのに対し、男性にとっては外見への異常な不安は、精神科医の目にとまりやすいということかもしれない。女性の外見に対する普通の悩みと、身体醜形障害（ＢＤＤ）の診断につながる悩みとの唯一の違いは、症状の極端さにあるようだ。たとえば、過剰な化粧をすることはＢＤＤの兆候であり、髪に関わる製品を過剰に多く購入することもそうだ。しかし、美容文化においては、女性の行動の何が正常で何が過剰かを見極めるのは難しい。フイリップスは次のように説明している。

> 脱毛も過剰に行なうことがある。余分な体毛が気になる人は、顔、腕、または他の部分からそれを除去するために、それをピンセットで抜くことにたくさんの時間を費やす。……眉毛も、正しい形を作るために繰り返し抜かれる。(Phillips, 1998, p. 108)

しかし、どのくらいの時間が「たくさん」なのか？「他の人々は化粧をしてはまた塗り直す」と彼女は言う。また患者の一人は「私は化粧をたくさんするし、アイライナーや口紅をつけるのにも時間がかかる。……これができないと苦痛に感じます。私には手直しが必要なんです!」(ibid.) と語る。しかし、「たくさん」メイクをすること、またはメイクをするのに時間がかかりすぎるというのは、どういうことだろうか？ フィリップスは「身体醜形障害（ＢＤＤ）の患者の大部分は、少なくとも一日に一時間以上は自分の外見の問題について考えてしまう」と言う (ibid., p. 76)〔前掲フィリップス『歪んだ鏡』、八三頁〕。すると、たとえば、三〇分間、自分の外見の欠点について考えている人は、単に通常の日常的な美容行為の被害者にすぎないのであって、ＢＤＤの患者ではないということになるのだろうか。

しかし、三〇分であろうと一時間であろうと、それは「自然なもの」ではなく、文化的に規定されたものであり、どこからこのような美容行為が生まれてくるのかを理解するのは重要である。化粧の歴史を見ると、女性が化粧にこだわる必要のなかった時代や地域があったことからして、その習慣が特定の時代と場所に特有のものであり、文化的なものであり、何らかの自然な「女らしさ」から生まれたものではないことは明らかである。

化粧の歴史

歴史家であるキャシー・パイスの著作は、化粧という慣行がいつどのようにして生まれたのかについて説明している（Peiss, 1998）。パイスは商業史家であり、美に関して書いてきた人々は、美容行為を生み出しそこから利益を得ている産業にはほとんど注目していないと指摘している（Peiss, 2001）。彼女は、私たちが今日理解しているような美容産業は、二〇世紀の最初の数十年間、とくに一九二〇年代に発展したと説明している。「一九〇九年から一九二九年の間に、アメリカの香水や化粧品メーカーの数はほぼ二倍になり、彼らの製品の工場価値は、一四二〇万ドルから一億四一〇〇万ドル近くまで一〇倍にも増大した」（Peiss, 1998, p. 97）。一九世紀には美容製品の大衆市場はなかった。女性は、限られた範囲の美容関連の品々を伝統的な製法に従って自宅で作ることができたし、いくつかは購入することができた。しかし、女性が自分の顔に色を塗ること（化粧すること）は期待されていなかった。化粧は「ペイント」と呼ばれ、売春や演劇と結びついていた。それは世間体のいいものではなかった。パイスはその著作の冒頭で、社会的態度におけるこの最も重要な変化——売春におけるこの慣行が女らしい身づくろいの一部として期待されるようになったこと——に関するエピソードに触れている。一九三八年に化粧品会社が「レディ（淑女）」と「ハッシー（あばずれ）」という名前の二種類の新しい口紅を導入した事実を変化の一例として紹介する。

一九世紀のアメリカ人にとって、レディ（淑女）とハッシー（あばずれ）とは女性の両極——女らしさの最善と最悪——を示すものであり、化粧の有無がこの分断を表示していた。頬が赤く塗られたり、黒いアイラインが入っている女は悪徳の印であり、「色を塗った女（painted women）」は貞淑な女性たちからの嫌悪と非難を引き起こした。しかし、一九三〇年代にはすでに、レディとハッシー

は「タイプ」と「ムード」という名称に変わっていた。(ibid., p. 3)

言葉は変化し、消費主義が勝利した。そのため、「『ペイント』という言葉は顔を隠す仮面を意味していたのに対し、一九二〇年代にはすでに一般的に使われるようになっていた『メーキャップ』という言葉は、アイデンティティが購入可能なスタイルとなった消費社会における自己表現の手段を意味するようになった。……ハッシーの売り上げは、レディの売り上げを五倍も上回っていたようだ」(ibid., p. 4)。

口紅は、売買春との強い歴史的つながりを持っていたと思われる美容行為である。「性革命」の初期段階で、性科学者のハリー・ベンジャミンとR・E・L・マスターズは、売買春を正当化し日常化するために、口紅をつける行為の起源について彼らの理解するところを記している(Benjamin and Masters, 1964)。それによると、口紅の起源は古代中東における被買春女性で、オーラルセックスをすることを示すために使われていたという。「口紅は口元を外陰部に似せるものと考えられていたので、当初はペニスを口で刺激することを専門にしていた女性が口紅をつけていた」(ibid., p. 58)。

商業史家としてのパイスは、新たに発展した美容産業が女性に提供した機会について熱心に語っている。一八九〇年代から一九二〇年代にかけて発展した美容産業は、主に女性企業家の手中にあった。「相当程度、女性が『美容文化』を形成し組織した」(Peiss, 1998, p. 4)。女性は、「サロン、美容学校、通信講座、通信販売会社」を設立した。彼女たちは広告をわざわざ出す必要はなく、「女性の社会生活の諸パターン、すなわち、訪問、会話、宗教的規則の遵守などの女性の古い習慣や、店、クラブ、劇場への出入り」を利用した。これらの女性の多くは「移民、労働者階級、黒人」であり、「二〇世紀におけ る美と女らしさの主流の理想を再定義する上で、きわめて重要な役割を果たした。……彼女たちは美を目に見える、体裁のいいものにした」(ibid., p. 5)。これらの女性たちの歴史は、「美容産業はもっぱら女性の利益に反する、、、という見解と真っ向から矛盾している」。なぜなら美容産業は、「女性のための雇用機会を創出し、外見の政治（politics of appearance）に取り組み、その利益を地域社会に還元した」からだとパイスは言う。しかし、女性が美容行為の発展に関わっていたという事実は、その美容行為が有害だとする考え方とはまったく矛盾しない。メアリー・デイリーが『ガイン／エコロジー』（Daily, 1979）で指摘しているように、女性の性器切除や纏足の慣行のように、少女や女性に対するサディスティックな儀式を実行する責任を負うのは女性であることが多いのである。女性は、少女の性器の一部を切除する場合でさえ、男性支配の強力な規範を実行している。男性と男性支配は非難や責任を免れるが、それはその場には姿を見せないからである。この慣行は、女性だけに由来し、女性だけが行なっているように見える。女性に雇用を提供する産業だからといって、必ずしも有益なものとは限らない。性産業はその典型例だ（Jeffreys, 1997b）。女性を雇用する産業はしばしば、女性の従属から直接発生し、女性の従属を維持することに奉仕するのである。

パイスは、美容産業の台頭は、一九二〇年代に女性が公的世界に進出したことで、女性の自分自身に対する考え方が変化したことに起因すると説明している。一九世紀には、「公共の場」の女性は売春婦であると理解され、顔に色を塗っていたが、一九世紀後半には、公共の場が立派な女性にも開放されるようになっていた。デパートの発展はその一例であり、ジュディス・ウォルコウィッツは、買い物によってロンドンの立派な中産階級の女性が通りに出ることができるようになったという興味深いことを書いている（Walkowitz, 1992）。同時期には、事務職や教職などのホワイトカラー職が誕生し、雇用市場は中産階級の女性に開放されるようになった。パイスは、女性のあいだでの化粧品に対する新しい熱狂を、このような公的世界への女性の進出の動きと関連づけている。

パイスは、「美容文化」は「商業の一種としてだけではなく、現代の社会経験の変化する状況を女性が切り抜けていくのを助けるシステムとしても理解されるべきである」と述べている(Peiss, 1998, p. 6)。女性は、オフィスや店舗など、対面での交流が必要な職業に就くようになったと彼女は言う。ダンスホールの発展に伴い、より公共的な結婚市場が形成され、性的自由の新しい感覚が生まれた。「公的生活に入っていった女性たちは、世間の関心や他人の視線を求めるようになった。これは、パリやその他の権威筋に指示されたファッションではなく、女性の自己表現の新しい様式であり、女性のアイデンティティをめぐるより大きな文化的争いの、小さいながらもそれに共鳴する動きだった」(ibid., p. 55)。

しかし、なぜ女性が公的世界に出るために「顔に手を入れる」必要があったのかについては、以上の議論では何ら説明できていない。男性はそうではないのに、なぜ女性は化粧のような仮面をつける必要があったのだろうか。ここには実は、一九二〇年代に西洋で公共の場に出るようになった女性が化粧を採用したことと、一九八〇年代~九〇年代にイスラム文化の一部で公共の場に出るようになった女性がヴェールを再着用したこととの間に、興味深い類似点がある。イスラム諸国の新世代の女性によるヴェールの再着用に関する研究では、女性は顔を覆い隠すことで公的世界での職業や移動に従事することがより安全で自由だと感じていることが示唆されている(Abu-Odeh, 1995)。化粧をすることは、欧米の女性には、男性と対等な立場で公共の場に出ていくことができる当然の権利が存在していなかったことを意味していたのかもしれない。化粧は、ヴェールと同様、女性が仮面をかぶっていること、したがって、真実かつ対等な市民なら原理的に持っているはずの「ありのままの自分」を見せるほどの厚かましさを持っていないことを保障するものだったのである。つまり化粧やヴェールは、女性の権利なのではなく、むしろその欠如を示すものなのだ。

パイスは、大企業(通常は男性によって運営されている)が、一九三〇年代に独自の製品を生産していた地元の小規模サロンから事業を引き継いだことを認めている。今日の大規模な化粧品会社は自分たちの帝国を構築し始めた。化粧品産業を、女性の起業家精神の新しい機会を可能にしたものとして擁護することはもはやできないはずだが、パイスはへこたれない。彼女は、化粧品、広告、マスメディアの力は批判されるべきであると言うが、批判者たちは、「アメリカの美容文化を形成した、女性たちの親密な儀式、社会的諸関係、女性団体の網の目を見落としていた」(Peiss, 1998, p. 7)と言う。女性は「美の秘密」を共有することで「親密さ」を生み出し、「喜びと共同性」を経験したと彼女は主張する。これは、化粧の支持者たちがフェミニストの批判から化粧を擁護してきたもう一つの方法である。化粧は、女たちに共有される喜ばしき女性文化を与えるのだと言う。しかし、女性が儀式を発展させ、秘密を共有し、ネットワークを作っていても、それでも有害な慣行は他にもある。女性器切除や中国の纏足さえ同様の満足感を女性に与えると言われてきたのだ(Ping, 2000)。

男性が経営する大企業が化粧品産業を引き継ぐようになると、女性に対してなされた約束は明らかに搾取的で二枚舌的なものになった。

女性の自由とモダニティの美学は、一〇年も経たないうちに偏狭なものになり、自己満足的なものとなった。『ヴォーグ』は、色鮮やかなネイルは「ちょっとした冒険」を提供し、フェイシャルエステは「新しい顔になるだけではなく、人生にまったく新しい視点を与えてくれる」と皮肉なしに主張することができた。(Peiss, 1998, p. 158)

パイスは、一九一〇年代にはすでに、「美容産業は、個性と女らしさを満たすためには化粧品の購入が必要だというメッセージを女性に伝えることに成功していた」と主張している(ibid., p. 167)。戦間期には、美容産業は明らかに解放的というよりはむしろ抑圧的なものとなり、私たちがよく知る現在のような形になった。一九二〇年代にはすでに美人コンテストは普通のものとなり、高校でも開催されるようになっていた。「就職試験では容姿が評価され、スミス・カレッジの就職指導担当官が卒業予定者の『魅力』をその成績に記すことが常態化した」(ibid., p. 193)。専門学校やＹＷＣＡは、就職を控えた若い女性を対象に、スキンケア、メイク、マニキュア、ヘアスタイリングなどの指導を行なう「自己啓発」コースを提供し始めた。化粧は、女性にとっては解放の証ではなく、逃れることのできない要件となっていた。広告の発するメッセージは、「女性が女らしい外見の新しい規範に自分の容姿を合わせなければならないというプレッシャーが高まる中、職場や学校、家庭、余暇で強化され、洗練されていった」(ibid., p. 200) とパイスは説明している。

美の基準に潜む人種差別

化粧やその他の身づくろいをするという「選択」は、政治的な真空状態で行なわれているわけではない。女性のこの「選択」の構築には、非常に現実的で物質的な力が働いている。パイスは、戦間期に黒人女性が美容院を開き、こうして大企業が業界を掌握する前に起業家になる機会を与えられたことを肯定的に描いている。しかし、一九六〇年代になると、黒人女性に教えられてきた美容行為が、白人の理想を模倣することを目的としたものであることが明らかにされた。アフリカ系アメリカ人女性たちは、アメリカにおける美の基準の人種差別的性格について力強く論じてきた。その基準は、黒人女性が白人性 (whiteness) を模倣するという不可能な目標を作り出している。その結果、縮れ毛をまっすぐにしたり、顔を白くするなど、黒人女性を白人の理想に近づけることを企図した一大産業が生まれた。黒人女性が生まれながらにして美の領域から排除されているとは考えられないのだから、美しさとは何であるかということが政治的に構築されていること、それが人種、階級、性別に関わる偏見を組み込んでいることは明らかである。ソマリア出身のイマン〔スーパーモデルでデヴィッド・ボウイの妻〕やワリス・ディリー〔ＦＧＭの被害者の一人で、その廃絶キャンペーンにも参加しているスーパーモデル〕のように、黒人女性がその「美しさ」ゆえにモデルに選ばれた場合でも、その顔や体が白人の理想に沿ったものであって、アフリカ系アメリカ人女性の顔の最も一般的な特徴には似ていない可能性が高いのだ（Young, 1999）。

一九六〇年代のブラックパワー運動の時代には、黒人女性は白人の美容行為に従うべきという要件を拒否していた。彼女たちは、一九五〇年代と一九六〇年代初頭に黒人女性に事実上義務づけられていた縮毛矯正を拒否し、より「自然な」外観を好んだ。ミシェル・ウォレスは「女らしいとは、私たちにとって白人的であることを意味していた」（Walker, 2001, p. 256）と説明し、抗議のために、彼女は「化粧、ハイヒール、ストッキング、ガーターベルト」や矯正下着を拒否し、そして「Tシャツとダンガリーシャツ、またはゆったりとしたアフリカンプリントのドレス」を好んで着用した（ibid., p. 263）。この抗議の一環としてアフロヘアが誕生した。しかし、黒人女性がファッションの支配力の外部にとどまっていることは難しく、このアフロヘア自体がやがて商品化されていった（ibid.）。

職場で強要される化粧

化粧をすることは女らしさ構築のかなり普遍的な一側面であるが、化粧という行為を男性支配の政治的文脈にあてはめた研究は驚くほどわずかだ。「ジェンダー」に関する研究の非常に包括的なアンソロジーである『ジェンダー――社会学読本』においても、化粧には言及されていない（Jackson and Scott, 2002）。化粧について研究されてきた分野が何かあるとすれば、それは職場である。デリンジャーとウィリアムズの研究（Dellinger and Williams, 1997）は、女性が職場で化粧をするよう強いられていることを非常に的確に明らかにしている。職場では化粧は端的に言って雇用の資格にかかわる問題なのである。二人は、さまざまな条件で働いていた二〇人の女性からなる多様なグループとの綿密なインタビューを実施した。目的は、「女性が職場で直面する外見のルールと、それらのルールがセクシュアリティとジェンダーに関する想定をどのように再現しているかを検証する」ことである(ibid., p. 151)。インタビューに応じた女性たちのうち、一四人は仕事のために毎日化粧をし、二人は時おり化粧をし、四人はまったくしていなかった。彼女たちは、職場には正式な服装規定はなく、化粧をすることは「個人的な選択」であると述べている。しかし、多くの女性は「化粧が適切になされていない場合、否定的な結果」を経験したか、あるいは経験するだろうと考えていた(ibid., p. 156)。彼女らは、化粧をしない女性は「健康的」に見えないし、「異性愛者」や「信頼できる」ようには見えないと感じていた。普段から化粧をして仕事をしている女性は、化粧をしない日には「疲れているように見える」とか「見た目がよくない」などと言われたり、その日の仕事に影響があると報告している。ある女性は、「あの子、どうしたの? 病気か何かなの?」というような否定的な言われ方をされるのを避けるために化粧をしているとはっきり語っている(ibid., p. 157)。

他方、職場での化粧は、肯定的な形で言及されることを通じても奨励されている。多くの女性は、化粧をすることで自分に自信が持てる、あるいは自分が力を持ったように感じられると答えている。しかし、同時に、化粧をしていないと気になってしょうがないという意見もあり、ある女性は「化粧をしていない時に鏡で自分を見るのが好きではない」と述べている(ibid., p. 158)。また、公共の場で化粧をしないでいると落ち着かない気持ちになると語った女性もいた。台湾人のある回答者は、「目がぱっちりした」アメリカ人のように見えるよう化粧をしていると述べている(ibid., p. 159)。女性は化粧をすることでエンパワーされると言う人もいるかもしれないが、化粧をしないことでどうして力が奪われるのかは興味深い問いだ。性差別や人種差別によって、そして男性支配の政治的構造によって課せられた制約が、「すっぴん」で公的世界に出ていくことに対する女性の居心地の悪さの原因になっている可能性が高いのである。

女性に化粧するよう仕向けるもう一つの圧力は、異性愛者であるように見せなければならないという要件である。デリンジャーとウィリアムズがコメントしているように、「化粧には……女性を異性愛者として表示する」機能がある（ibid.）。ある異性愛の回答者は、職場で化粧をしない女性は「オトコ女」と思われるとコメントしている。著者たちは、異性愛の前提が「職場の仕事に組み込まれている」ため、「ちゃんと女らしく見えるための暗黙の要件は、女性が男性を『喜ばせる』存在に見えることである」と指摘している（ibid., p. 160）。ある異性愛者の女性は、男性は「同僚の見栄えがいい方がいっしょにいて働きやすく感じる傾向にある」と説明している。こうして、男性の性的な空想に奉仕するという要求は、女性の職場での身だしなみの要求に変換されてしまい、レズビアンは実際その基準に合わないとされるのである（ibid.）。

家でも職場でも化粧をしないあるレズビアン女性は、ソーシャルワーカーとして働き始めると、「少しは化粧をした方がいい」「パーマをかけた方がいい」「もっと見栄えのいい服を着た方がいい」などと言われたと述べている（ibid., p. 161）。このレズビアン女性は職場では異性愛者とみなされていた。もう一人のレズビアン女性は、「男性との職場でのやりとりを円滑にするための手段として、職場では積極的に化粧をしている」と述べている（ibid., p. 163）。彼女は「自分の『差異』〔レズビアンであること〕を消す」ために化粧をしているという（ibid., p. 162）。彼女は背の高い女性であり、化粧をすることで、男性の顧客は彼女をレズビアンだと思う可能性が低くなり、また、図体がでかくても彼女のことを脅威だと感じる可能性が低くなるというのである。つまり、化粧をすることで女性は脅威でない存在に見えるということだ。ある異性愛者のアフリカ系アメリカ人女性は、「人種差別社会での信頼性を高めるため」に化粧をしたと言う(ibid., p. 166)。彼女は、人種差別の影響を軽減するために、自分がいかにプロフェッショナルであるかを強調する必要性を感じており、化粧はそのための方法であった。この女性は、人種差別の影響を弱めるために「性差別に従った」と述べている。

デリンジャーとウィリアムズは、職場の圧力が化粧をするという女性の選択を構築し、そのような選択は「これらの制度化された職場の外見規範の文脈の外では理解できないものだ」と結論づけている(ibid., p. 168)。興味深いことに、著者たちはフェミニスト学者たちの最近の議論の傾向、すなわち、化粧は強制されたものとだけは言えず、女性のための「創造性と身体的快楽の追求」に関わるものであって、女性は外見規範に抵抗する形で化粧することさえできるかもしれないという議論も検討対象にしている。著者たちは明らかにこうした議論にほとんど共感していないし、彼らの提示するデータもそれを支持していない。二人は、化粧をすることは、職場で女性が楽しむことのできる女性文化の一部であるという考えを検討している。女性同士がお互いの美容行為の有無をコメントし合うことは、理論的には「女性同士を結びつける話題」であるとみなすことができ、「女性たちは褒めたりアドバイスをしたりすることで、愛情や気遣いを示すことができるかもしれない」(ibid., p. 169)。しかし、このようなコメントは分断を生む可能性もあり、ある回答者が表現しているように、職場にとって自分が不適切だと感じてしまう可能性もあると指摘している。男性の関与が明らかでない場合でも、有害な文化的慣行が女性によって、また女性の間で頻繁に行なわれていることは事実のようだ。女性たちは、その慣行を実行するという試練を通じてお互いに支え合ったり、アドバイスをしたり、助け合ったりすることができる。しかし、これは抑圧を生き抜くために形成された文化であり、無条件に祝福に値するものではない。

この研究は、女性が化粧と結びついた外見規範を覆すことができるという考えを支持するものではない。そのような転覆の例として挙げられているのは、一部の女性が「一日に一度しか化粧をしない」

「チェックして塗り直したりしない」「必要最小限のものを身につける」と言っていることだ。これらはあまり革命的な戦略とは思えない。著者たちは、女性が女らしさを「演じ」ジェンダーと「戯れ」ることができるというジュディス・バトラーのようなクィア系のポスト構造主義理論家たちによって推進された概念（Butler, 1990）を拒否する。著者たちは、「身体的行為を通じた抵抗なるものは、社会的諸制度によって女性に課された現実の制約を考慮しない研究の中で見つける方が容易かもしれない」と言う（Dellinger and Williams , 1997）。言いかえれば、職場での強制と支配の諸形態に注意を払うなら、化粧を「戯れとして」することができるという考えは根底から覆されるのである。

デリンジャーとウィリアムズは、今回の研究に参加してくれた女性たちは「文化的に無知なお人好し」なのではなく、「制度的な制約の中で知識を持った主体として行動している」と結論づけている（ibid., p. 175）。このように、彼女たちは自分たちが何をしているのか、なぜそうしているのかを強く意識していても、たとえ最小限の形であれその実践に参加することが必要だと感じている。結論部分では、化粧をすることの楽しさに関する記述で通常見落とされている点、すなわち、この行為は「男女間の不平等、また女性の異なるグループ間の不平等」を再生産する意味合いを持っていることを指摘している（ibid.）。化粧をすることは、不平等を構築するのを助けるだけでなく、不平等に対する適応でもあるのだ。

いわゆる女性誌も、女性に職場での化粧を強要する役割を果たしているかもしれない。アフリカ系アメリカ人女性を対象とした雑誌『エボニー』は、ある記事の中で、どのように服を着るべきかを働く女性に説いている。冒頭の一文は何とも不吉なことを語っている――「組み立てラインでも、タイピストのデスクでも、豪華な重役室でも、テレビスタジオでも、職場に適した服装を身に着けることが、成功か失敗かの違いを生む」（Townsel, 1996, p. 61）。記事は、女性を怯えさせるような言い回しで次のように続ける。

今日の多様なファッションや化粧品市場を考えると、働く女性には、有望なキャリアを見込める規範から逸脱することを正当化する言い訳はほとんど存在しない。実際、時間と経済的余裕のない労働者であっても、髪型、ネイル、化粧品に細心の注意を払い、洗練されたビジネスに適した服装を選ぶことで、プロフェッショナルとしてのイメージを向上させることができるのだ。(ibid.)

『エボニー』の記事は、ある化粧品会社の広報担当者である女性を権威としている。彼女は、驚くことではないが、次のように述べている。「あなたが職場にいるとき、顔は最初に人々に見られるものですから、化粧は非常に重要です」、「化粧は必要不可欠な『きれいで完成された外見』を提供します」(ibid., p. 62)。職場で外見がいかに重要であるかの一例として、この記事では、自動車組立工場でシートベルトの取りつけ作業員として働くテレサ・フレミングを取り上げている。彼女は「暑苦しい埃だらけの職場で、女らしい、清潔感のあるイメージを維持するために日々努力を怠らない」(ibid., p. 64)。彼女は週に二回髪を切ってカールさせ、毎日アイライナーと口紅を塗り、彼女のマニキュアの塗られた長い爪を保護するためにかなり極端な措置を取っている。「私は、仕事用の手袋にハサミを入れて、それぞれ指二本分のスペースを確保し、シフト前にはテープで爪を巻いていています。この二年間、一本の爪もはがれたことがありません」(ibid.)。このように、この女性は仕事上のハンディを負っており、時間と費用のかかる行為を行なわなければならない。別にそうしなくていい男性たちと比較するなら、これは不公平で不利な条件のように思われる。化粧品会社の例の広報担当女性――おそらく彼女の会社が雑誌の重要な広告主であるおかげでこの記事に採用されたのだろう――は、女性の美容行為は毎朝七分ですむはずだと言っている。しかし、彼女の推奨する慣行は、このような短い時間で実行するにはあまりにも複雑に思える。彼女は、その日の予定（たとえば重要な会議があるかどうか）に合わせてメイクをするべきだと言うが、そのようなことを考える時間はこの短いメイク時間には含まれていない。彼女は言う。毛穴を引き締めて若々しい印象を与えるために化粧水を使い、保湿をして、「ファンデーション、チーク、マスカラ、軽く口紅を塗ってから、出かけなさい」（ibid., p. 62）。しかし、彼女によれば、爪は清潔に磨かれていなければならないが、それも先の七分間には含まれておらず、髪や衣服についても言及されていない。トータルで見れば、美容行為は一日のうちでかなり長い時間を取りそうだ。

女性が日々の美容行為に費やしている時間についての研究はほとんどない。イギリスのマークス＆スペンサー〔スーパーマーケットのチェーン店〕が二〇〇〇人の女性を対象に行なった調査によると、女性は平均一日二七分、年間で一〇日分の労働を、仕事の準備に費やしていることがわかった。さらに、一〇％の女性は一日に一時間以上かけているという。女性の大多数は、ショッピングの準備に二一分、友達と遊びに出かける時の準備に五四分、「ロマンチックな夜」の準備に五九分を費やしている（Hill, 2002）。これはかなりの時間であり、男性であれ女性であれ、このような日常行為をしない人たちにとっては、たとえば外国語を学ぶなどの他の活動に当てることができるだろう。

女性労働者に対する抑圧的な化粧ルールは、慣習や職場文化の必要性よりも、むしろ雇用者によって押しつけられている可能性がある。二〇一一年に、ロンドンのハロッズで働く販売員のメラニー・スタークが、化粧をすることを拒否したことが原因で会社をやめる羽目になった（Davies, 2011）。スタークは哲学を学ぶ二四歳の学生であったが、就職のための面接でも、化粧をするように勧められる前の四年間も化粧をしていなかった。実際、彼女はその間、非常に立派に仕事をしていると賞賛されていた。しかし、上級管理職による「現場視察」の後、彼女は化粧をしていなかったせいでその日は家に帰され、次の視察のときには、彼女の姿が見えないよう在庫管理室に移動させされた。「女子社員」向け服装規定では、「常にフルメイクをしていなければならない。ファンデーション、チーク、アイシャドー（派手すぎないもの）、口紅、リップライナー、グロスは常につけ、人前で化粧直しをしてはならない」と定められている（ibid.）。彼女が化粧をするのを拒否すると、化粧の研修を受けるよう言われたが、それも拒否した。化粧は自分の顔の全体的な見た目を変えることになると思い、それを望んでいなかったからだ。彼女は、ハロッズへの手紙の中で、「自分の顔が不完全だと言われるのは非常に侮辱的なことだ」と述べた。彼女は嫌がらせとストレスを終わらせるために仕事をやめなければならなかった。

狙われる子どもたち

これらの例から明らかなように、化粧は単に職場での「選択」の問題ではなく、女性にこの文化的慣行を押しつける権力関係システムの結果である。化粧が「選択」にもとづくという考えの信ぴょう性は、化粧品会社が子どもをターゲットにした戦術を取っていることで、大いに損なわれる。化粧品会社は子どもたちに化粧品を使わせ、そのブランドにずっと固執するよう仕向けている。化粧品会社は八歳から子どもをターゲットにしている。二〇〇二年の市場調査では、一三歳以下の少女の四分の一が試しに化粧品を使ったことがあり、広告主は彼女たちの関心を引きつけたいと考えている（Cardona, 2000）。プロクター&ギャンブル社などの企業は、化粧品の使用を遊びのように見せることで、八歳から一〇歳の女の子に自社の化粧品「カバーガール」を販売していた。ショッピングモールに特別コーナーを設けて少女たちにウエブサイトを見せたり、ラメやリップグロスを陳列したりしていた（親の反発を買わないよう、より大人向けの本格的な化粧品は置かないようにしていたようだが）。キス・プロダクツという会社は、ウォルト・ディズニー社のアニメキャラクターの使用許可を取得し、ディズニーストアでリップグロスやマニキュアのキットを売り込んでいる。コスリッチ・グループはバービー人形の使用許可を取得して、リップグロスやボディラメを売り込んでいる。「女の子向けのディズニー製品は、ティンカーベルやくまのプーさん、その他のディズニーキャラクターの写真が入った箱に入っており、バービー人形の化粧品はプラスチックのチャームやブレスレットといっしょに入っている」（ibid.）。子ども向けの遊びやおもちゃという形での化粧品の売り込みは、大人の女性の「選択」をやがて生み出すことになる。彼女たちは他の何らかの選択肢を知る機会を持つ前の年齢ですでに、個人的な充実感と遊びという形で化粧を理解するよう仕向けられているのだ。

若年の女の子に化粧を推進することは、近年、文化的な慣行として非常に一般化されており、「子どもの化粧」というワードで検索すると五四〇〇万件ものサイトがヒットし、それを見ると、今では子ども向け製品に特化した化粧品メーカーの業界が存在するだけでなく、パーティーで子どもエンターテイナーとして売り込むためのトレーナー業界まで存在していることがわかる。たとえば、リトルレディー・パンパー・パーティーズ（Little Ladies, n.d.）やドールベビー・メーキャップ（DollBaby Makeup, n.d.）はオーストラリアの企業で、誕生日会などのお祝いの時に、自宅で幼児や年長の子どもにメイクをしてくれる。これらの企業は、「ホップスコッチ・キッズ・ネイルポリッシュ」などの商品を含む「キッズ・オール・ナチュラル・メーキャップ」のような商品を販売したり、「キッズ・ナチュラル・メーキャップバッグ」のようなアクセサリー商品を提供したりしている（Shop Naturally, n.d.）。かつて第二波フェミニストたちが、女の子向けの人形や男の子向けのおもちゃの車など、性差を強調した子ども用玩具の販売に異議を唱えたものだが、今では、新たに活況を帯びたジェンダー化が行なわれており、女の子たちは生涯にわたって、自分の身体に有害な慣行へと誘導されているのである。

文化的に強要される脱毛

成人女性であっても、男性が自分たちの要求を強制する力を持っている文化の中では、自由に美容行為を「選択」できているとは言えない。男性の意見が美容行為の創造に影響を与えている格好の例は、「愛の狩人ネットワーク」というウェブサイトで、脱毛について議論されているところに見出せる。明らかに男性によって運営され、男性の意見を代弁しているこのウェブサイトでは、「私は怠け者なので、足の毛を剃ってないんですが、それって本当に問題なんでしょうか?」という質問に対して、次のように回答している。

現在、社会の中で受け入れられている規範は、女性が自分の足の毛を剃ることを求めている。これらの（医学的）条件を実行していない女性は足から毛を除去するべきだ。男性の圧倒的多数が毛の剃られたすべすべの足を好んでいるというのはまぎれもない事実だ。(Carnal Knowledge Network, n.d.)

この回答に対してさらに「つまり、女性が自分の足を剃らなければならないのは、ただ、ほとんどの男性がそれを好んでいるからにすぎないということ?」という質問が寄せられ、それに対しては、次のような回答がなされている。

そうだ。ただし、「これは自分の体だ。私は自分のしたいようにする」という「高慢で尊大な」態度を取りたいなら、話は別だ。引きずるほどの長いすね毛を足に生やすことだってできるが、強く受容された規範から自分自身を疎外することによって、伴侶を見つけ維持する可能性を制限することになるだけだ。もしあなたが足を剃ってきれいで魅力的にしておかなければ、多くの男性はあなたに対してロマンチックな興味を失ってしまうだろう（申し訳ないけど、これが人生の真実だ）。

(ibid.)

このウェブサイトでのアドバイスは、こういういやみな口調でくどくどと続く。冬場でショートパンツを履いていない時には足を剃らない習慣があるという女性に対して、そのような女性は「あの子、足を剃らないんだって」というレッテルを貼られ、「陰口をたたかれることになる」というものだった。そして、こうアドバイスが続いている。「われわれのほとんどは、自分の体をきちんと手入れするのに時間を費やす女性のことが好きで、われわれはそれにすごくこだわっている」(ibid.)。

脱毛しなければ女性は男性パートナーを獲得できないという示唆は、女性器切除や処女膜再生など、他の文化で有害な美容行為が行なわれている理由に似ている。つまり、女性はそうした行為をしなければ結婚する機会が得られないというわけだ。若い女性が男性のパートナーを得ることへのプレッシャーは、主婦業以外の職業に就く機会がより多い西洋文化ではより小さいと予想されるかもしれないが、それでも極度に強いものなのだ。西洋文化においても女性として敬意をもって遇されるためには、男性パートナーが必要なのである。

女性はこれらの行為に従事することを「選択」しているという考えは、その被害者たちのために女性たちがどれほど痛々しく感じ心配をしているかを見ることによっても、その信ぴょう性が損なわれる。ネットのディスカッション・フォーラム「ガールトーク」では、脱毛だけでなく、その他の有害な美容行為についても取り上げられている。それを見るとわかるのは、それは拷問のような痛みを伴う過程であって、若い女性たちはそのような行為に内在する痛みや不快感を何とか軽減しようとしていることだ。彼女たちは、痛みを回避し、その結果生じる問題に対処する方法について、心のこもったメッセージを交しあっている。体毛を除去する女性が遭遇する問題の一つに、埋没毛がある。このディスカッション・フォーラムの女性は、次のように問題を説明している。

私は数ヶ月前にビキニ脱毛をしましたが、それ以来、伸びた埋没毛で恐ろしい問題を抱えるようになりました。ローションや温浴を試してみました。ピンセットでそれらを抜こうとしましたが、それは逆に状況を悪化させているようです。他に何ができるかを教えてください。(Girl Talk, toria5, 9 July, 2001)

女性たちは、この問題の解決に役立ちそうな他のケア商品をこの質問者に教えてあげている。つまり、化粧品メーカーは明らかに、問題の原因と解決策の両方を提供することで利益を上げている。これはうまい儲け方だ。「マサキ」という別のハンドルネームの質問者が抱える問題は、「足の脱毛が原因で膝に赤いぼつぼつができて」しまい、そのせいでショートパンツやスカートが履けなくなっているというものだ。彼女はこの問題を「最悪」と表現している(Girl Talk, masaki, 30 June, 2002)。

このような苦悩に満ちたやりとりをしている若い女性たちは、美容行為を中心とした女性文化を作っていると言えるかもしれないが、それは少しでも苦痛を減らして有害な文化的慣行に対処できるようにするために作られた一種のサバイバル文化である。このやりとりは、若い女性たちの気遣い、時間、お金、感情的なエネルギーのうちどれほどが、男性との差異を示し性的奉仕でしかるべき役割を果たすことができるようにするための諸行為に費やされているかを示唆している。

若い女性たちがなぜこのような行為を続けているのかを理解するには、このような結果を生み出すために要されたきわめて大きな力の存在に気づく必要がある。シンシア・エンローは、国際政治に関する著作『バナナ、ビーチ、基地』(Enloe, 1989)〔シンシア・エンロー『バナナ・ビーチ・軍事基地――国際政治をジェンダーで読み解く』人文書院、二〇二〇年〕の中で、西洋文化の中で育った人には自然の事実としてしか見えない状況、たとえば、緑のない風景や女性ばかりのタイプ課などが、どのような諸力によって生み出されてきたのかを考えるよう問いかけている。これらは「自然」の事実ではなく、天然資源の近視眼的な略奪や、女性を安価な労働力の中に閉じ込め搾取することを利益とする社会的・経済的な諸力の結果なのである。それと同様に、脱毛が自然の事実ではなく、文化的に構築された慣行として認識されることで、それを生み出す諸力を究明することが可能となる。

化粧とメンタルヘルス

このような諸力の一つが精神医学である。男性支配が女性に化粧を強制する方法を示す有益な例として、精神病院での女性の扱いがある。病院の心理学者の中には、女らしい美容行為を維持することが「心の健康（メンタルヘルス）」に役立つと理解している人もいて、彼らが扱いにくいとみなした女性患者に化粧を強制している。このような行為に対する女性の抵抗は、精神病の症状の一つだとみなされている。たとえば、ミッチェル・パートシャックは、医学生に最初に教えることは患者をよく観察することだと述べている。「服装はちゃんとしているか？　髪はきちんと整っているか？　手は清潔か？　患者が女性の場合、化粧をしているか？　化粧がちゃんとされているか？　髪や爪の手入れをしているか？」（Pertschuk, 1985, p. 217）〔ジーン・アン・グラハム&アルバート・M・クリグマン監修『化粧の心理学』週刊粧業、一九八八年、二二〇頁〕。男性は心の健康を示すために化粧をすることは求められていないが、女性には求められている。「個人的な身だしなみへの関心」は「診断方法」であり、うつ病患者は、「日常生活のきまりきった事柄が負担になり、化粧にほとんど気を遣わなくなる」（ibid., pp. 218–219）〔同前、二二一頁〕。彼は、このようなうつ病の女性にとって最も重要なことは、自分を「女性として」受け入れることだと言う。彼女たちが「自分が思い描いている通りの女性として満足できる点が一つもない」と感じている兆候は、「過剰な体重の減少や増加による体型のくずれ、化粧を完全に避けること、中性的な服装の選択」である（ibid.）〔同前、二二二頁〕。

パートシャックが大いに懸念しているのは、「女性としての諸要求を満たすことができないと感じ、それに応じた〔非女性的な〕格好や服装をする女性は、周囲の人々から中性と見られる可能性が高い」ことである（ibid., p. 221）〔同前、二二四頁〕。女性は実は男性の視線からのまさにこのような自由を望むかもしれないが、パートシャックはそれを許さない。彼は、男性のセクシュアリティに奉仕することを拒む女性にとっての解決策を「外見トレーニング」に見出している。彼は、この残酷な処置がどのように拒食症の二九歳の女性（アリス）に行なわれたかを得々と説明している。「見た目はやせておびえた九歳の少年のように見えた。化粧もせず、髪はとても短く、何の変哲もないスラックスとトップスを身に着けていた。彼女の態度はひどく自信なさげだった」（ibid., p. 222）〔同前、二二五頁〕。彼は「氾濫療法」〔患者が忌避するものを大量に投与する逆療法〕と呼ばれる方法を使った。

私たちは、彼女が恐れていた状況、すなわち化粧品を使うことへと彼女を誘導し、彼女の不安を解消するのを助けた。作業療法士がマスカラ、口紅、ファンデーションをごく控えめに彼女に使ったことに対する彼女の最初の反応は、これじゃあ売春婦に見えるというものだった。しかし、一週間、化粧品をつけることを繰り返した後、彼女はいくぶんそれを受け入れるようになった。作業療法士は、アリスに自分で化粧をするよう指導した。スタッフ全員が意識的に彼女の外見を褒めることで、その行動を強化しようとした。トレーニングの次の段階は服装選びだ。……目標は、彼女がより多くの衣服、具体的にはドレスを数点選ぶことであった。患者は九年間もドレスを着ていなかったのだ。再び多くの励ましを受けて、アリスはドレスを着ることができ、彼女の努力を強化するために惜しげもなく賞賛がなされた。(ibid.)〔同前、二二六頁〕

犬のしつけにも似たこのような試みは、パートシャックが言うように「アリスを回復させる」ことにはならなかったが、彼はそれが「役に立った」と考えている(ibid., p. 223)〔同前、二二六頁〕。彼女は今では面会の時にはドレスを着て、髪の毛を伸ばしていたので、おそらく彼はより満足して彼女を見ることができたのだろう。アリスは彼にとって「性的なアイデンティティ」を持つ人間となったのだ。

「化粧治療」の心理学に関するこの同じ論文集には、美容行為に抵抗する女性たちに対する顕著な偏見を示唆するコメントが見出せる。ダグラス・ジョンソンは、「外見と高齢者」という論考を書いており、女性は「五〇歳ぐらいで……着実に性的に忘れられた存在になっていく」と指摘している(Jonson, 1985, p. 153)〔同前、一五五頁〕。ジェラルド・アダムスは、彼が行なった研究によって次のことがわかったと言う――「魅力のない女性は、口うるさい、口を差しはさむ、人の意見に耳を貸さない、へつらう、敵対的、といった、好ましくない社会的行動をとる可能性が高い」(Adams, 1985, p. 139)〔前掲グラハム&クリグマン『化粧の心理学』、一四三頁〕。憂慮すべきなのは、入院している女性のメンタルヘルスが、最も健康な女性の自尊心をも傷つける可能性の高い男たちの手中にあることだ。

しかし、化粧とうつ病との関係は、入院している女性に化粧を行なう心理学者によって支持されているものとはかなり異なるものである可能性がある。研究者たちは、「うつ病になる中年女性は、より伝統的な女性的役割に従う傾向があり、彼女らのうつ病の程度は女性的役割の受け入れの程度に有意に関連している」ことを発見した(Tinsley *et al*, 1984, p. 30)。エミリー・ティンスレーらは、自分たちの調査が、「より中性的で男性的な性役割を採用する女性の方が、より精神的に健康的である傾向が見られる」という結論を支持していると述べている（ibid., p. 26）。これは、化粧推進派の考えを完全に覆すものだ。

健康に有害な化粧品

有害な文化的・伝統的慣行は、国連の理解では、何よりも女性と少女の健康に有害なものとして規定されている。女性が美しさを追求するために髪や顔、体に塗る物質は健康に直接危険を及ぼすのだから、化粧という慣行はこの基準にぴったり当てはまる。たとえば、毛染め剤は膀胱がんと関連している。三〇〇〇人の女性を対象にしたアメリカの研究では、その半数が膀胱がんを発症していた。「喫煙者を調整した後でも、毛染め剤を一ヵ月に一回以上で一年以上使用している女性は、使用していない女性に比べて膀胱がんのリスクが約二倍になる」（Robotham, 2001）。職場で毛染め剤にさらされている美容師もリスクが高い。歯磨き粉などの家庭用品だけでなく化粧品にも使用されている抗菌剤であるトリクロサンは、スウェーデンの研究でこの化学物質が魚だけでなく母親の母乳にも蓄積することが示されたため、オーストラリアでは使用禁止が検討されている。この化学物質は、投与された抗生物質に対する耐性を細菌が発展させる一要因になっていると考えられている（Strong, 2001）。バイオテクノロジー産業によってますます開発されるようになっている新製品は、美容補助剤として販売されている。これらの製品は「薬用化粧品」と呼ばれているが、体に及ぼすとされている活性効果のゆえに、医薬品としてより厳密に規制されるべきなのではないだろうか。たとえば、抗酸化物質を含んだ製品は、皮膚に浸透し、遊離基物質を除去するとされている。別のものは、白髪を毛根から除去することになっている。しかし、これらの製品は、通常、医薬品に対して適用されているような厳格さで規制されてはいない（King, 2001）。

キム・エリクソンは、『死ぬほどゴージャス』（Erickson, 2002）という著作において、従来の化粧品に含まれる化学物質の毒性について科学的研究にもとづくこれまでの知見を紹介している。彼女は、毎日美容の儀式をしている女性は、朝コーヒーを飲む前に二〇〇種類以上の合成化学物質にさらされていることを指摘している。その多くは、米国環境保護庁によって有毒であることが確認されている。米国国立労働安全衛生研究所は、化粧品に含まれる化学物質のうち九〇〇種類が有毒であると報告している。たとえばある研究では、毛染め剤のグレシアン・フォーミュラやレディ・グレシアン・フォーミュラには、研究者が製品を使用した後に手を洗い流すことができないほどの高濃度の鉛が含まれていたことが判明した。別の研究では、定期的に髪を染める女性は、毛染め剤を使わない女性よりも染色体の損傷が大きいという結果が出ている。最も毒性の強い化学物質を含むマニキュアに対するアレルギー反応では、トルエンやホルムアルデヒドに敏感な被験者の顔、首、手に病変が見られた（ibid., p. 4）。

コールタールはとくに危険な成分であるとエリクソンは説明する。コールタールの染料にはベンゼン、キシレン、ナフタレン、フェノール、クレオゾールが含まれており、これらの染料はほとんどすべて発がん性があることが明らかにされている。米国では五人に二人の女性が髪を染めていることを考えると、これは重要な情報だ。もう一つの成分であるホルムアルデヒドは、マニキュア、爪硬化剤、石鹸、シャンプー、育毛剤に含まれている。これは、スウェーデンと日本では禁止されており、ＥＥＣ〔欧州経済共同体。二〇〇九年にヨーロッパ連合に継承された〕はごく低量の場合にかぎりその使用を許可している。また、毛染め剤に含まれている鉛は、よく知られている発がん性物質でホルモン攪乱物質でもある。プロピレングリコールは熱伝導媒体や溶剤として広く使用されており、化粧品でもグリセリンの代わりに用いられている。その最もよく知られている用途は、不凍液とブレーキ液である。この化学物質は神経毒としての作用があることが認められており、接触性皮膚炎、腎臓の損傷、肝臓の異常、皮膚細胞の成長の阻害を引き起こす可能性があるにもかかわらず、ベビーローションやマスカラにも使用されている。エリクソンが指摘するところでは、滑石という鉱物由来の物質タルクは直接使用されているだけでなく、チークやファンデーション、アイシャドーなどにも一般に使用されているが、化学的にはアスベストに似ており、動物に対して発がん性がある。タルクを性器部分に常用している女性は、卵巣がんのリスクが三倍になるという。マニキュアに含まれるトルエンは、大量に吸い込むと腎臓、肝臓、心臓にダメージを与える可能性があるため、環境保護庁から警告を受けている。アメリカでは、化粧品の使用によるアレルギー反応に関連して、年間二〇万人以上もの人々が救急外来を受診していると推定されている。

アメリカでは、食品や医薬品と同じレベルで化粧品を検査することは義務づけられていない。しかし、ホルモン補充療法のための皮膚用パッチからわかるように、皮膚への塗布は化学物質を体内に取り込む非常に効果的な方法である。このように、規制されていないさまざまな化学物質が、従来型の化粧品を日常的に使用している女性の体内に吸収されている。規制の欠如は、莫大な利益を生む化粧品産業の政治的影響力によって維持されている。中産階級が新たに急成長しつつある中国——同国では二〇一四年の化粧品売上高が年間二六〇億ドルと推定され、将来的に年率八%の成長が見込まれている——をはじめ、米国企業が中心になって市場開放を進めつつある国々では、規制はさらに緩和される可能性が高いと考えられている（*The Economist*, 2014）。

女性の身体への直接的なダメージ以外に、化粧品に使用される化学物質は、別の形でも環境にダメージを与えている。エリクソンが言うように、「何百万ガロンもの合成化学物質が毎日排水溝や下水に流されている」（Erickson, 2002, p. 9）。化粧品に使用される石油化学製品は、水路を汚染し、海洋生物にダメージを与える。化学物質が分解する際に生じる副産物は、ホルモンの働きを阻害し、その結果、性的発達を阻害する。これらのホルモン撹乱物質は野生生物に有害な影響を与える。化粧品業界では、製品のパッケージから大量の廃棄物が発生し、そこから毒素が土壌や地下水に染みこむ可能性がある。さらなる巻き添え被害の一形態として、化粧品や家庭用製品の安全性をテストする米国の研究所では、毎年一〇〇〇万匹から一五〇〇〇万匹もの動物が虐待され、殺されている。

とはいえ、エリクソンは化粧が不要であるとまでは主張していない。それどころか、彼女はどうやら本気で、「口紅は顔を生き生きとさせる最後の仕上げである」と主張している（ibid., p. 225）。彼女は化粧品の使用の必然性を受け入れ、天然成分で作られた製品を推奨したり、あるいは時間や財布に余裕がある場合には、化粧品を手作りするよう女性たちに勧めている。エリクソンが提案しているように、より身体的に有害ではない成分を用いた製品で化粧をすることができるなら、それは、この有害な慣行の一側面を軽減するのに役立つかもしれないが、他の有害な諸側面には影響を与えない。心理的な害、たとえば身体醜形障害（ＢＤＤ）の日常におけるさまざまな害、化粧品業界によって生み出された不完全さの感覚などは残るだろう。また、性的差異を創出する上での化粧の役割を減らすわけでもない。

以上見てきたように、日常の美容行為は、女性の時間、エネルギー、お金、気持ちの余裕を奪い取る。使用されている化学物質は女性の健康を脅かすものだ。女性たちは、これらの行為を行なう際、とくにそれに伴う痛みや不快感を和らげる方法を見つける際に、お互いに助け合ったりアドバイスをし合ったりするが、それは、被抑圧者のサポートネットワークと違って、女性たちの間の積極的な結合ネットワークの基礎をなすものではない。化粧という慣行を支持する人々は、化粧が女性の創造性を発揮する場を提供すると主張するが、それはかなり限定的なものだ。別に額に夕日の絵を描けるわけではない。職場でちゃんと役割を果たし、批判や差別から逃れるためには、厳しいルールに従わなければならない。他方、男性、あるいは化粧しない女性は、明らかに自分の時間、お金、労力、感情的なエネルギーを使って他にやるべきことを見出している。化粧は、性的役務の要求を満たすために、女性の人生とその才能を発揮するための時間からトータルで何年もの時を奪っているのだ。次の章では、女性の性的奉仕のもう一つの要件であり、女性にとってよりはっきりと有害なもの、すなわちハイヒールを履くことについて見ていきたいと思う。

第7章　足と靴のフェティシズム
――足を不自由にされる女たち

ハイヒールを履くことは、女性に痛みや障害をもたらし、しばしば足の永久的な変形をもたらす。このような有害な文化的慣行が西洋社会で存続していることには説明が必要である。男の靴フェチのバイブル『足と靴のセックスライフ』の著者であるウィリアム・ロッシは、「男性は、すべての発明の中で最も偉大なものが車輪だったのかハイヒールだったのか、いまだわからないでいる」(Rossi, 1989, p. 119. 初版は1977)と宣言することで、男たちにとって、女性の動きを不自由にする靴がいかに重要なものであるかを伝えている。ロッシは、ファッションデザイナーから売春店の常連客やポルノの消費者にまで至る多くの足フェチたちと同様に、ヒールの高い靴が女性にとって拷問具であることをよく知っている。彼はこう述べている。

> 高いヒールには実用的な意味がまったくない。機能的にも実用的にも価値がなく、靴に不自然に固定されている。立ったり歩いたりするのがひどく不安定になり、疲れやすくなる。安全性の問題もある。歩行上および身体上のさまざまな問題の原因とされている。(ibid.)

しかし、本章で見ていくように、足フェチにとっては、女性がこうむるダメージや痛みは、その強迫的な嗜好から得られる性的興奮の重要な一部なのである。本章で私は、変形し不自由となった女性の足に対する男性の性的関心が、中国の纏足や、高尚とされている西洋文化に特徴的な諸慣行――バレエシューズやハイヒール――を生み出しそれを維持する上で重要な役割を果たしていることを確認し、男性のセクシュアリティにおけるこのような側面が女性の生活に与える影響を解明しようと思う。

女性がハイヒールを履くことのうちには、男性支配の文化の要求を満たして男性に満足感を与えるポイントが他にもある。まずハイヒールを履くことで男女の差異をつくり出すことができる。ロッシが言うように、「男の子と女の子、あるいは男性と女性が顕著なスタイルの差異を持った靴を履かなければならない現実的な理由はない。唯一の理由は性的なものであり、男女の分離を示す徴《しるし》なのだ」(ibid., p.17)。女性は、公共の場でつま先立ちで苦労して歩いているので、すぐにそれとわかる。このように、ハイヒールは、男性が両足をしっかり地面につけてたくましく見えるという男らしさの役割を、女性の弱々しさをはっきり示すもので引き立たせる(complement)ことができる。男性の男らしさはそれによってより強力に確認することができる。女性が転んで足首を痛めるといけないので、女性が縁石に上がったり、車から降りたりするのを男が手伝わなければならないこともある。また、ハイヒールを履くことは、男性にへつらう(compliment)方法でもある。男性はそこから性的満足を得ることができ、この女性はフェティッシュな靴を履くほど自分たち男性のことを気にかけているのだと知ることができる。これは大いにへつらう行為だ。このように、ハイヒールを履くことは、男性を引き立たせると同時に、男性にへつらう強力な手段なのだ。

性科学とフェティシズム

セックスの「科学者」である性科学者《セクソロジスト》たちは、フェティシズムの中で足と靴へのフェティシズムが最も一般的なものであることに同意している。二〇世紀における最も重要な「性の預言者」と考えられている性科学者のハヴロック・エリス〔一九世紀後半から二〇世紀前半に活躍したイギリス生まれの医師・性科学者・心理学者〕は、足と靴への男性の「性愛の象徴化」（彼はこれをフェティシズムと呼ぶ）を、フェティシズムの「最もよくある」形態であると指摘した（Ellis, 1926, p. 15）〔ハヴロック・エリス『性の心理』第五巻、未知谷、一九九六年、二三頁〕。フェティシズムは主に男性の行動であるが、性科学者たちがこのことをはっきり言うことはほとんどない。彼らの説明によれば、さまざまなフェティシストは、全体としての女性ではなく、女性の一部やその衣服を性的興奮の焦点として選ぶ。そうである理由についてはさまざまな説明がある。ある人は、少年が最初に女性の体の一部や衣服の一部を意識することで興奮を経験し、そのことによって生涯にわたってそれがセックスを連想させるものになるのだと言う。しかしこれでは、なぜ女性がフェティシストになることが少ないのか説明できない。別の説明では、フェティシズムを去勢への恐怖と関連づけているが、その場合、フェティシズムの対象（フェティッシュ）はペニスの代わりだということになる。これは、フェティシズムが男性のものであることを説明できるかもしれないが、それは精神分析学を信奉している人々にとってのみだ。

エリスは、フェティシズムに関する他の男性批評家たちと同様、非ジェンダー的な言葉遣いをするのが通常なのだが、そのような言い回しはフェティシズムが男性的なものであるという事実を隠すことになる。とはいえ、いくつかそれらしいことを語っている場合もある。たとえば、「普通の恋人にとっても、相手の足は体の中で最も魅力的な部分の一つであるように思われる」（ibid., p. 15）〔前掲エリス『性の心理』第五巻、二三頁〕というような箇所だ。女性の読者は、パートナーの足を最も魅力的な部分と感じることはないだろうから、自分がここで言う「普通の恋人」ではないことを理解するだろう。彼が「少数だがかなり多くの人々にとって、足と靴が女性の最も魅力的な部分の一つになっている」と言うとき、「人々」というのが男性のことを指していることがわかる（ibid., p. 17）〔同前、二五頁。既訳では「人々」は「男性」〕。「いくつかの病的なケース」では、「女性そのものが足や靴ほど重要ではない添え物とみなされる」と言う（ibid.）〔同前〕。エリスは、フェティシズムはごく普通のことだと言う。「フェティシズムをはじめとする性愛の象徴化の諸形態は、性的淘汰の基礎の上に一般的に起きる結晶作用の発達とその分離にすぎない」（ibid., p. 111）〔同前、一三〇頁〕。この考えに基づくなら、〔フェティシズムを発展させない〕女性は普通ではない存在だということになろう。ロッシもまた、足フェチは正常であると言っているが、「人間という種は、人間が自然の形状から少し歪んでいることを好む」からだと言う（Rossi, 1989, p. 29）。言うまでもないことだが、女性が男性に対して自然の形状から歪んでいることを強く求めているとはとうてい思えない。

エリスは、フェティシズムが一段階上の恋人（男性）の行為であると言うことで、フェティシズムに非常に肯定的な価値を与えるに至っている。彼はフェティシズムの対象について次のように述べている。それは「平均的な乏しい感受性の持ち主にはまったく感知できないかもしれないが、より敏感で想像力に富んだ人にとっては、ある象徴が激しい情熱の結晶作用の焦点となる」（Ellis, 1926, p. 30）〔同前、四〇頁〕。女性の足に執着する能力のない男性は「乏しい感受性の持ち主」というわけだ。

エリスがこのようにフェティシズムに熱中したのは、彼自身が尿嗜愛という嗜癖の持ち主であったこと、つまり女性の排尿を見たり聞いたりするのが好きだったことと関係がありそうだ（Jeffreys, 1985/1997a）。これは彼にとって非常に重要なことだったようで、彼が――他の性科学者と同じく――通常のセックス、つまり性交について語っていたことを凌駕する意味さえ持っていたように思われる。彼は尿嗜愛をも性愛の象徴化に含め、「けっしてまれではない」し、自分のように優れた知識人である男性にも見られるものだとしている。「確固とした理性の持ち主のあいだにも見られるものだ」(Ellis, 1926, p. 59)〔同前、七四頁〕。それは「性的情動の正常なバリエーションの範囲内」で、「男性だけでなく女性にも起こる」と述べているが、その証拠は大して示されていない。ゲイ男性の性的文化にあっては、多くのゲイポルノの中や「ウォータースポーツ」〔尿プレイ〕と呼ばれる行為にそういうものが見られるが、レズビアン女性や異性愛女性の間ではまず見られないものである。

中国の纏足

性科学者や足病医、そしてロッシのような足フェチ評論家が指摘するところでは、女性の身体が歪んだり痛がったりする姿を見たいという男性のこの願望は、西洋文化における男性の性行動の異常さに還元できるものではない。中国ではそれは一〇〇〇年にわたって繁栄し、何百万人もの女性を不具にしてきた。しかし、足のフェティシズムを記録して喜んでいる人々によって示されているのは、この行為と西洋でハイヒールを履くことの間にかなりの共通点があるということだ。西洋女性の大半はその関連性に気づいていないだろうが、ハイヒールを履いて歩くと、纏足の場合永久にそうなるのと同じ角度で足が曲がる。中華帝国では、一一世紀以降、上流階級の女性が徐々に纏足を取り入れ、それへの反対運動が起こった一九世紀にはすでに、社会のほとんどの地域に普及していた。纏足は六、七歳の時に母親が行なう。何枚もの帯状の布で親指以外の足の指が足裏に縛りつけられ、足裏の母指球とかかとがくっつくほど、足の土踏まず(アーチ)が内側にギュッと折り曲げられて、次のような状態になる。

縛られているうちにしばしば肉が腐敗し、足裏から部分的に剝がれ落ち、時には一本ないしそれ以上の足指が腐り落ちることもあった。痛みは一年ほど続き、その後は軽減され、二年後には足がほ

とんど無感覚になり、痛みもなくなる。(Levy, 1966, p. 26)

その後、移動は困難になり、女性は専用のスツールを使って膝をついて部屋を移動するようになる。上流階級の女性は足が三インチ〔七・六二センチ〕になるまで縛るが、下層階級の女性はある程度動き回る必要があるので、五インチ〔一二・七センチ〕まで縛る。

男性がこの慣習を女性に強要した理由と、女性が自分の娘に強要した動機は、今日のハイヒールを履く理由を理解する上でも参考になる。一つの理由は、男性と女性の間に明確な差異を生み出すことだった。ハワード・レヴィの説明によると、保守的な思想家たちの考えでは、紅を塗ったり、化粧をしたり、耳にピアスをしたり、足を縛ったりすることは、「女性が、目に見えるあらゆる身体面において男性とは異なるものでなければならないという社会的規範に従うために必要な行為であった」(ibid., p. 31)。

もう一つの重要な理由は、この行為が男性に与える性的興奮だった。纏足をする結果として膣がより締まるようになり、処女と性交しているのと同じ感覚を得られるのだと男たちは主張した(ibid., p. 34)。彼らは、現代の西洋人男性がハイヒールから得るのと同じような満足感を纏足から得ていた。すなわち男性が挑発的だとみなす小股での歩行を強制することであり、「小さな歩幅とお尻が上下する動きは眼福の至り」(ibid.)というわけである。纏足の女性と結婚した中国人男性がレヴィのインタビューに答えているが、纏足での歩行の魅力に関するこの中国人のコメントは、今日のハイヒールでの歩行を彷彿とさせるものだ。彼は、纏足が廃止されたことで中国の女性が手に入れた自由な動きを否定し、「今の女性はみんな足が大きい。歩くときに跳んだり走ったりして、見ている人に優雅な気持ちを与えることができない」と語る(ibid., p. 282)。中国人男性は、不自由になった足にキスしたり、吸ったり、口に入れたり、ペニスを押しつけたりして遊ぶことで性的な喜びを得ていた。また、「足の指の間に入れたスイカの種やアーモンドを食べる」、纏足の足を洗った水を飲むなどしていた。纏足から満足感を得る一つの方法は、障害によってできた「たこを削る」女性を眺めることであり、これも、現代の足フェチがハイヒールが引き起こすダメージをまじまじと見ることで得られる満足感に似ている（Rossi, 1989）。男性が纏足を強要するもう一つの動機は、纏足によって女性の自由や自立性が制限され、貞節が守られることだった。纏足は一種の貞操帯のような役割を果たしていたのである。

女性たちは、痛みがあるのを承知で娘の足を縛ることを強要された。なぜなら、彼女たちには結婚以外の生活手段がなく、小さな足でなければ男性は結婚してくれなかったからだ。足が小さければ小さいほど、妻としてより望ましい存在になった。売買春においても同じことが言えた。一部の少女たちは家族によって売られ、売春向けに売るために育てられた。彼女たちは纏足を施されており、足の小さい売春婦は最も需要が多く、最高の価格で取り引きされた。このように、結婚や売買春において男性の間で女性を売買するために纏足が必要だったのだ。

中国では、一九世紀に纏足反対運動が起こり、一九三〇年代には纏足がほぼ廃止されるに至った。この運動の動機となったのは、近代化や進歩だけでなく、女性の平等への関心であった。一九七〇年代、欧米の新しい世代のフェミニストたちは、バレエのつま先立ち《オンポワント》やハイヒールの着用など、欧米に残る有害な美容行為には纏足と共通する本質的な要素が存在すると考えた。アンドレア・ドウォーキンは、纏足は「女性の社会的・心理的な劣等性を反映し永続させる」「政治的な制度」であると述べている（Dworkin, 1974, p. 96）。それは女性を「性的対象と繁殖者」の役割に「固定」するものだった。纏足は、「男女間の既存の差異を公式化した」というよりも、「男女間の〔社会的〕差異を創出する」ものであり、「一方の性別は、他方の性別を何らかの物、他者、自分とは完全に対極にあるもの、つまり女性と呼ばれるものにすることによって、男性になった」とドウォーキンは続ける（ibid., p. 107）。ドウォーキンは、この慣行が、男性が自分の満足のために女性を痛めつけ、不自由にすることを要求する方法を示していると述べている。女性を不具にすることで、男たちは、

> 彼女の苦しみを喜びとし、彼女の身体変形を崇め、彼女の自由を抹殺し、そのためには足の骨を破壊しなければならないとしても、彼女を性的客体（sex object）にするのである。残虐性、サディズム、抑圧が、ロマンティックなエートスの実体的な核として現われる。このエートスこそ、私たちが知っている文化の縦糸と横糸である。（ibid., p. 112）

現代の足フェチ男の中には、フェミニストの主張を否定し、あえて纏足を擁護する者もいる。J・レガノールは、その足フェチサイトで、纏足はハイヒールを履くことに似ていると語っている。「纏足もハイヒールも（つま先立ちのバレエシューズも）、足をエロティックに、あるいはセクシーに見せてくれる」。「そして、少女や女性は、お尻をもっと突き出し、背中をもっと反らせて、セクシーな歩き方をするようになる」（Leganeur, n.d.a）。彼は、纏足は合意の上で行なわれ、男性にとっては快感であり、女性の欲望の結果であると弁護している。

纏足の起源は、本書で取り上げた有害な美容行為の多くがそうであるように、売買春にある。それは一一世紀に宮廷の踊り子たちの間で始まった。これらの踊り子たちはお金と引きかえに性的に使用することが可能で、売春の一形態に従事していた。彼女らの行為は、日本の芸者やパキスタンの踊り子たちがやっていたことに似ている。後者については、フォージア・サイードの『タブー！　赤線地域の隠された文化』（Saeed, 2001）［フォージア・サイード『タブー――パキスタンの買春街で生きる女たち』コモンズ、二〇一〇年］で詳しく紹介されている。パキスタンの慣行では、男性客は踊りながら性的利用のために購入す

る少女を選び、踊りの目的は顧客を惹きつけることであったとされている。中国では、この慣行が売春婦から他の女性たちへと広がっていった。これは、売買春という有害な慣行が、その産業の外にいる女性たちにとっても「美」のモデルとなることを示す一つの例である。現代の纏足研究者であるドロシー・コウは、このような慣行の普及がどのようにして起こったのかを考察している。彼女は、「当時、屋内のあらゆるところから文人たちが科挙の試験のために都にやって来たが、その道中、『遊郭』、つまり売春宿で、絹の靴を履いてよちよち歩く芸妓たちを直接目にして魅了されたことだろう」と述べている（Ko, 2001, p. 42）〔ドロシー・コウ『纏足の靴――小さな足の文化史』平凡社、二〇〇五年、五六頁〕。中には、こうした女の子たちを買い受けて、家に連れて帰り、「お抱えの芸妓や側室」にする者もいただろうと彼女は言う。その際、「客間でその踊り子の歌と踊りを見物したであろう正妻」の姿を想像している。

怒りを覚えた（あるいは魅了された？）彼女が寝室に戻り、タンスの中をかき回して、新しい靴を作るための、金襴のきれはしや、自らの足を縛るための薄地の布切れを探している。（ibid.）〔同前〕

非常に興味深いのは、アメリカにおけるヒールの高い靴にも同じような出自が示唆されていることだ。ウィリアム・ロッシによると、一八五〇年代にフランス出身の「新顔」が、ニューオリンズの売春店にハイヒールを持ち込んだそうである。この靴は買い手にとって非常に魅力的だったので、マダム〔売春店の女主人〕は売春店で履くことを義務づけたという。その後、他の売春店でも採用されるようになった。男性の常連客は、妻にハイヒールを買うよう促したり、妻のために自分でパリに注文したりするようになった（Rossi, 1989, p. 127）。彼は、「したがって、アメリカにおけるハイヒールの導入と普及は、かの国の昔の娼婦たちのおかげなのだ」と熱心に語る（ibid.）。

纏足を美化する「フェミニスト」たち

ポストモダン系のカルチュラル・スタディーズの観点から纏足について書いているフェミニスト学者たちは、フェミニストに本来期待されるような全面的な非難をしていない。とくに二人のアジア人女性研究者ワン・ピン（Ping, 2000）とドロシー・コウ（Ko, 2001）〔前掲コウ『纏足の靴』〕は、アンドレア・ドウォーキンのような初期のフェミニスト批評家たちの洞察を投げ捨てている。纏足研究の第一人者であるコウは、纏足を女性抑圧との結びつきから救い出そうとしている。彼女は、纏足は一概に非難されるべきではなく、女性の抑圧とだけ関連づけられるべきではないと主張する。「現代における画一的な非難は、纏足の唯一顕著な真実である実践の多様性と意味の不安定さを覆い隠している」（Ko, 1997a, p. 8）。彼女は、纏足に関わる女性たちは、纏足を抑圧的だとは感じていなかったかもしれないし、「よく調べてみると、私たちの確信は、私たちとは異なる価値観や身体概念にもとづいて繁栄していた中国の過去に、現代の視点を無批判に押しつけたことに基づいており、まったくの誤りであることが判明するかもしれない」と述べている（ibid.）。別の論文では、彼女は、纏足を全面的に否定的に捉える動機は、一九世紀から二〇世紀初頭にかけて植民してきた西洋人の視点に起因すると指摘しているが、これは、土着の反纏足運動から生まれた全面的な批判について私たちが知っていることとは、およそ一致しない（Ko, 1997b; Levy, 1966）。実際には――と彼女は言う――纏足の意味はそれを見る人の視線の中にある。したがって、纏足は「絶対的で非時間的な意味の核に還元できないため、外国人を苛立たせる行為」であった（Ko, 1997b, p. 24）。これらの植民者たちは、『内なる真実』を明らかにするために纏足を解くのに忙しすぎた」ため、「外国人は、纏足の意味が常に構築されたものであり、したがって常に見る人の価値観の関数であることを知ることができなかった」のである。彼女はこのようにして、文化相対主義的なポストモダンの視点を採用している。それは、どんな慣習であっても、それはあまりにも多義的で、人によって解釈が異なりうるので、女性抑圧的なものとすることはできないという、実に陳腐なものだ。

ドロシー・コウの著作『一足歩めば蓮の花』(Ko, 2001)〔前掲コウ『纏足の靴』〕は、纏足用に作られた靴の大きな写真が派手に掲載されたフルカラーの写真集である。しかし、纏足、とくにそのために作られた靴をテーマにした写真集を作ることには問題がある。この種の本の主要な市場は靴フェチ男であり、女性に対するこのような残酷な扱いに対する彼らの興味関心を掻き立てることになるからだ。コウはこのような足フェチ読者のことを重々承知している。この本の最初の方で彼女は、纏足がフェミニスト的批判の最たるターゲットであるとはいえ、自分がそのような批判を共有していないことを示唆する言い回しで次のように述べているからだ。「纏足に対する私たちの反応はまったく否定的というわけではない」(ibid., p. 10)〔同前、一三頁〕。この文章の「私たち」とは誰なのか? それは、美術館で靴に施された刺繍を鑑賞する人たち、「官能小説や絵画の中で、男が恋人の足を愛撫する情熱的シーン」を楽しむ人たち、そして彼女が「纏足の臆面もない愛好家や靴フェチ」と書いている人たちのことである(ibid.)。この足フェチたちについて、彼女はこう説明する。

> 彼らは足を弓状に曲げる機械さえ発明した。……足を縛る纏足用の機械の大衆市場を見つけるのは難しいだろうが、きれいな足を称賛すること自体は、私たちの文化を含む多くの文化に深く浸透しており、このことに異論を唱える人はまずいないだろう。(ibid.)〔同前〕

この機械はアーチストレッチャーと呼ばれ、足フェチたちのサイトで宣伝され、足フェチのポルノでも大いに流行している。そうしたサイトでは、足フェチたちが要求する極端な形のハイヒールの靴を履けるように、女性がこの装置で足のアーチの部分を伸ばしている様子がアップされている。コウが、縛られた足を変形したものとしてではなく、「愛らしい」と表現しているのは驚きだ。彼女の本の目的は、「纏足の起源と一九世紀以前の普及の歴史を、女性文化および物質文化の視点から明らかにし、より示唆に富んだ新たな纏足像を提示することにある」(ibid., p. 15)〔同前、一九頁〕という。彼女は、『女性は美の被害者だった』とか『男性が小さな足をフェティシズムの対象にしていた』というありきたりの説明は、完全に間違っているわけではないが、あまりに単純化している」と説明する(ibid.)〔同前〕。彼女は「当事者の大変な身体的痛みを伴うことを否定する」つもりはないが、「いわば彼女たちの靴の中に足を入れながら」この行為を説明したいと言う。

コウが説明するように、纏足は他の有害な文化的慣行と同様に、女性から少女へと受け継がれる一個の伝統となった。

ひとたび纏足が習俗として確立されると、「伝統」を守ること自体が、母親たちにとって纏足を娘たちに受けつがせる強力な動機となった。時代が変遷するとともに、纏足をめぐる豊かな一連の儀式が生まれ、親戚や友人たちの間で纏足用の靴を交換することが行なわれるようになった。男性の目に触れることなく女性たちの部屋でひっそり行なわれたこうした儀式は、女性の技術を称え、そのアイデンティティの中心をなすものとなった。(ibid., p. 17)〔同前、二〇頁〕

女たちが有害な慣行を継承していくための儀式の発展は、化粧やハイヒールなど、西洋で現在も行なわれている多くの慣行にも共通している。母親が自分の娘に教える。コウはこれらの儀式を次のように思い描いている。「娘の最初の纏足は、女たちの部屋の奥深くで、時には祖母や叔母の手も借りながら、母親の指示のもとに行なわれ、その儀式の過程に男性が立ち入ることはなかった」(Ko, 2001, p. 54)〔同前、七二頁〕。メアリー・デイリーが『ガイン／エコロジー』（Daly, 1979）で指摘しているように、そこに男性がいないからといって、男性がこれらの慣行の執行者ではないということではなく、ただ男性の責任を曖昧にすることができるだけである。コウはこの儀式を、彼女が似ていると考えているアメリカの儀式と比較している。「それは娘がやがて大人の女性になるための厳粛な行事であり、花嫁になるための一〇年に及ぶ準備の最初のステップであり、いわばスイート・シックスティーン・パーティー〔主にアメリカやカナダの習慣で娘の一六歳の誕生日を祝う成人式パーティ〕の前奏曲であった」（Ko, 2001, p. 54）〔前掲コウ『纏足の靴』、七二頁〕。しかし「スイート・シックスティーン・パーティー」は必ずしも無害なものではなく、西洋で少女たちが苦痛を伴う女らしさを身につける、かなり野蛮な行事なのかもしれない。しかし、コウはそれを無害なものとみなしているようで、したがって纏足との比較はかなり軽々しくなされている。少女が纏足用の靴に足を入れるときの説明も、同じく明るい調子で描かれている。

足の先端、つまり親指は靴の尖った先端にぴったりと収まるが、足の甲の部分は開放されてゆとりが残されている。特徴的な形のかかと部分は非常に浅く、靴のふちに取りつけられている留め具と紐で、バレエシューズのように、くるぶしに固定しなければ、靴は脱げてしまう。（ibid., p. 99）〔同前、一二七頁〕

『美のために折り曲げる』（Ping, 2000）を書いたワン・ピンは、纏足の肯定的な側面を強調することを選んだもう一人の現代フェミニスト研究者である。彼女によれば、一〇〇〇年以上にわたって、「中国の女性たちは、纏足と書き物という、家父長制に基づく最も抑圧的な二つの規範を、女性の文化に変えていった。彼女たちは纏足（binding）を、女性の家族や親戚、友人同士の絆（bonding）に変えたのだ」（ibid.,

p. 227)。男性支配のもとで生存の秘訣を教え合うために結びつくことは必要なことかもしれないが、それは賞賛に値する女性の主体性と創造性の事例を示すものというよりも、抑圧への適応を意味するにすぎない。

バレエシューズ

西洋の高級文化の象徴であるバレエシューズの背景にも、女性の痛みや身体の変形に興奮する男たちの存在があると思われる。バレリーナがつま先立ちをしているときの足の形は、纏足をしている足やハイヒールの中の足の形に似ている。しかし、バレエでは、女性は踊ることが前提されており、その結果生じる痛みやダメージに耐えることが求められる。男性の観客がこの重要な西洋の文化的慣行から得る喜びの大部分は、中国の男性をかくも魅了した纏足女性の制限された歩行に似た、ひどく締めつけられた足によって生み出される「優美」な女性の踊りを見ることに由来すると思われる。一部の人々にとっては、そうした行為に伴う痛みやダメージを知ることでいっそうこの行為に対する興奮が高まることだろう。一一世紀に足を縛って踊ることを奨励した中国の皇帝は、今日における男性バレエ愛好家の先駆者と言える。つま先立ち《オンポワント》は、一九世紀初頭にバレリーナのマリー・タリオーニが考案したと言われている。

バレエダンサーのトニ・ベントレーは言う。「一八二二年にデビューしたタリオーニは、クラシックバレエにつま先立ちを持ち込み、それ以来、時にふらついたり多くの痛みを伴いながら、今もそれが用いられている」(Bentley, 1984, p. 88)。当時のバレエシューズは現在よりもずっと頑丈でなかったので、それによる苦痛はもっと大きかったはずである。現在でも、バレエシューズはこのような運動にはまったく適しておらず、非常に弱く、サポート(インソール)も入っていない。観客は、バレリーナをアスリートとしてではなく、優雅さに満ちた芸術的存在だとみなしているので、インソールの入った靴を用いることは許されていない。このような靴は、もちろん男性の足フェチの観客を満足させるものだ。ベントリーは、トウシューズはもっと長持ちする材料で作られるべきなのにそうなっていないと説明する。「革、ゴム、プラスチック、合成樹脂は派手で、ごつごつしていて、痛くて、そして何より醜いからだ」(ibid.)。

プロのダンサーは一週間で一二足以上もの靴を必要とするという事実からも、バレエシューズが頑丈でないのは明らかだ (ibid.)。シューズが用途に合致していないため、それを履く前に叩いて形を整えなければならない。

> 新品のトウシューズは、私たちにとって、飼いならさなければならない独自の意志を持った敵のようなものだ。ドアの蝶番、ハンマー、ペンチ、ハサミ、カミソリの刃、消毒用アルコール、ぬるま湯、そして筋力を組み合わせて、セメントの壁に何度も叩きつけながら、われわれは新品の靴を文字通り曲げたり、破ったり、伸ばしたり、濡らしたり、平らにしたりして、硬い不動の状態から、よりもの静かで、より受動的な形にするのだ。(ibid.)

ベントレーは、つま先立ちという「バレリーナの象徴的な姿」は、初期のポワントシューズの痛みから生み出されたものだと述べ、それを纏足の習慣になぞらえている。「一九世紀のトウシューズは、中国人が幼い娘の足を縛ったように、また編み上げたコルセットがおしゃれな女性の体を縛ったように、ダンサーの足を縛った」(ibid.)。一九五〇年代以前には、シューズのサイズは一種類しかなく、どのシューズも「サテンで覆われた革の細長い筒状のもの」で、「足を理想的な美学的形状の中に無理やり押し込む。すなわち、そこに入る素足とは似ても似つかない人間離れした形の細い先端のシューズにだ」と彼女は説明する。現在のトウシューズは、少し幅が広くなってサイズも豊富になっているが、さして改善されていないと彼女は指摘する。

ベントレーは、所属するバレエ団がロンドンのシューズメーカーを訪れたときのことを語っている。シューズが女性の足に負担をかけるため、定期的な訪問が必要だった。それぞれのバレエダンサーには専用の製作担当者がいたが、常に男性であり、彼女たちの足が被った変形に合うようシューズを加工することができた。バレエによって生じた足の変形は以下の通りだ。

> 中足骨の幅が広くなり、平らになった。さまざまな隆起、腫れ、魚の目、タコができ、変形したり、取れたりした。腱や骨棘、足首の神経が痛むために、靴のかかと部分をほとんど削らなければならないこともあった。(ibid.)

二〇〇〇年の『ガーディアン』紙の記事では、こうしたダメージの一部が紹介されている。「バレリーナのサテンのスリッパを剝がせば、外反母趾、水ぶくれ、マメ、曲がった足の指がずらっと出てくる」(Mackrell, 2000)。バレエダンサーのサラ・ワイルダーは、つま先の骨にかかる圧力のせいで足の指の間にマメができて最悪だったと語る。彼女はマメを削って何とかコントロールしているが、「足の第四指と第五指の間に、本当にひどいぶよぶよのマメがある」ので、効果的な治療は骨を削る手術しかないだろうとのことだ(ibid.)。ある理学療法士は、バレリーナがつま先立ちや衝撃を吸収しない靴でジャンプすることによる疲労骨折について、次のように述べている。「足をスキャンをすれば、潜在的ないし実際の疲労骨折をしているすべての箇所がはっきりわかるが、普通の人であればそういう箇所は一つもなく、クラシックバレエのダンサーだとたいてい数ヵ所はある」。ジュディス・マックレルは、マゾヒズムがバレリーナのイメージの一部になっていると説明し、「私たちは、つま先で踊る技術を習得するために父親から気絶するほど厳しい練習を強いられたタリオーニや、血まみれの足跡を残して舞台を降りたアンナ・パブロワの話を、畏敬の念をもって読みふけった」と語っている。サラ・ワイルダーは言う、「本当につらい。演技中は痛みのことを忘れているけど、ステージから降りると足が死ぬほど痛い」(ibid.)。

足フェチが中古のバレエシューズを欲しがるのは、履いた人が受けた痛みをそれが象徴しているからだ。水ぶくれから出る血や膿は、観客の靴フェチを興奮させ、「最も熱狂的なファンは、お気に入りのダンサーがパフォーマンスをした時に履いていた、汚れたシューズを欲しがる」(ibid.)。このような靴へのフェティシズムは、タリオーニの時代から見られた。彼女のロシア人ファンは、彼女のスリッパを調理し、ソースをかけて食べたと言われている (Carter, 2000, p. 81)。このような形態のフェチ的行動は、纏足用靴の信者が靴から酒を飲んだり、匂いを嗅いだり、味見をしたりしたのと似ている。バレエシューズがフェチたちにもたらす興奮は、足フェチのお気に入りアイテムの中でも最も過激な「ハイヒール」が「バレエヒール」と呼ばれていることからもわかる。

「ジェニー」なる人物が開設した靴フェチ用ウェブサイトには、ヒールがしだいに高くなって履くのが困難になっていく靴を履いた女性の足の写真が掲載されている。二・五インチ〔約六センチ〕から始まるが、「この程度ならまったく問題なし!」というコメントが添えられ、しだいに高くなるにつれて、「もっと高く」「練習が必要だ」「フェティッシュだね」というコメントを経て、八インチ〔約二〇センチ〕の「バレエヒール」に至ると、「無理!」というコメントになる (Jenny, n.d.)。この「バレエヒール」は、先端はつま先立ちの状態になっているのだが、それを支えるためのヒール部分がかかとについている。歩くのはとても無理だし、足フェチ・ポルノで女性がこのヒールを履いているのは、ほとんどが横たわっている状態のときである。親切にも、ジェニーのサイトでは、足の土踏まずの部分を伸ばすために使用できる木製や金属製のさまざまなフットストレッチャーの詳細が紹介されており、女性が実際に使っている様子も紹介されている。

ハイヒールを求める男たち

西洋文化圏の男性がハイヒールを好む理由には、中華帝国における纏足に対する男性たちの態度に似ている点が多い。ロッシの本は、彼のような足フェチがなぜ女性にハイヒールを履かせようとし、それ以外の靴をけなすことでハイヒールを押しつけようとしているのかをよく表わしている。彼は、女性の靴は「セクシー」「セックスレス」「中性」「バイセクシャル」という四つのカテゴリーに分けられるという。彼の好みのカテゴリーは「セクシー」であり、「足を小さく見せ、土踏まずと足の甲をより大きくカーブさせ、脚をより長くより細くして、腰とお尻をよりくねらせる」ためには、スリムなヒールが必要であると説明している (Rossi, 1989, p. 90)。靴は肌にぴったりとフィットするもので、つま先が尖っているか、先細りになっているものがいい。「四角いつま先や丸いつま先、ずんぐりしたつま先の形は、どんなに流行していても、女性の靴と足をセクシーでないものにしてしまう」(ibid.)。また、彼は「〔足の〕半裸状態」を「セクシー」な靴の要素として捉え、業界では「スローライン〔パンプスを履いた時に露出する甲のライン〕」と呼ばれる部分の「デコルテ」効果について書いている〔「デコルテ」は通常、深い襟ぐりの服を着たときに肩から胸元にかけて肌が露出した部分を言う〕。「セクシー」な靴は、デザイナーや足フェチたちが「足指の谷間」と呼ぶものを露出させており、これは足で胸の谷間を再現している。ロッシが感情も露わに嫌悪している「セックスレス」な靴に対する彼の説明の仕方は、女性に不自由さと苦痛を強いる男性支配文化における「実用的」シューズへの嫌悪感を見事に表現している。彼によれば、「セックスレス」な靴は、『実用的な』靴、『快適な』靴、『整形靴』といった名前で知られており、業界では『老婦人のランニングシューズ』とも呼ばれている」(ibid., p. 93)。それは、「単調で、地味で、精彩を欠いた外観で、ヒールは低いか平らで、たいていは男っぽいビジネスシューズかヒモ靴で、つま先は丸いか少しふくらんだ形をしている。個性も女らしさもない。ちょうど、歯の神経を抜いて、歯が死んだようになるのと同じだ」(ibid.)。

しかしロッシは、誰がこの靴を「セックスレス」と感じるのかをめぐって混乱に陥る。一方で彼は、このような靴を履くのは「たいていの場合、性的に消極的な女性」であり、それは次のような女性たちだと言う。

> 救世軍やメノナイト〔質素な生活を送り、平和と非暴力を信条とする再洗礼派〕、アーミッシュなどの信仰団体のメンバーや特定宗教に属する女性、または足に深刻な病気を持った女性。また、性心理的な抑制や神経の問題を抱えた女性が、セックスレスな靴を「歩く貞操帯」として用いることもある。あるいは、自分の外見を意図的に男性化するブッチタイプ（男役）のレズビアンもいる。(ibid., p. 94)

しかし、そのまさに同じページでロッシは、「セックスレス」な靴は、足が「大地との本格的な接触」を可能にするため、履く人に性的な刺激を与えると述べている。彼は足病医を引用してケーススタディで裏づけをとり、この主張を本の他の部分でも繰り返している。女性はフラットシューズの方がよりセクシーな気分になり、逆にハイヒールによる足の変形のせいで性的反応が阻害されるというのだ。この論理に従えば、ハイヒールを履いているのは「性的に興奮していない女性」であり、「セックスレス」な靴を履いているのは「性的に興奮している女性」ということになる。この混乱は、彼がセクシーさを、ヒールに対する男性の足フェチの性的反応と同一視していることから生じたものであり、そのせいで彼は、ヒールが女性のセクシュアリティ、健康、移動能力、安全性に与える有害な影響を真剣に受け止めることができないのだ。

ロッシが具体的に挙げている唯一の「セックスレス」な靴の着用者は、エレノア・ルーズベルトである。第三二代アメリカ大統領フランクリン・ルーズベルトの妻であったエレノア・ルーズベルトは折り紙つきのフェミニストであり、数々の功績の中でも、一九四八年の世界人権宣言に女性の平等を盛り込むという功績を残した。また、エレノアはある女性と長く交際していた。彼女は履き心地を重視して、整形靴専門の靴職人に特別に靴を作ってもらっていた。彼女は女性にとって素晴らしいロールモデルであり、実用的な靴へのこだわりはその一つだ。彼女には、男性に性的興奮を与えることより他に、人生にはやるべきことがあったのだ。

ハイヒールがセクシーなのは誰にとってなのかという点でのロッシの混乱は、同書の後半でも続いている。彼は何のエビデンスもなしに次のように断言している。「女性はＳＭの喜びをハイヒールを履くことから引き出している。マゾヒズムは、女性が通常耐えている足の苦痛や変形に起因している。その〔男性への性的アピールという〕効果を知っているので、その痛みを快楽として感じるのだ」(Rossi, 1989, p. 119)。女性たちのまったく預かり知らぬことだが、ロッシによると、ハイヒールは女性のサディズムの象徴でもあるそうだ。「そのサディズムはヒールそのものの男根主義のうちに存する。女性が男性器の力を手に入れたかのように感じるのだ」(ibid.)。実際には、女性たちはさっさと家に帰って靴を脱ぎ、お湯の入ったボールに足をつけてほっと一息つきたいと思っている。この回復法について、私はロンドンの地下鉄でラッシュアワーの時間中にオフィスワーカーの女性たちが何度もそういう話をしているのを耳にしたのでよく知っている。靴が女性に与えるダメージは、「女性の立場からすると、より現実的には、快楽の傷やセックスの痛みとみなされるべきである」とロッシは言う (ibid., p. 150)。どうやら彼は女性の視点を理解する特権を持っているようで、女性が男性や自分自身に快楽を与えるために進んで足の変形を行なってきたとみなしている。

他方、ロッシは、男性が「ハイヒールを履いた女性を目にする」ことでサディスティックな快感を得ていると指摘している。それは、「ハイヒールを履いた女性の不安定さや不快感を見て、男の支えにより頼らざるをえなくなっている」のが実感できることからくるものだ (ibid., p. 121)。彼がハイヒールの「エロティック・マジック」と呼ぶものは、ハイヒールが「歩幅を小さくし、無力さや束縛性を示唆するような小刻みな歩き方をさせる」ことで、歩行を「女性化」することに由来する。「これは、多くの男性の騎士道精神やマッチョな性質に訴えかける」(ibid.)。さらに、この足フェチ男は、ハイヒールの中での足のピンと伸びた形状が「性交時、とくにオーガズムや射精の時の足の反射的な形を模倣」していること、その際、「お尻を後ろに突き出す」ことを知っているという (さっさとハイヒールを脱ぎたがっている女性にはまったく初耳だが) (ibid., p. 122)。多くの男性は、これらの靴が女性に与える影響について、奇妙なファンタジーの世界に生きているとロッシは主張する。男たちは、「ハイヒールが……女性器の『性的温度を上げる』ことにもなり、その結果、女性の性欲を高めると信じている。もちろん、証明されたことも検証されたこともないが」(ibid.)。これは、中国の足フェチ男性が、纏足によって膣内が締まって性交の快感が増すと考えていたのと同じレベル、同じタイプのファンタジーである。これらの性的神話は、東洋と西洋で驚くほどよく似ている。

ハイヒールが女性に強いる不自然な歩き方が引き起こす性的興奮は、男性が獲得する最も重要な快楽の一つであるようだ。ロッシはこの点についてかなり詳しく説明している。

女性の歩き方はセクシーになることができるのと同じく、セクシーでないものになることもできる。足の位置や状態によって、歩き方の「セックスレベル」が大きく変わる。すなわち、歩き方が性的に興奮させるものにも、しらけさせるものにも、どちらでもないものにもなりうるのだ。(ibid., p. 140)

セクシーでない歩き方とは、「より安定的に歩けるよう、両足を広げて足の裏を地面にべったりつけて歩くときに起こる」。男性にとって、女性が二本の足でしっかりと地面を踏みしめているような歩き方をするのはセクシーではない。男性にとっては、女性が両足を「著しく接近させて」歩くことが最も刺激的である。これにより「女性の束縛という古くからの概念と結びついた小刻みな歩行」が生まれる、とロッシは説明する(ibid., p. 142)。男性は常に何らかの方法で女性を「閉じ込めよう」としており、それは、女性に「強制」されてきた「足枷をされているような歩き方」に表われている(ibid.)。そして男性は、女性が足枷をされた奴隷のように歩く姿を見て興奮するというのだ。このような歩き方は、ヒールの高い靴だけでなく、タイトスカートでも実現されるとロッシは説明する。

タイトスカートは、スリットが入っていてもいなくても、女性の歩幅を小さく優雅に保つためにデザインされ、着用されてきた、ほとんど普遍的な服装だ。一八世紀まで、結婚式では花嫁の足首にチェーンやカバーが着けられていたが、これは妻が伝統的に夫に束縛されていることを意味していた。(ibid.)

ハイヒールは、女性の姿勢を変え、新しいシルエットを作り出すことで、男性に別の形でも興奮を与える。「体の姿勢は、竹馬の上で不安定にバランスをとっている、胸を膨らませた鳩のようになる」(ibid., p. 147)。ロッシは、歩くことの主たる価値が「運動、精神的なリラックス、美的な楽しみ」にあるという考えを鼻であしらっている (ibid., p. 148)。「女性の歩行の主な価値」は、彼が「エロシズムに心を奪われた観客」と呼ぶ人々(つまり男性)にとっての「エロティックな刺激物」となることである。女性は歩くというよりも、むしろ「人を楽しませる《パフォーム》」と彼は言う (ibid.)。彼はここでポストモダン理論の初期バージョン、つまりパフォーマンスとしてのジェンダー (Butler, 1990) について語っているのではなく、女性が歩くことの唯一の機能は、痛みに耐えて窮屈そうに歩くことで、男性に快感を与えることだと言いたいのだ。

最も重症の足フェチは、何よりも女性が経験する痛みから真の喜びを得る。ロッシは「女性が窮屈な靴を履いて明らかに苦しそうに歩いているのを見て、性的に興奮して勃起する男性は少なからずいる」と言う。ある男性は、「女性が窮屈な靴で死にそうだと言っているのを聞くと、それだけですぐに勃起してしまう」と告白している (Rossi, 1989, p. 155)。重症の足フェチにとっての女性に対する興味関心は、まさにその関心の不在によって際立つものとなる。たとえば、ロッシによれば、「おそらく同類たちの多くを代表していた」ある足フェチは、「世界中の女性を足首から切り離すことができるなら、くるぶしから下の部分をくれさえすれば、あとは全部他のやつにくれてやる」と言っていた (ibid., p. 172)。この種の逸話は中国の纏足の歴史に出てくる一七世紀の反乱軍指導者、張献忠〔明朝末期に反乱を起こし、一六四三年に武昌を拠点として「大西王」を称した。四川省に入ったときに大虐殺を行なった〕の話を彷彿とさせる。彼は二つの省を占領した際に、「女性の足を切断して積み上げ、『金蓮の花びら』を作った」という (Ping,

2000, p. 32)。現代西洋のある足フェチは、「(自分の) 妻の両足の親指に……刺青をほどこして、ほぼ完璧なレプリカのペニスのようにした。この足フェチはこれを使ってフェラチオの疑似体験をした」(Rossi, 1989, p. 215)。この男は妻の体の一部を性具にしたのだが、それが彼女の人生にどんな影響を与えるかはまったく気にしていなかった。彼女はビーチでどのように感じたことだろう。靴だけで十分なフェチたちは、靴をながめながら自慰して射精することができる。そのような靴は、歩くことができないほどの高さがある。フェチたちにとってのもう一つの用途は、通常四つん這いの状態で、ヒール部分をアナルに挿入することだ (Finkelstein, 1996)。

足フェチ男たちのウェブサイトは、男性がハイヒールから得る満足感について知ることのできる有用な情報源だ。これらのサイトは、作成者や投稿者の性別を伏せる傾向がある。J・J・レガノールのサイトでは、ファーストネームが使われていない。「ジェニー」が運営するサイトでは、ジェニー本人も「ディスカッション・フォーラム」に書き込んでいる人々も、男性名としてだけでなく女性名としてもよく使われている名前を用いているのだが、はっきり言って全員男性だと思われる。ジェニーやレガノールをはじめとする多くの男たちは、女性に生まれた人がハイヒールを履くことを賛美するだけでなく、自分もハイヒールを履いていると書いている。また、ハイヒールを履くための足の鍛え方や、ハイヒールを履くことで避けられない健康上の問題に対処するためのハンドブックを書いたりしている (Leganeur, 2000)。これらは一見、女性を対象としているように見えるが、よく読むと男性を対象としているのは明らかだ。ヒールの履き方に関するハンドブックは、男性のハイヒールフェチの指南書のようであり、女性がこのような本に惹かれるとは考えにくい。MtFトランスセクシャルのサイトや、その他のトランスヴェスタイトのサイトに見られるような、変に女っぽい調子の文章が多い。このような内容を微に入り細に穿って書く男たちやそれを読む男たちが、性的な満足感を得ていることがうかがえる。たとえば、読者は「ジェニー」に次のように教示される。

適当な高さの靴を見つけたら、それを履いて、全身が映る鏡の前でまっすぐ横向きに立ってみて。ちなみに、これは全裸か、ブラとパンティだけの状態で行なうのがいいわ。そうすることで、自分の体の姿勢がよくわかるから。自分の体重や重心が前に移動していることに気づくはずよ。(Jenny, n.d.)

女性がこのようなアドバイスを必要としているとは思えないが、ヒールを履くように育てられていない男性にはありがたいかもしれない。とくに、正しい歩行を身につけるための詳細な指示がそうだ。ジェニーはとくに、「つま先がつっかえ」てしまうほど小さい靴を買うよう読者にアドバイスしている。まさに女性はワンサイズないしハーフサイズ小さい靴を買って履く傾向があるが、足病医は、女性の足にダメージを与えるという理由でそれを厳しく非難している。

ハイヒールを履く人の中には、「立っているときや歩いているときに足首が左右に揺れる」という「ぐらつき」などの問題を引き起こす人がいるが、「これは多くの場合、ふくらはぎや足首の筋力や技術が十分に発達していない履き手の責任」だとジェニーは言う (ibid.)。ジェニーは読者に、走ることは「足首やかかと、あるいはその両方を間違いなく壊すことになる」ので考えない方が良いと言っているが、女性にも走る必要はあるのではないか。ジェニーは読者に「スティーヴンのタイトスカート・ページ」などの他のトランスヴェスタイト系サイトを紹介している。「女性」の装身具に性的興奮を覚える男たちの足フェチ・靴フェチは、強力なオンラインネットワークを構築しており、彼らのそれぞれ専門的な嗜好に応じた何千ものサイトにリンクしている。

靴フェチは異性愛男性だけの問題ではない。アメリカでは、同性愛男性による足と靴のフェチ団体

「フット・フラタニティ」というのがあり、一〇〇〇人もの会員がいる。この同性愛者の足フェチたちは、女っぽい足や履物にではなく、男っぽい足や履物に興味を持っている。二六二人のグループメンバーを対象とした調査によると、彼らの主な関心事は、きれいな足（六〇％）、ブーツ（五二％）、靴（四九％）、スニーカー（四七％）、臭い靴下（四五％）であることがわかった（Weinberg *et al*, 1994）。研究者たちは、同性愛者の足フェティシズムは、伝統的な性差に関係しているという点で、異性愛者の足フェティシズムに似ていると主張している。異性愛者の足フェティシズムは、「ハイヒール、ストッキングなど」による「女らしさの喚起」に集中している（ibid., p. 618）。彼らは次のようにコメントしている。「このように、同性愛者のフェティシズムも異性愛者のフェティシズムも、ジェンダーを喚起することで機能する。そして、一般的に性的興奮の根底にあると思われるのは、文化的に構築された性差（gender differences）である」（ibid.）。回答者の三分の二はＳＭに何らかの関心を持っており、男性的な履物への関心は「支配と権力を強調するシナリオとよく合致している」（ibid., p. 622）と述べている。

ハイヒールがもたらす健康被害

有害な文化的慣行と認められるための最も重要な基準は、女性と少女の健康に対するダメージである。ハイヒールの場合、深刻な健康被害を示す証拠は山ほどある。アメリカ整形外科学会が実施した靴に関する国際調査では、一〇人中八人の女性が、主にハイヒールのせいで足が痛いと回答している。この二〇〇一年の調査では、五九％の女性が毎日一時間以上、履き心地の悪い靴を履いており、その理由として七七％が「仕事」や「スタイル」を挙げている。痛みの原因として最も多く報告されたのは、タコとかかとの痛みであった（Ananova, 2001）。また、二〇〇一年に行なわれた別の調査では、女性の五人に一人が、パートナーや雇用者を喜ばせるための靴を履いているため、足の痛みに悩まされていることがわかった。この調査では、一〇人に一人が「見た目がよければ、履き心地の悪い靴でも履く」ことがわかった。また、この調査結果によると、ファッションに敏感な女性でも、三人に一人しかハイヒールを履いていないことがわかった。八〇％以上の人が、足の問題を解決するためだけに、履いている靴のタイプを変えることはない。六人に一人は、横幅がぴっちりした靴だと足が締めつけられると答えている。英国の研究チームは、女性の四人に三人が、六〇代になるまでに深刻な足の問題を抱える可能性があると推定している。研究を主導した足病医は、「女性の足の健康が改善されるのは、ファッション性の有無にかかわらず、健康的で足にちゃんと合った靴が社会の規範となったときに限られる」と述べ、メーカーは足の健康を優先していないと語った（BBC, 2001）。

長期間ハイヒールを履くことで、外反母趾や内反小趾などの深刻な健康被害が発生し、さらにふくらはぎの筋短縮（筋を伸ばさない状態を継続することで起こる筋傷害の一つ）やアキレス腱の損傷により、女性がハイヒールなしでは歩けなくなることもあるのだが、フェチ男性たちはむしろそのことに大きな満足感を得ている。J・J・レガノールのサイトはこれらの問題にもかなりのページを割いて書いている。他のフェチからのメッセージも掲載されており、ある投稿者は次のように書いている。「アキレス腱が永久に短縮した女性の実話を読みたい。どこで読めるか教えてくれませんか？」（Leganeur, n.d.b）。このウェブサイトの「健康問題」セクションには、これらの問題に悩まされる可能性の最も高い女性について書かれている箇所があり、それは「路上売春婦やＢＤＳＭ（サドマゾ緊縛）の女奴隷で、激しい緊縛を実践している女性」であるとされている（ibid.）。緊縛・調教ＳＭの奴隷たちは、おそらくパートナーの男性によって、以下のように「させられる」ことがある。

ハイヒールをずっと、あるいはほとんどの時間履いている。中には、二四時間三六五日ハイヒールを履いている女性もいる。……また、足に何日もハイヒールが錠前で固定されることもある。南京錠をはめられたハイヒールの靴やブーツ、ボンデージ用に販売されているハイヒール用ロック装置などがある。……バレエブーツを履いて立つと、ふくらはぎの筋肉やアキレス腱が圧迫されて極度に短縮し、たいていは痛みを感じるようになる。バレエブーツが作られた理由の一つは、それを履かせて罰を与えることだ。十分なパッドがなければ、バレエブーツを履いて立っていると、足の指が傷ついて出血したり、壊疽を起こしたりして、足の指を切断したり、切り落としたりしなければならないこともある。(Leganeur, n.d.b)

この引用文でレガノールは、このような靴で女性を拷問し、それによって生じる痛みに心からの満足を露わにする男性サディストについて、有益な洞察を与えている。つまり、郊外の家の閉じられたドアの向こうで、男性が女性を「奴隷」として支配し、非常に残酷な行為が行なわれているということだ。二〇〇四年にヴィクトリア州で起きた事件では、ある男性が、女性を自宅のガレージで奴隷として飼育し、それに伴う数々の犯罪を犯していた。二、三日ごとに庭で冷たい水を浴びせたこと、友人の前で女性に自分の排泄物を食べさせたこと、地面に置かれた画びょうの上に倒れるまで全裸で逆立ちさせたこと、等々。この男は、このような苦痛と残酷さを伴う諸行為で起訴された(Silkstone, 2004)。

美容外科医は、女性の足を切り刻んだり注射したりして、見た目を良くしたり(とくにヒールのせいで足の形が変形した場合)、いま流行りのヒールを履けるようにしたりするという、確実に儲かる新しい専門分野を開発している。彼らの行なう外科手術には、「足の指を短くすること、足の横幅を狭くすること、コラーゲンやその他の材料の入った脂肪体を注入すること」などが含まれる(*Surgicenteronline*, 2003)。たとえば、「クールタッチ」という医療サービスでは、女性が不自由な靴を履く際の痛みを軽減するためのレーザー治療を行なっている。この治療法は、「足裏の母指球を刺激してコラーゲンの生成を促し、ふっくらさせる」というもので、医師はこう説明している。

それは皮膚の一番上の層である表皮層には影響を与えないレーザーであり、その下で破壊を起こす。その下の層を刺激してコラーゲンの生成を促すので、靴を履くことができるのである。一番の問題は、母指球の裏の部分が焼けてしまうことだ。（*USA Today*, 2000）。

この治療には四〇〇ドルかかり、効果は三〜六ヵ月間持続する。

どの外科医がどのような診療を専門としているかという情報を患者に提供している「美容整形情報」というウェブサイトは、女性たちにこう語りかけている。「足の美容整形なんてと思うかもしれませんが、けっしてジョークではありません。サンダルの季節に、曲ったつま先が恥ずかしくて外に出られないようなら、楽しむことなんてできません。足の手術は、足の指をより魅力的にするだけでなく、痛みを和らげることもできるのです」（Cosmetic Surgery Resource, n.d.）。手術はおそらく、ハイヒールが引き起こす外反母趾などの変形を取り除くために行なわれるのだろう。ウェブサイトでは、「合併症として、術後の感染、腫れ、出血などがある」ため、手術後は「数日間、足を高くして過ごす」必要があると説明されている。費用は五〇〇〇ドルである。外反母趾には遺伝性のものもあり、合わない靴を履くとき以外は必ずしも痛みを伴うものではない。また、長期にわたってハイヒールを履き続けた結果である可能性が高いのに、女性はそのような靴をなお履き続けるために治療を受けるのである。

また、手術そのものが原因で、ひどい痛みや障害を引き起こすこともある。『ニューヨーク・タイムズ』紙のある記事では、六〇歳の言語病理学の女性教授がこうむった悲惨な話が紹介されている。彼女は、ハイヒールが引き起こした「激痛」のせいで履くのを断念したのだが、娘の結婚式でもう一度ハイヒールを履くことができるよう手術を受けた。彼女が受けたのは外反母趾を除去する手術なのだが、その結果、「痛みは他の足の指にも広がり、ずっと治らなかった。……突然、何を履いても歩けなくなってしまった。私の足は、比喩的に言うと、死んでしまった」(Harris, 2003)。彼女は、「もう裸足で歩くことも、特別にデザインされた靴以外のものを履くことも、二度とできないだろう」と悲観している。この記事によると、足病学の専門家団体である米国整形外科足病学会は、二〇〇三年一二月に不必要な足の手術を非難する公式声明を発表している。足病学会は女性に対し、足は非常に複雑な構造をしており、患者が歩く能力を完全に失ってしまう可能性があるため、痛みの軽減以外の理由で足の手術を行なうべきではないと警告している。記事によると、最近の調査に回答した米国整形外科足病学会の会員一七五名のうち、半数以上が足の美容整形手術によって生じた問題を抱えた患者を治療したことがあると答えている。英国でも足の美容整形手術が行なわれているが、英国のある整形外科足病医は、痛くなければ外反母趾の治療を受けるべきではないと警告している。「外反母趾の除去は、骨を切り裂く大手術です。大変な痛みを伴います。ですから、最初から痛くないのであれば、これ以上痛みを増やさないようにするべきだと言いたい」(Lane and Duffy, 2004)。

しかし、このような残酷な行為で利益を得ている足病医たちはあまり反省していない。スーザン・レヴィン博士は、ヒールの高い靴を履くことは、男性を喜ばせることになるので女性にとってきわめて重要であると言う。「平均的な女性にフラットシューズではなくヒールを履かせると、急に街で口笛を吹かれるようになる。……私は彼女たちが再びハイヒールを履けるようにするために、できるかぎりのことをする」(Harris, 2003)。このような外科医は、外反母趾や内反小趾などの症状の手術をするだけではなく、ヒールの高い靴やサンダルを履くのに適していない形をしていると本人が思い込んでいる、まったく普通の足の手術も行なっている。彼らは、「モルトン趾」と呼ばれる、親指よりも長い第二指を矯正することを提案している。そういう指はもって生まれたものなのだが、先端部分が開いたサンダルでは見苦しく見え、きつい靴に押し込むと折れ曲がってしまうので、外科医はこれを切って短くするのだ。女性の中には、自分が履きたいファッション・シューズに合わないという理由で、足の小指を切ろうとする人もいる。ここには中国の纏足とのパラレルな関係がはっきりと見出せる。足と靴に対する男性のフェティシズムの欲するところに合わせて女性の足を切り刻むのだ。一生歩くことが困難になることもあるこの手術の残酷さは、二一世紀初頭に西洋で行なわれている美容行為がますます残酷で侵襲的なものになっていることを示す一例である。

非難される女性たち

女性非難（woman-blaming）は、男性支配の仕組みを隠蔽するために用いられる一般的な手法である。たとえば、男性犯罪学者や男性弁護士は、〔性被害に遭ったのは〕被害者が不適切な服を着ていたからだと言ったり、母親が息子にあまりにべたべたしすぎたことや逆に離れすぎたことが息子が犯罪者になった原因だと言ったり、妻が虐待的な夫よりも高い教育を受けていることがＤＶの原因だと言ったりする（Jeffreys, 1982）。これらの説明はすべて、男性の責任から目をそらし、下位の性階級〔女性〕に責任を負わせるものだ。そのことによって、支配的な男性階級は無傷でいられ、手つかずのままに置かれる。男性が実行者であることが明らかな場合でさえ女性に責任を負わせることができるとすれば、男性が直接的な役割を果たしていないように見える美容行為に関して女性を非難することがとくにはびこっているのは、何ら驚くべきことではない。

足フェチのレガノールは、纏足を説明するのにこの女性非難の手法を用いている。それは「男性支配の問題ではまったくない」(Leganeur, n.d.a)。それどころかそれは、もっぱら女性だけに関係することだと言う。

それは女性によって行なわれていた。娘の足を縛っていたのはたいてい母親だった。……中国の纏足の背後にもあらゆる点で女性の痕跡がある。纏足の過程はとても恐ろしく、縛られていた足をほどいてみると、とてもグロテスクで、男なら誰でも恐怖を感じることだろう。纏足は、娘が皇帝や富豪と結婚することを願った母親が考案したものである可能性が高い。(ibid.)

ラディカル・フェミニストの理論家であるメアリー・デイリーは、男性の責任を消し去るこの種の「女性非難」は、彼女が「サド的儀式」と呼ぶもの、すなわち、男性を喜ばせるために多様な文化圏で女性に対して行なわれている儀式を構成する要素の一つであると説明している。彼女は纏足についてこう言っている。「この儀式はあからさまに男性中心的なものであるにもかかわらず、『正しい学問研究規則』の実践者たちは、女性がその儀式の発案者であり、管理者であり、正統化する者であるかのように書いている」(Daly, 1979, p. 140)。女性はこの「サド的儀式」において「名目上の拷問者」として利用され、その結果、女性たちの間で「憎しみと不信」が蔓延する。デイリーは、女性に責任を負わせる男性的な学問研究のあり方を「サド的学問」と呼び、学校の教科書、大衆雑誌、テレビ番組などを通じて女性に刷り込まれ、「女性の自己嫌悪と他の女性への不信感」につながっていると述べている(ibid., p. 141)。

ヒールの高い靴の復活

ヒールの高い靴は、一九七〇年代のフェミニズム運動の影響を受けて、西洋のファッションにおいて一時的に重要性を失った。当時、女性たちが得た利益の一部は維持されている。女性が歩いたり走ったりできる「実用的」な靴が、靴屋でファッショナブルなものとして売られている。しかし、二一世紀の最初の一〇年間で、ハイヒールが再び高級ファッションになったのは、靴フェチのデザイナーたちがそれを復活させたからである。ハイヒールの信奉者には、ヘルムート・ニュートンなどのファッション写真家、靴デザイナーのマノロ・ブラニク、ファッションデザイナーのトム・フォードなどがいる。第5章で引用したように、フォードはハイヒールを履いた女性を、性的に興奮するとつま先立ちで歩きたがるヒヒになぞらえてていた。

極端なハイヒールが女性ファッションのトレンドとして復活したことに貢献した男性デザイナーは何人もいるが、最も有名なのはマノロ・ブラニクである。彼の靴は『アブソリュートリー・ファビュラス』〔一九九二年から続いているイギリスの人気コメディ番組〕や『セックス・アンド・ザ・シティ』などのテレビ番組で有名になった。彼のフェティッシュな関心の大きさは、彼がわざわざ、履けないような靴を作ったことからも明らかだ。「世界で最も崇拝されている靴職人が、商品化が不可能なほど破滅的な靴を一足作った」(Tyrell, 2001)。この履けない靴とは、「三・五インチ〔約九センチ〕のチタン製ヒールが、わずか一〇分の一インチの幅にまで細くなっていっている」というものだ(ibid.)。本格的な足フェチにとっては、女性よりも靴の方がはるかに重要なのだ。ブラニクにとって靴は女性そのものになっている。彼は自分の靴を、あたかもさまざまなタイプの女性のように表現する。

この靴は……どちらかというとシックな女性である。『マリ・クレール』や『エル』〔どちらも女性ファッション誌〕の影響を強く受けている。……これは、地中海の女向けの靴だ。……彼女〔彼は靴を「彼女」と呼んでいる〕はライム色のヴェルサーチのミニのドレスを着て、胸が突き出ている。……彼女はジャイプール〔インドの都市〕の出身だ。……彼女はパリに来た。……現代のココット〔フランスの高級娼婦〕だ。(McDowell, 2000, p. 125)

ブラニクが言うには、ヒールをデザインする時には十分気を遣わなければならないが、それは履く人のことを考えてではなく、ちゃんと作らないと靴が脱げ落ちてしまい、靴が売れなくなってしまうからだ。ブラニクの靴は非常にファッショナブルなので、マドンナのように男性の性的理想を表現することでキャリアを積んでいる女性たちには必須のものとなっている。『セックス・アンド・ザ・シティ』のサラ・ジェシカ・パーカー――このドラマの一エピソードで彼女扮する女主人公が履いていたマノロの靴のせいで強盗に遭ったシーンは有名だ〔彼女が強盗に襲われたとき、「フェンディのバッグも、時計も指輪も持って行っていい、でもマノロ・ブラニクだけはやめて!」と叫んだ〕――にとっては、その痛みやダメージはたいした問題ではないようだ。彼女は言う、「彼の靴を履くには、その履き方を学ばなければならない。それは一朝一夕にはいかない。でも今では私は、外を走ってタクシーを呼ぶことができる。六番街を全速力で駆け上がることもできる。もっとも足がすっかりだめになってしまったけど、気にしない。足って何のためにあるんだっけ?」(Tyrell, 2001)。ジョーン・リヴァーズ〔アメリカの人気女優、コメディアン〕は、ブラニクの靴を履くと売春婦になったような気分になると言う。彼女は彼の靴を「淫乱パンプス」と表現し、「マノロを履くだけで、通りかかるすべての男性に自動的に『ハーイ、水兵さん』と言っているようなものだ」と付け加えた(ibid.)。ブラニクは「足指の谷間」を見せることにも熱心である。「指の谷間を見せる秘訣――それは靴のセクシーさを表現する上で非常に重要な要素だ。最初の二つの割れ目だけを見せるようにしなければならない」(McDowell, 2000, p. 156)。

この一〇年間に、男性の靴デザイナーの中には、ブラニクの例にならって、女性の足を拷問する道具を作って有名人になった人が何人もいる。マドンナやヴィクトリア・ベッカムなどを顧客に持つ、ゲイの靴デザイナー、クリスチャン・ルブタン〔フランス出身の高級靴デザイナー〕もその一人である。彼の靴作りは、性産業の価値観やフェティシズムから直接インスピレーションを受けている。一六歳のときにパリのストリップクラブ「フォリー・ベルジェール」で見習いをした彼は、パリの売春婦が履いていた高いピンヒールを見て、高いヒールの靴をデザインするべきだと悟った。一九五〇年代の女性靴を愛してやまなかった彼は、女性靴が女性の快適さと平等により適していた一九七〇年代には、このような痛みを伴う靴を探したが無駄に終わった。しかしついに、ある被買春女性が自分のファンタジーに合った靴を履いているのを発見した。それ以来、彼は、女性が地面に足をつけることを可能にする靴ではなく、お金をもらって男性の性的関心に奉仕する女性たち〔被買春女性〕に適したフェティッシュな靴を女性に履かせたいという願望をつのらせた。

あるインタビュアーから、あなたがデザインした靴は安全と健康にとって危険なほどヒールが高いのではないかという質問を受けたとき、ルブタンは「自分はフェミニストたちよりもフェミニスト的だ」と答え、フェミニストが「よりにもよって」(と彼は言っている)そのようなことを言うかもしれないという考えだけで憤慨した。このようなフェミニストの考え方は、「本当に女性を馬鹿にするもの」であり、女性は「愚か」ではなく、「フェミニストが作ったルールに従って物事を行なうわけでもない。信じられないほど時代遅れの考えだ。誰もヒールの高さを命じてはいない。私は誰の頭にも銃を突きつけたりしない」(Ramaswamy, 2012)。二〇一二年にロンドンのデザインミュージアムでルブタンの靴の展覧会が開催されたことも、彼の名声の表われだ(Kennedy, 2011)。

J・J・レガノールなら纏足を擁護することもできるだろうが、それにもかかわらず、もし纏足が今日も続いているとしたら、ほとんどの人がそれを有害な文化的慣行だと認識したことだろう。それは、有害な文化的慣行としてのすべての基準を満たしているからだ。男女の役割が固定化されていること、女性の従属から生まれ、男性の利益のために行なわれていること、伝統によって正当化されていること、明らかに女性と少女の健康を害していること、などである。纏足とハイヒールには多くの類似点があるにもかかわらず、西洋にも何らかの文化的慣行が存在しうると認識している人であっても、後者の慣行〔ハイヒールを履くこと〕が有害な文化的慣行であると一般に理解されることはないだろう。この違いは、同意の有無にもとづくと思われる。女性器切除の場合と同じく、子どもに行なわれる行為が同意を得られないのは明らかだ。六歳や七歳の女の子にはどこにも逃げ場所はない。彼女たちは、性器切除を押しつける人たちに依存している。理論的には、西洋の成人女性は、エレノア・ルーズベルトのように、履きごこちのよい靴を選ぶこともできる。しかし、女性のファッションにおいてヒールの高い靴が重要な位置を占め続けていることは、メアリー・デイリーが「サド的社会」(Daly, 1979) と呼ぶところの、女性に自傷行為を要求する力を反映している。ヒールの高い靴は、次の章で検討する女性の身体を切り刻むその他の諸行為（豊胸手術、美容整形、ピアッシング＆カッティング）と同様に、社会的地位の低い社会集団――すなわち女性――による自傷行為の一形態として理解することができるのである (Jeffreys, 2000)。

第8章　切り刻まれる女

——代理的自傷行為としての美容行為

この数十年の間に、女性や少女に求められる美容行為は、ますます身体に対して侵襲的なものになっていった。それは切ったり、血を流したり、肉や皮膚の下に異物を入れたりすることを求めている。その残虐性の度合いは、フェミニストが美容行為を批判していた一九六〇年代や一九七〇年代のものとはかなり異なっている。当時、「美」の創造は、ほとんどが身体の表面に限られていた。その後、たとえば、豊胸手術がアメリカ文化において美容行為として社会的に受け入れられるようになった（Haiken, 1997）〔エリザベス・ハイケン『プラスチック・ビューティー——美容整形の文化史』平凡社、一九九九年〕。この行為は、女性の身体に対する深刻な自傷行為の一形態である。しかし、それは男性支配下で必要とされる美のルールに合致しており、したがって恐怖すべき対象ではないとみなされている。アンドレア・ドウォーキンが指摘するように、美容行為はしばしばかなりの痛みを伴うのだが、女性は「その性来の性質」とされているマゾヒズムに従ってそれを受け入れることを期待されているのだ（Dworkin, 1974）。

一方、若い女性がプライベートで自分の身体を傷つける行為（リストカットなど）は、美のルールにそぐわない自傷行為であって、懸念すべきもの、社会的に望ましくないものとされている（Favazza, 1996; Strong, 1998）〔アルマンド・R・ファヴァッツァ『自傷の文化精神医学——包囲された身体』金剛出版、二〇〇九年〕。かつては、虐待や社会的地位の低さのせいで女性たちが自分の部屋の中で密かに行なっていた私的な身体損傷が、一九九〇年代には、カッティング〔医療用メスで皮膚を切って模様を入れる手法〕やピアッシング産業の基盤となり、「身体改造Eマガジン」などのウェブサイトで、男性のポルノ的なフェティシズムの定番となった（Jeffreys, 2000）。カッティングやピアッシングは、専門店で「アーティスト」によって行なわれることで、今や新しい日常的な美容行為としての地位を獲得している。私はここで、私的な身体損傷と、現在では美容産業やポルノの一部となっている身体損傷との間には関連性があることを主張したい。これらの行為はすべて、社会的地位の低さを示すものである。女性や他の被抑圧集団、たとえば一部のゲイなどは、私的にも公的にも、美容整形のような社会的に受容されている方法であれ、焼き印《ブランディング》〔模様の形をした鉄を熱く焼いてそれを皮膚に押しつけることで、身体にその模様を焼きつける行為〕のようなまだ受容されていない方法であれ、体を傷つけている。彼女ら・彼らは、女性やゲイを嫌悪する社会からの憎しみを自分の体に刻んでいるのだ。

二〇世紀後半、精神科医やサイコセラピストたちは、西洋社会で流行していると思われた、切ったり、穴を開けたり、焼き印を入れたり、その他の方法で身体を傷つける自傷行為に着目し、その原因を探った（Favazza, 1996）〔前掲ファヴァッツァ『自傷の文化精神医学』〕。この流行は、明らかにそれと関連している摂食障害の流行と同様、とくに若い女性に影響を与えていた（Shaw, 2002）。男性の評論家はこの点を無視する傾向があるが、フェミニストの実践家や著述家たちは、女性の置かれた条件と非常に明確に関連している問題として分析している（Strong, 1998）。フェミニストの分析によると、自傷行為は低い社会的地位、幼少期ないし成人期における身体的・性的虐待の経験と関係していた。私は別の論考で、美容整形、性転換手術、四肢切断同一性障害〔身体完全同一性障害とも呼ばれ、自分の健康な手足を切断したいと願う精神疾患〕、その他の形態のＳＭのように、女性や一部の男性が自分の体を切り刻むよう他人に求める行為は、代理的自傷行為（self-mutilation by proxy）と理解すべきだと提起した（Jeffreys, 2000）。外科医、ピアッシング専門店の職人、サディストなどの代理人たちは、自傷行為において通常は自傷者自身が私的に行なっている役割を担っているのである。これらの代理人は、身体損傷行為を行なうことで、経済的利益ないし性的興奮、あるいはその両方を得る。切除行為は主に女性に対して行なわれるが、特定のカテゴリーの男性に対してもなされるので、ここではそのことも検討対象とする。代理的自傷行為がますます過激になるにつれ、それを政治的分析に付すことがますます必要になっているし、また、外科医がそのような自傷行為を幇助することを防ぐために、どこに制限のラインを引くべきかを明確にする必要性が高まっている。

女性の自傷行為

自傷行為は、圧倒的に少女や若い女性の行動である（Shaw, 2002）。最も一般的な形態は、カミソリやその他の鋭利な道具で前腕を切りつけること（リストカット）だが、体の他の部位を傷つけることもある。セイラ・ショーは次のように説明している。「幼少期の性的・身体的虐待や感情的なネグレクトが、後の自傷行為の発展につながるという研究が数多く存在する」（ibid., p. 193）。これは非常によく見られる行動である。マリリー・ストロングは、アメリカで二〇〇万人もの若い女性が定期的に自傷行為を行なっていると推定している（Strong, 1998）。この行動は通常、プライベートで行なわれている。女性の自傷行為に関するフェミニストの分析によると、「女性の発達、癒し、表現のための適切な機会を提供できない文化において生じるトラウマ、侵害、沈黙」に関連した苦痛の感情を和らげるために行なわれていることが示唆されている（Shaw, 2002, p. 201）。自傷行為をする人々のあいだで女性が圧倒的に多いことから、自傷行為は女性の低い地位と関連していると考えられる。男性からの暴力や虐待、男性支配の文化によるその他の被害から経験する怒りや痛みのはけ口を持たない少女や女性たちが、自分の体を攻撃するのだ。多くの場合、こうした女性たちは自分の身体から感情的に切り離されている。虐待を生きのびるためにこのやり方を学んだのである。自傷行為は、彼女らが作り上げた障壁を破り、「感じる」ことを可能にする。若い女性たちの間での自傷行為の増加は、ティーンの少女たちの精神的・身体的な健康問題が増加しつつあるという文脈と符合している。たとえば、二〇一四年に保健社会情報センター（Health and Social Care Information Centre）が発表した統計によると、イギリスにおいて一五〜一九歳のティーンの少女たちは、極度のストレスで病院に入院する可能性が中年男性に次いで最も高いグループであることがわかった（年三〇〇〇件の入院）（Siddique, 2014）。

興味深いことに、女性の自傷行為は、ファッションや美の規範に合わせるために他人や自分自身が女性を傷つけることとは違って、社会的関心を引き起こす、とセイラ・ショーは指摘する。女性の身体に対する自傷行為は、男性が性的満足を得るような形でなされるとはかぎらないし、むしろ、男性に不快感を与えることさえあるかもしれない。ショーは、女性の自傷行為を「文化的規範を侵犯する形で自分の身体をコントロールし客体化する」こととみなしている（Shaw, 2002, p. 206）。彼女は、「西洋の美的規範に奉仕しない形で女性が自分の身体を客体化し傷つけることは、文化的に許されていない」と言う（ibid.）。自傷行為に関するフェミニストの分析の中には、この行動を家父長制への積極的な抵抗の一形態として称賛しているものもあるが、ショーはそうではない。「結局のところ、自傷行為は女性自身の自由を掘りくずし、女性の可能性を制限するものであり、自殺の試みに道を開く危険性もある」（ibid., p. 209）。

一九九〇年代、代理的自傷行為は、ピアッシングやカッティング、タトゥーなどの業界で流行した。虐待や抑圧に対する絶望と、自分に向けられた怒りから生まれた私的な自傷行為は、ピアス業者たちによって利用されたのだ。西洋諸国の都市部には多くのピアッシング専門店が設立され、さまざまな形の自傷行為を提供して加害者たちに利益をもたらしている。これらの専門店や個人事業主が提供する受傷の形態は、へそピアスから、カリフォルニア州の元広告会社役員ファキール・ムサファーが行なったような、胴体にまっすぐ長い針を突き刺すという極端なものまでさまざまであった（Musafar, 1996）。これらの行為は、パンクファッションとゲイ男性ＳＭという二つの主要な源泉から生まれた（Jeffreys, 2000）。商業的な自傷行為の繁栄は、かつては賛同者の間でも風変わりで規範侵犯的とみなされていたゲイＳＭを主流文化の仲間入りをさせ、その行為を他の社会グループにまで拡大した。これは、ある論者が主張するように、「逸脱行為の主流化」とみなすことができる（Leo, 1995）。ジョン・レオは、「乳首や性器へのピアスは、西海岸のホモセクシャルなＳＭ文化の中から生まれた」とはっきり述べており、とくにピアスショップの「ガントレット」から生まれたとしている。ガントレットは一九九五年には三店舗を擁するようになり、「エリザベス・アーデンのサロン〔カナダ出身の事業家エリザベス・アーデンが第二次世界大戦後に開始した上流階級向けのサロン〕と同じくらい話題になった」という。レオは、「ピアッシングはバイク野郎の文化やパンクの中で大いに人気を博していた」と言い、「ピアッシングはしだいにアウトローのイメージから脱却し、ミュージックビデオやロックスター、モデルを通じて、多感な若い人々向けに大衆市場を見出すようになった」と述べている（ibid.）。ゲイの男性ファッションデザイナーは、ピアッシングをしたモデルをファッションショーのランウェイに登場させ、かつてゲイであることを象徴した行為を、従来の若い女性や一部の若い男性の身体に刻み込んでいった。これらの行為は、ニューエイジ哲学によって正当化された。つまりそれは、アフリカやその他の非西洋人の行為を反映した「部族的」なもので、「現代の原始人」によって行なわれているのだとされた（Camphausen, 1997）。しかし、このような行為が規範侵犯的なものであるという考えは、すぐに支持されなくなった。たとえば、ドイツの研究者が二〇〇六年に行なった調査では、一四～二四歳の女性の四一％が身体改造、ピアッシング、タトゥー

をしていた (Stirn *et al.*, 2006)。二〇一〇年のイギリスの研究では、一六〜四四歳の二九%がタトゥーを入れており、二三%がそれを後悔していると報告している (*Daily Mail Reporter*, 2010)。

ピアッシングやタトゥーの施術は、身体に深刻なダメージを与え、医療上の緊急事態を引き起こすこともある。「ボディ・ピアッシングとボディ・ブランディング (焼き印) は最新の流行」という記事で引用されている皮膚科の教授は、「(ピアッシングの) 一〇〜一五%が感染を引き起こす」と述べている (Donohue, 2000)。問題の大半は黄色ブドウ球菌や連鎖球菌によるものだ。ピアスをほどこした多くの患者を診ている別の皮膚科医は、シュードモナス菌の感染は危険であると警告している。「耳の軟骨にシュードモナス菌が感染すると」、「耳の軟骨を溶かす (ママ)」ことがあるので、「緊急事態になる」(ibid.)。その他の問題としては、性器や鼻などの粘膜部分やおへそへのカンジダ性感染症がある。感染症は「外傷による傷口」から生じることもある。この皮膚科医は、ピアスでケロイドや瘢痕組織ができる人はピアスをすべきではないし、糖尿病の患者もピアスをしてはいけないと警告している。ゴールドマン教授は、焼き印《ブランディング》は「想像を絶するほど痛い」ので、「自分や友人にクリップなどの金属製の材料で焼印をしないようにすべき」であり、「焼き印を専門の仕事としている人を紹介してもらうべき」だと述べている。ピアッシングは、「結核、破傷風、肝炎、毒素性ショック症候群」など、さまざまな感染症を引き起こすことが知られている (Hudson, 2001)。舌へのピアスは、「ピアスの材料を飲み込んだり、吸い込んだり、深刻な嚢胞形成、瘢痕形成、神経や静脈へのダメージ、神経腫」、「歯へのダメージ」など、さまざまな問題を引き起こす可能性がある (Tongue Piercing, 2000)。

さまざまな種類の身体改造が一般化し、地元のドラッグストアや専門店でもできるようになると、アウトローを気取る者たちはより過激な施術をしなければならず、身体改造はますます危険で身体破壊的なものになっていった。去勢や四肢切断といった身体改造の究極形態については、この章の後半で検討する。

社会的に奨励される自傷行為——美容整形と豊胸手術

カッティング、ピアッシング、タトゥーは、美容行為のレパートリーに最近加わったものであるにもかかわらず、若い女性やゲイ男性の新しい支持層の間でたちまち一般的になり、社会的に受け入れられるようになった。セイラ・ショーが指摘するように、男性支配のこの歴史的段階における「美の基準」を達成する目的で代理人が行なうこの種の自傷行為が、社会的に承認され、西洋文化の一部の地域で規範的な地位を獲得していることは驚くべきことではない（Shaw, 2002）。深刻な代理的自傷行為の最も一般的な形態は美容整形であり、この行為は圧倒的に女性に影響を与えている。

エリザベス・ハイケンは、『ヴィーナスの嫉妬』（Haiken, 1997）〔前掲ハイケン『プラスチック・ビューティー』〕の中で、社会の価値観と慣行に革命的変化が起きて、そのことがアメリカ社会における美容整形をノーマルなものにしたことを明らかにしている。一九八二〜九二年に、アメリカでは美容整形を認める人の割合が五〇％も増加し、反対する人の割合は六六％も減少した（ibid., p. 4）〔同前、一五頁〕。患者の八〇％が女性であり、外科医の大半が男性であることから、美容整形は有害な文化的慣行としての基準の一つを十分に満たしている。美容整形は、一九二〇年代にアメリカで起こった美人コンテストや美容産業の発展と同時期に始まったと彼女は言う。ハイケンの指摘するところでは、美容整形は、男性支配を解体しようとしたフェミニストの試みが失敗したことの現われであるとみなすことができる。「美容整形が成長産業でいられるのは、アメリカの女性たちが『社会』と呼ばれるものの改革を断念して、その代わりに、老いによる身体的変化に対する最も賢明で効果的な対応策として外科用メスを入れる人たちが増えたからである」（ibid., p. 172）〔同前、二七一頁〕。ハイケンが指摘するように、美容整形は常に女性を性差別的で人種差別的な社会における美の規範に合わせるためのものだった。アメリカ的規範に適合しない女性は、自分自身を切り刻むしかなかったのだ。そのため、二〇世紀半ばには、「ユダヤ系やイタリア系のティーンの少女たちが、高校の卒業祝いに鼻を整形していた」(ibid., p. 197)〔同前、三一二頁〕。

しかし、豊胸手術は他の美容整形に比べて新しく、一九六〇年代初頭に始まったものだ。その起源はいわゆる性革命にあり、売買春において男性が女性を買うという行為が、性的リベラリズムのイデオロギーを通じて社会的に脱スティグマ化された(Jeffreys, 1990, 1997b)。アメリカでは、ポルノやストリップを通じて性産業が急速に拡大した。豊胸手術は、当初は「ヌードダンサーやラスベガスのショーガール」によって行なわれていた(Haiken, 1997, p. 246)〔前掲ハイケン『プラスチック・ビューティー』、三八三頁〕。この初期の時代に、男性向けポルノを楽しむために胸を大きくする方法は、インプラントではなくシリコン注射だった。ハイケンの言うところでは、ストリッパーたちは、毎週少しずつ注入していって、片方の乳房ごとに合計で約五〇〇ccもシリコンを注入していた〔同前、三八六頁〕。

この有害な文化的慣行が被害者の健康に及ぼす影響は非常に深刻なものだった。シリコンには「移動する傾向」があった。リンパ節やその他の身体部位に移動し、しこりとなって乳癌の発見を妨げてしまう。「シリコンを注入したあげく、最悪の場合、〔壊死して〕乳房を切除するはめになることもあり、そこまでいかなくても、この処置を受けた人はみな四〇歳になるまでには『垂れ下がった乳房』になることが避けられなかった」とハイケンは述べている(ibid., p. 249)〔同前、三八七頁〕。一九七五年には、「外科医の推計によると、ラスベガスだけでも一万二〇〇〇人以上の女性がシリコン注入を受けたという。また注入後一年から一四年のあいだに、変色から壊死まで各種のトラブルを訴えた女性は年に一〇〇人以上にのぼった」と報告されている(ibid., p. 251)〔同前、三九〇頁〕。

やがてシリコン注入に代わってシリコンのインプラントが登場したが、健康への影響が懸念されたため、一九九二年四月にアメリカ食品医薬品局がインプラントの使用をほぼ全面的に禁止した。インプラントを入れられた女性はたいてい、手術後に乳首の感覚を失ったり、瘢痕組織によって乳房が硬くなってしまうという被膜拘縮などの問題に見舞われた。シリコンが禁止されているところでは、生理食塩水インプラントが好まれた。それでも一九九五年には、『グラマー』誌が男性に「もし痛みがなく、安全で、無料だったら、あなたの妻や恋人に豊胸手術を受けるように勧めるか」と質問したところ、五五％が「はい」と答えた（ibid., p. 284）〔同前、四四〇頁〕。この数字は、女性に豊胸手術を受けさせる圧力がどこから来ているかを示している。

二一世紀になると豊胸手術の有害性がよく知られるようになったにもかかわらず、女性が性的役務の規範に従うために危険な異物を体内に埋め込むべきだという要求は、依然として強力なものでありつづけている。二〇一一年、フランスのメーカーによる重大な不正行為が発覚したことで、この豊胸手術の人気は一時的に落ち込んだ。ＰＩＰ製インプラントを製造していたポリ・アンプラン・プロテーズ（ＰＩＰ）の創業者は、人体への使用が認められているシリコンではなく、通常はマットレスの詰め物に使用される工業用シリコンを使用していたとして、二〇一三年一二月に懲役四年に処された（*Sydney Morning Herald*, 2013）。ＰＩＰ製インプラントは、不正行為が発覚した二〇一〇年にフランスで禁止された。工業用シリコンが使用されていたのは、認可されたシリコンジェルの一〇分の一の値段という安価なものだったからだ。フランスでの三万人を含め、世界中で四〇万人もの女性に使用されていた。女性たちは、多くの国で補償とインプラント除去を求める運動を展開し、一定の成功を収めた。イギリスとオーストラリアの保健当局は、ＰＩＰ製インプラントに含まれる工業用シリコンの成分と、インプラントを受けた女性たちが訴えた健康被害との間に関連性はないと報告した。しかし、イギリス議会の保健委員会が設置したオンライン相談フォーラムにアクセスした女性たちは、さまざまな深刻な症状を報告した

(Health Committee, 2012)。アクセスした一九二人の女性たちは、鋭い痛み、ズキズキとした痛み、焼けるような感覚、乳房および他の部位のしびれやけいれん、乳房の見た目の変化、リンパ腺の腫れなどを報告している。以下の女性の訴えは典型的なものだ。「脇の下にしこりと痛みがあり、腕にも痛みが走る。……両乳房の脇に強い痛み。……乳房の形が崩れ、インプラントにひだができ、腋窩リンパ節が目立つ」(ibid. Section 12)。また、倦怠感やその他の問題のために身体機能が低下したと報告した人もおり、典型的な訴えはこうだ。「倦怠感、甲状腺機能の低下、貧血、頭や胸の痛み、呼吸困難、二年前からのリンパ腺の腫れ、歯茎からの出血。挙げればきりがない」(ibid.)。ＰＩＰ製インプラントに関連する深刻な問題にもかかわらず、イギリスでは豊胸インプラント業界は一時的な後退を被っただけだった。二〇一三年には売り上げが回復し、イギリスでは一三%も上昇した (Sanghani, 2014)。

ＰＩＰ製インプラントの問題は、メディアや医療機関の報告書では、それがあたかも偶発的なものであるかのように扱われたが、実際にはそうではなかった。シリコンインプラントをめぐるこの問題は、一九九〇年代にアメリカとオーストラリアで被害女性たちの運動を引き起こした。彼女たちは補償を得るとともに、自分たちが受けた有害な影響を暴露した (Stewart, 1998)。この時報告された症状は、ＰＩＰ製インプラントに関して報告された症状と非常によく似ていた。ＰＩＰ製インプラントは、他のシリコンインプラントよりも膜が薄く、破裂や液漏れを起こしやすかったのだが、その他の点では、この種の美容行為による女性への深刻な被害が真剣に受け止められないという、これまでずっと続いてきた話の最新版にすぎなかったのかもしれない。

シリコンインプラントによって引き起こされたさまざまな種類の深刻な被害の多くはよく知られており、二〇一二年にイギリスの国民健康保険サービス（ＮＨＳ）から出されたガイドラインでも認められている (NHS Choices, 2012)。ＮＨＳは、豊胸インプラントは長持ちするように作られているわけではなく、いずれ破れることが予想され、女性は生涯にわたってインプラントの除去と交換の手術を繰り返すことになるだろうと述べている。さらに、NHSのガイドラインによると、手術を繰り返すたびに、より深刻な合併症を引き起こし、女性が求めるような外見を形成する効果はしだいに低くなるという。女性が豊胸手術を決意したとき、それが痛みを伴う摘出と交換を繰り返す踏み車のようなものだとはわかってなかったかもしれない。NHSは、三人に一人の女性が一〇年以内にさらなる手術を必要とすると勧告している。それが定期的に引き起こす合併症は、インプラント周辺の傷跡の被膜が硬くなる被膜拘縮、加齢による乳房のたるみ、インプラントシェルの破損などである。また、手術自体による合併症の危険性もある。麻酔への副反応、大量出血、感染症、血栓などである。

被膜拘縮は、「豊胸インプラント手術の避けられない合併症」であって(ibid.)、インプラントの周辺に「線維性瘢痕組織」の被膜が形成され、時間の経過とともに収縮し、インプラントを締めつけて圧迫するため、乳房が硬く感じられることである。これが「痛みや不快感」の原因となる。瘢痕組織を破壊するために担当医師が女性の乳房をねじって対処する方法があるが、被害者の証言によると、これはものすごく痛い。これについてNHSのガイドラインでは次のように説明されている。「外科医は被膜を強くねじることで、瘢痕組織の層を引き裂こうとするが、……瘢痕組織が固くて引き裂けない場合もあり、逆にインプラントが破裂する危険性もある」(ibid.)。これは、「望ましい方法」ではないとNHSは言う。推奨されているのは、瘢痕組織に切り込みを入れたり、切り取ったりする手術だ。NHSのガイドラインによると、インプラントの被膜が破れてシリコンが漏れ出すインプラント破損は、ごく普通のことである。というのも、どんなインプラントも破損する可能性があるからだ。

すべての女性に「ある程度の瘢痕」ができ、二〇人に一人は「より深刻な」瘢痕ができ、改善には数年かかるとされている(ibid.)。女性はインプラントにしわやひだができ、乳房の外観が損なわれることがある。乳首の感覚の問題はかなり広く見られ、七人に一人の女性が「乳首の感度が低下した、または完全に鈍感になった」と感じたり、乳首が敏感になりすぎて痛みを感じることがあり、この状態が三〜六ヵ月続く。感染症や出血は「比較的まれ」で、発生割合は一％以下であり、多少は安心させられる。喫煙する女性ではすべてのリスクが高まる。もう一つの問題は「血清腫」で、これは「かなり一般的」であり、インプラントの周囲に液体が溜まり、手術が必要になることがある。五人に一人は一〇年以内にインプラントを交換する必要があり、ＰＩＰ製インプラントは「他のインプラントに比べて、破けたりシリコンが漏れる可能性が二倍高い」とされている。

このように深刻な合併症が頻繁かつ不可避的に生じているのに、保健当局によって「合併症」として安易に認識されそのリストの中に入っているのは、驚くべきことのように思える。十分に予期され、定期的に起こる被害を「合併症」と呼ぶのは、軽率ではないだろうか。乳房へのインプラント手術は、女性の自信を高めるという理由で医療専門家によって正当化されているが、メンタルヘルス上の理由で健康な体にこのような深刻な害を与えることを容認することは、倫理的にきわめて疑わしいことだ。豊胸手術が女性の健康を害するのは疑いのない事実なのだから、インプラント豊胸手術が有害な文化的慣行の典型であるとみなされて当然であろう。しかし、実際には、この手術は健康的で良いものとみなされている。おそらく、女性にこの手術を勧め、女性の不安や恐怖心を利用する非良心的で強欲な医師たちにとっては、大いに儲けのあがるものだからだろう。

しかし、保健当局のウェブサイトは、フェミニストの女性健康専門家や運動家が二〇年間にわたって指摘してきた、自己免疫疾患に関連したあまり目立たない症状を、シリコン製の豊胸インプラントが引き起こしている可能性を否定している。だが、「女性と家族に関する全米政策研究センター」（ＮＲＣ）が二〇一三年に発表したインフォメーションシートは次のように述べている。インプラントと「全身性疾患」を結びつける証拠がないとする報告は、比較的最近インプラントを入れた女性たちを対象とした研究に依拠したものであり、「結合組織疾患や自己免疫疾患」は発症までに何年もかかる可能性があるのだ（Zuckerman *et al.*, 2013）。報告書が提示する他の研究では、インプラントが漏れている女性は、痛みを伴う自己免疫疾患である線維筋痛症や、皮膚筋炎、多発性筋炎、橋本病、混合結合組織病、肺線維症、好酸球性筋膜炎、多発性筋痛などの病気を訴える可能性が有意に高いことがわかっている。インプラントを取り出すとこれらの症状が九七％の女性でかなり軽減されたという事実は、関連性を強く示唆している。二〇一三年にアメリカ国立がん研究所が行なった調査では、一二年以上、豊胸インプラントを入れたままの女性は、他の美容整形手術を受けた場合と比較して、脳腫瘍、肺がん、その他の呼吸器系疾患、自殺で死亡する可能性が高いことがわかった（Lavigne *et al.*, 2013）。「女性と家族に関する全米政策研究センター」（ＮＲＣ）のウェブサイトでは、インプラントを入れた女性が「記憶力の低下、集中力の低下、その他の認知上の問題」を訴えていることも指摘されている。また、ＮＲＣの報告書によると、神経症状が「著しく増加」しており、これは「シリコンジェル豊胸インプラントの製造に使用される少量のプラチナが、インプラントを使用した女性の血液や尿から潜在的に有毒なレベルで検出された」ことと関連していると説明されている（Zuckerman *et al.*, 2013）。二〇一四年には、別の種類のインプラントが問題視された。セレプラス社製のセレフォーム・インプラントがオーストラリアでリコールされたのだが、その理由は、同社が製造工程で滅菌基準を満たしていなかったからだ。これは、インプラントの問題がけっして一ブランドだけに限られたものではないことを示している（Medew, 2014）。

女性たちを豊胸インプラント手術へと駆り立てる要因の一つに、うつ病があるかもしれない。いくつかの研究によると、インプラント手術を受けた人の自殺率が異常に高いことがわかっている。二〇〇三年のフィンランドの研究では、自殺率が一般の三倍であることがわかった（Kaufman, 2003）。同様に、二〇〇七年に米国で行なわれた研究では、インプラントを入れている女性の自殺のリスクは、入れていない女性の三倍であることがわかっている（Manning, 2007）。後者の研究では、アルコールや薬物の使用による死亡リスクも三倍になっていた。この自殺率の高さの理由については、論争がある。研究者の中には、インプラント手術を受けた女性はすでにうつ病にかかっていて、自殺する傾向があるので、この高い自殺率は、手術を受けてもうつ病が治らなかったことを示唆するにすぎないと言う人もいる。たしかに、胸が大きくなっても気分が改善しないことを知った女性は、さらに落ち込んでしまうかもしれない。また、豊胸手術による痛みや不安の大きさが自殺につながっているのではないかという意見もある。いずれにしても、高い自殺率は、豊胸手術と女性のメンタルヘルスとの間に正の相関関係がないことを示している。

豊胸インプラントは、女性にこのような被害を与えることで利益を得ている医師や外科医にとって一つの収入源であり、この強欲さゆえに、この種のあらゆる形態の非倫理的治療法を、きわめて直接的かつ搾取的な方法で推進することができるのだ。美容整形に興味を持った女性は、次々と施術を受けるように業界から執拗な圧力を受ける。アメリカのある美容外科医が書いた本は、この特殊な業界で金儲けしようとしている人たちのための教材となっているが、潜在的な女性客に行使される強制について率直に述べられており、大いに参考になる（Buford and House, 2010）。この本では、「すべての市場には買い手と売り手がいる」と説明し、この市場が拡大しているのは、女性が老いを恐れている結果であり、とくに離婚後に新しい夫を得られないことを恐れている女性が多いと述べている。この本では、問い合わせや説明会に参加した女性を「その気にさせる」ために必要な押し売りテクニックが詳しく紹介されている。女性は釣るべき魚として描かれており、外科医は漁師であり、「特定の魚を捕らえるために異なるルアー、フライ、あるいは網」を使わなければならないとされている（ibid., p. 91）。すでに述べたように、ゲイ男性や異性愛男性の一部の文化においては、「魚」という言葉が、女性器が生魚のように臭いという理由で女性一般に――非常に女性憎悪的なニュアンスを込めて――適用されているが、これは単に不幸な一致なのだろうか（Jeffreys, 2003）。

一部の美容外科医の冷酷さと過剰なまでの独善性は、彼らが自分の妻や娘にも手術を受けさせようとしている点にも現われている。メルボルンの美容外科医アシュリー・グラノットは、四人の娘のうち三人に手術を行なった（Hadgraft, 2014）。彼は、一七歳の娘オーリーに脂肪吸引を勧めた。彼女は高校の卒業試験のために勉強している間に太ってしまった。すると父親は、「私の脚をチェックしはじめ、脂肪をつかんで、こう言ったんです。『これを取り除けばいい』『この辺もだ』。私は泣き出してしまいました」。彼女は手術を受けたが、運動を再開するとすぐに自然に体重が減っていくことに気づいた。

深刻な侵襲を伴う美容整形手術が日常化していることは、ネット上の討論フォーラムや掲示板を見れば明らかだ。これらのサイトは、この業界が顧客を獲得し、女性にこの方面にお金を使うよう促すために設置したもので、美容整形クリニックや紹介サービスのサイトの一部である。興味深いのは、女性が抑圧に対処するために発達させてきた相互交流の諸形態、すなわち、噂話、経験の共有、励まし、相互サポートなどが、業界の利益を増大させるために利用されていることだ。そこでの議論は、意識《コンシャスネス・》向上《レイジング》のテクニックの歪曲された形態を彷彿とさせる。女性たちは、自分たちの痛みや苦しみを語るが、それによって、自分たちを取りまく搾取のプロセスを批判するようになるのではなく、手術を何とかやり遂げて、さらなる施術を受けられるよう、お互いに支え合っているのだ。これらの掲示板は、いわば意識を低下《コンシャスネス・ロウアリング》させるメディアである。

後遺症がいかに深刻であるかを実感させるのが、腹壁形成術（タミータック）〔腹部のたるみやしわを取るための美容整形術で、術後、六週間ほど「腹部バインダー」と呼ばれるコルセットのようなものを着用しなければならない」をめぐるやり取りである。「テンタ」というハンドルネームの女性は、四年前に受けた腹壁形成術が「大きな合併症を伴った」ものだったと書いている。彼女は病院に行って「腹部バインダー」を切らなければならなかった。彼女は言う、「その時、陰部が腫れてたけど、すぐに治ると言われた。四年経った今でも陰部は腫れている。とても違和感があり、タイツを履くこともできず、普段からワンサイズ上のズボンやスカートを購入している」(Plastic Surgery Message Board, Tenta, 4 June, 2004)。これに対し「ダーニャ」というハンドルネームの女性は、脂肪吸引をすればおそらく問題は解決するのではと回答し、「腹部整形術」の後、「お腹がきれいに平らになったことで恥骨が引っ張られる」ことがあると説明している (ibid., Danya, 6 June, 2004)。

その他の問題としては、腫れ、あざ、痛み、しびれ、かゆみ、におい、不要なこぶ状のでっぱり、へこみ、便秘などが挙げられている。ある女性「カリモン」は、「インプラントインフォ・サポートフォーラム」で、痛みについて次のように訴えている。「担当の先生は、一時間ごとに二〜三分間のマッサージをするようにって言うんだけど、今日は本当に痛い。胸の下の部分の傷が腫れていて、マッサージをするとそこが本当に痛くなってくる。ただもう少しそっとやれば、このまま続けてもいいのかな」(Implantinfo Support Forum, Calimom, 6 June, 2004)。同じ掲示板では、別の女性「エミリー」が、脂肪吸引と胸へのインプラントの両方を行なった四日後に、問題が発生したと語っている。

ここまでひどいとは思っていなかった。担当の先生が脇の組織を吸引した部分が、とても痛い。自分の髪の毛を洗ったり、食事をしたり、一人でトイレに行ったりできるようになりたいんだけど。……自分の腕がちゃんと使えるようになって、元の状態に戻れると実感できるのはいつになるのだろう。思っていたよりずっとかかるかもしれない！ (ibid., Emily, 7 June, 2004)

これらの女性たちが受けた手術は、二〇〇四年時点での美容外科医の日常的な診療行為である。このような手術が、ティーンの若い女の子にとってさえ憧れの的になっていたことを、掲示板は示している。「Lasertreatments.com」というサイトに掲載されているラビアプラスティの掲示板には、小陰唇と恥骨の手術をどうしても受けたくて、自分の体を切り刻もうと考えた一四歳の少女「ケリー」からのメッセージが掲載されている。

こんにちは、私は一四歳です。私もラビアプラスティを希望しています（笑。すっかり頭にきて、自分でナイフ使って切っちゃおうかと思ったこともあるぐらい！）。物心ついたときからすごい気になってて、男の人が興奮するとか言っても、自分はやっぱりとてもいや。恥丘の脂肪吸引も考えてます。……そんなところの脂肪吸引って私も変だと思うけど、痩せているのに恥丘に脂肪がついていて、とても悩んでいる。（Lasertreatments.com, Kelly, 16 January, 2004）

この投稿者「ケリー」の悩みは、実のところ、彼女の体が思春期の通常の変化をこうむっていたことによるものなのだが、それは若い女の子、とくに摂食障害の傾向がある女の子にとっては恐ろしいことなのだ。幸いなことに、ある女性が「ケリー」に答えて、あなたくらいの年齢の女の子が自分の体の成長の仕方を気にするのはごく普通のことで、大人になるまで体に手を加えることを考えるべきではないと教えてくれた。

次節では、ポルノとアートの分野で美容整形によって深刻なダメージを受けた二人の女性のケースを検証し、比較する。一人は、フランスのポルノアイコンだったロロ・フェラーリだ。彼女のピンプ（女術）であった夫は、彼女にどんどん過激な手術をさせていった。彼女は、一八回の豊胸手術やその他多くの美容整形手術を受けた後、三七歳の若さで亡くなっている。ポルノアイコンとしての彼女を取り上げたサイトは何千とある。もう一人の女性オルランは、フランスの「パフォーマンス・アーティスト」で、一九九〇年以降、自分の身体に極端な美容整形手術を施す様子を撮ったビデオに出演している。彼女は、舞台の背景や劇場のスタッフに特別な衣装を着せて、カメラに向かって「パフォーマンス」をする。アート批評家たちは、ポストモダンの言葉を使って、オルランの身体損傷を越境的なものとして、さらには「行動するフェミニズム」として正当化している。以下では、ポルノと「アート」が女性の身体損傷を必要とする理由には明らかな違いがあるにもかかわらず、この二人の女性が受けてきた身体損傷には類似性があることを示そうと思う。

ポルノが求める豊胸手術——ロロ・フェラーリ

豊胸手術という有害な行為があまりにもノーマルなものになっているため、非難の声はほとんど上がらない。女性の間に豊胸への願望を引き起こす原因の政治性——女性の地位の低さや、支配的な性階級に属する男性に性的満足感を与えなければならないこと——は認識されていない。しかし、このことは、性産業に見られるような極端な形態の行為を検討すると、より明確になる。ポルノや売買春の中の女性たちが、ポルノ的な見世物小屋のような形態でより多くの収入を得るために、誇張された乳房を自ら求めたり、ピンプやパートナーからそのような胸にするよう押しつけられたりしている例は数多く存在する。

ロロ・フェラーリの生と死の物語は、とりわけ痛ましい。彼女はその短い人生の中で、胸の大きな女性を求める男性のポルノ的な要求に苦しめられてきた。彼女の物語は、男性のフェティッシュな要求

（この場合は大きな胸）が女性の身体に刻み込まれ、それが女性の人生に影響を与えうる重大な事例となっている。フェラーリは、体重の八分の一もある世界一大きな胸を持っていたことでギネスブックに登録されている。彼女は二〇〇〇年三月に処方薬の過剰摂取で亡くなったが、それ以前にも何度か自殺を試みている。

彼女が生まれたのは一九六三年。不幸な子ども時代を過ごし、十代の頃は過食症だった。摂食障害は、若い女性に見られる他の形態の自傷行為を伴うことが多い（Strong, 1998）。彼女の最初の仕事はクラブでのウェイトレスだったが、一九八六年にはポルノ雑誌でモデルをやるようになり、カンヌのビーチでアマチュアカメラマン相手にトップレスでモデルをやったこともあった。美容整形手術は、エリック・ヴィーニュとの結婚後の一九九〇年に始まった。ヴィーニュが手術のお膳立てをし、外科医に自分の希望する結果をスケッチに描いて指示した。その結果、彼女の胸は三七インチ〔九四センチ〕から四一インチ〔一〇四センチ〕になり、鼻は小さくなり、頬骨は強調され、唇はコラーゲンで満たされ、目は持ち上げられ、眉毛は剃られてタトゥーのラインに置き換えられた。その後四年間で二〇回以上の手術が行なわれ、五～六人の外科医が彼女を担当した。新しいインプラントによって、彼女の胸のサイズは四五インチ〔一一四センチ〕になった。ヴィーニュはある航空機技師と親しくなったが、彼は、フェラーリを完全に「ロロ（フランス語のスラングで「おっぱい」の意）」に変身させるためのシリコンインプラントの型を作った（Greer, 2000; Henley, 2000）。

彼女のピンプであり夫でもあるヴィーニュは、トランスセクシャリティに興味を持つトランスヴェスタイトであった。彼自身は手術を恐れていたので、自分自身を切り刻んで自分の望むような完璧な女性の顔を作ることはしなかった。その代わり彼は妻をキャンバスにして、自分が興奮するような極端な女らしさを作り出したのである。この点で彼は、ファッションショーのランウェイで、誇張され貶められた女らしさを女性モデルに投影するファッションデザイナーに似ている。ロロの最終的なインプラントには、それぞれ三・三リットルものシリコンが入っており、彼女の胸のサイズはついに五一インチ〔一二九センチ〕になった。美容外科医がこのようなダメージを与える手術を唯々諾々と実行したことは問題である。ヴィーニュはさまざまな形で彼女のピンプとして行動し、ヨーロッパ中のナイトクラブでロロをステージに上げて、何千人もの男性が彼女の胸を見に来れるようにしたり、一九九〇年代初頭にはポルノ映画にも出演させたりした。また、彼はロロに売春をさせた稼ぎで生活していたため、売春周旋の前科があった。彼女を見せびらかすとき、ドレスを脱がせて胸をさらさせた。「『三《スリー》キロ』と〔英語で〕言って片方を指差し、『三《ドライ》キロ』と〔ドイツ語で〕言って、もう片方を指差した」（Peakin, 2000, p. 48）。一九九九年のあるパフォーマンスでは、ロロは意識を失ってステージから転がり落ちた。彼女は痛みを麻痺させるために多くのドラッグを服用していた。大きな胸のせいで仰向けにもうつ伏せにもなることができなかったため、簡単に眠ることができなかった。また、彼女は鼻を細くする手術を受けていて、呼吸しづらい状況にあり、死の直前には体重が四八キロしかなかった。ロロは、自分が受けてきた美容整形について、かつてこう語ったことがある。

> 人生に耐えられないからこんなことをしたのよ。でも、何も変わっていない。自分が現実から完全に切り離されたと思える瞬間がある。そうすると、何でもできるように思える、絶対に何でもね。そしてクスリを飲んで、窓から身を投げる。そのときは、死ぬことがとても簡単に思える。（Henley, 2000）

ロロは死の数週間前に自分の棺桶を選んでいたが、実際には自殺ではなかったことが後で判明した。

生前に編集したポルノ画像の収入で生活していたヴィーニュは、二〇〇二年三月に彼女の殺害容疑でフランス警察に逮捕された〔後に釈放〕。三人の科学捜査班による報告書によると、彼女の死因は窒息死であり、従来考えられていたような処方薬の過剰摂取ではなかったとのことである（Henley, 2002）。

男性を性的に楽しませる業界では、女性は男性のおっぱいフェチを満足させるだけの大きさの乳房を持っている必要がある。アンナ・ニコル・スミスは、アメリカの元ストリッパーで、金持ちの男性と結婚して有名になったが、彼女を雇っていたストリップクラブは、彼女の胸が十分に大きくなかったせいで、あまり儲からない時間帯にしか出演させてくれなかった。一九九〇年、二二歳の彼女は、両胸に四五〇ｃｃのシリコン袋を二個ずつ入れ、ブラジャーのサイズを36Ａ〔トップバストが九二～九四センチ〕から38DD〔一〇五～一〇七センチ〕にした。それ以来、さらに五回の手術で、彼女の胸のサイズは42DD〔一一五～一一七センチ〕になった。彼女は「腫れと感染症のために三回も病院に運ばれた」（Renshaw, 2002, p. 18）。二〇〇七年、彼女は処方薬の過剰摂取により亡くなった。

最近のポルノ業界で拷問のような豊胸手術を受けたのは、エリザベス・スターだ（Driscoll, 2014）。医師は、感染症や血栓によって彼女の命が危険にさらされないよう、二重乳房切除術を受けるよう勧めている。スターは、家族を養う必要があり、確実に仕事を得る必要があったため、ポルノ業界で雇用されやすいよう、一九九九年に豊胸手術を受けた。四三歳の時点でこの女性は、六三回もの豊胸手術を受けており、次のようにコメントしている。「私は基本的に人体実験の犠牲者であり、それ以来ずっと、その代償を払い続けている」。

インプラントを入れる前のバストサイズは32Ｆ〔九二～九四センチ〕だったが、現在はＯカップ〔一一七～一一九センチ〕である。彼女のバストはまるで漫画のようで、それぞれのバストが彼女の頭よりもかなり大きく見える。ポリプロピレン製の糸を挿入して「体液の生成と成長」を促したが、数日後には感染症などの合併症が発生し、「右胸に一〇ペンス硬貨ほどの穴が開いてしまった。耐えられないほどの痛みだった」。片方の乳房からは糸を取り除いたが、もう片方は乳房に深く食い込んでいたため、取り出すことはできなかった。彼女の説明ではこうだ。「インプラントは体内で成長し続け、乳房組織に取り込まれていく」。さらに豊胸手術を受けつづけた結果、彼女は「酸素テントの中で療養生活を送り、三回も死にかけた」という。二〇一四年には、「常に痛みがあり、腰をかがめたり服を着たりするのは、乳房の重さで背中が痛くなるから難しい」状態になった。それでも彼女は、唯一の収入源を失うことになるため、乳房切除術を希望していない。

悪夢のような娯楽産業で女性に施される美容整形は、生活費を稼ぐために男の性的ファンタジーに適合させることを目的としている。極端な例では、女性は奇形のような存在にされ、自分の胸の重さを物理的に支えることができず、顔が歪んだ仮面のようになることさえあるが、その目的は性的役務の掟に関連している。男性の目を楽しませるために、女性の身体が切り刻まれるのである。「パフォーマンス・アーティスト」であるオルランの場合、その目的は、やはりポルノ的なものではあるが、少し異なる。彼女のファンを満足させるのは、彼女の体を切り刻むプロセスであって、その結果ではない。

オルラン――「アート」としての身体損傷

オルランの自傷行為は、通常「アート」として表現される。しかし、オルランの「作品」は、ポルノやポルノ文化における女性の身体損傷の諸形態と非常によく似ている。彼女の崇拝者たちは、ほとんどがフランス人の男性であるが、彼女の作品に対する熱狂がほとばしっている。「彼女の大胆さ、過激さ、妥協のない激しい情熱によって、彼女は現代の身体についての思想を意図的に悲劇的地平に置いている」（Onfray, 1996, p. 39）といった具合だ。サラ・ウィルソンは言う、「オルランはOである」。つまり、「オープンのO。他者（other）のO。集合的無意識や自我の裏返しの他者のように。宗教的なO。開いた唇のO、開口部（orifice）、目、二重螺旋、細胞、冷たい星、混沌のO。『O嬢の物語』のO」（Wilson, 1996, p. 8）。

オルランの「アート」を擁護する人々は、それを他の形態の自傷行為と区別するために、やたら気取ったポストモダン用語を用いている。サラ・ウィルソンはポストモダン理論を用いて、「ポストモダンの身体は何よりもテクストであるが、オルランはそのテクストを作るために自らの皮膚を切り裂き、ナイフに身を委ねている」（ibid.）と主張する。だが、フェミニスト・カルチュラル・スタディーズの理論家であるスーザン・ボルドは、テクストとしての身体という考えを女性のこうむるダメージに適用することを鋭く批判している（Bordo, 1994）。

オルランは、一九九〇年以降、数多くの手術を舞台化し、アートとして演じてきた。舞台上の手術室のセットでは、パコ・ラバンヌや三宅一生などのデザイナーズ・ウェアを着て、セットや出演者に芸術的な衣装を着せている。その手術は美容整形としても過激なものだ。オルランの「アート」には、ポルノグラフィ、ポストモダン的正当化、ファッション、身体損傷など、本書のテーマの多くが集約されている。手術では、彼女の耳は顔から切り離され、皮膚は肉から切り取られ、あごの下はほとんど顔から切り離されて垂れ下がっている。頬だけでなく額にもシリコンインプラントを埋め込み、「角」を生やすという極端な顔面手術も行なっている。この手術の結果、オルランの顔はひどく痛々しいダメージをこうむった。ウィルソンはこれを「虹のようなあざに覆われた、恐ろしくも打ちのめされたオルランの顔」と呼んでいる（Wilson, 1996, p. 16）。手術の様子は他のポルノ・パフォーマンスと同様にビデオ撮影されるが、この場合、この映像は「アート」であるとされている。手術の様子はポンピドゥーセンター〔パリ四区のサンメリ地区にある総合文化施設〕に生中継され、「テーブルを囲んだ知識人の面々がこのイベントに（不快そうに）反応している様子が撮影された」(ibid., p. 11)。

これらの手術の過程で、オルランは自分の肉体の一部を提供し、それを「聖遺物」として売ることができるようにしている。キャシー・デイヴィスはこう表現している。


これらの「聖遺物」には、液体で保存された彼女の肉片、髪の毛がついたままの頭皮の一部、顔から吸引された脂肪細胞、彼女の血が染み込んだしわくちゃの手術用ガーゼなどがある。彼女はそれらを一万フランもの高値で売り、「売る肉がなくなる」まで続けるつもりでいる。(Davis, 1997, p. 171)

これは、以前の章で紹介したポルノ女優のヒューストンが、ラビアプラスティの手術の模様をポルノとして撮影した後にラビアの切れ端を売った話と似ている。女性の肉が文字通り男性サディストに売られているのだから、「アート」と「ポルノ」はここでは切り離せない。

オルランは、人間は「サイボーグ」になることで利益を得ることができると主張するポストモダン・フェミニスト理論を用いて、自分のパフォーマンスを説明している。たとえば、彼女は言う、「身体は時代遅れである。現在の状況ではもはや適切ではない。……私たちは、精神的にも肉体的にも準備ができていない世界の入り口に立っている」(ibid., p. 91)。これは、人間が身体を使って生活する方法や人間身体の形態に影響を与えるテクノロジーの世界である。たとえば彼女は、「私の作品は、生得的なもの、不変のもの、プログラムされたもの、自然、ＤＮＡ（表象のアーティストに関するかぎり、それは私たちの直接のライバルだ）、そして神との闘いなのだ！」と言う(ibid.)。キャシー・デイヴィスは、オルランが、身体を単に社会的構築物として捉えるだけでなくその先に進んでいるポストモダンの視点を体現していると説明している。「彼女の見方によれば、近代技術は自然的身体という観念をすっかり時代遅れにした。……将来においては、身体はますます取るに足らないものになるだろう。つまり、『衣装』や『乗り物』、あるいは、その探求の中で『本来の自分になる』ために変えるべき何かにすぎなくなる」(ibid., p. 173)。

オルランの作品は、フェミニストの理論家が家父長制的な考え方を示していると批判した心身分離を表現しているが (Shiva, 1989)〔ヴァンダナ・シヴァ『生きる歓び――イデオロギーとしての近代科学批判』築地書館、一九九四年〕、オルラン自身はこれを越境的なものと考えている。ある男性崇拝者が言うように、「これがオルランの作品の文脈であり、人間による自然支配の加速化である」(Onfray, 1996, p. 35)。この場合の自然とは、女性の身体である。「私の作品は神への冒瀆である。檻の鉄格子を動かす試みであり、過激で不快な試みなのだ!」(ibid.) と彼女は言う。しかし、実際には彼女がやっているのは、男性支配のルール、すなわち女性の身体はコントロールされ罰せられなければならないというルールを単に実践しているだけのことだとみなすこともできる。オルランは、メアリー・デイリー (Daly, 1979) の言う「サド的社会」に完全に適応しており、それが彼女の名声につながっている。女性アーティストが名声を得たいのであれば、男性支配のサディスティックでポルノ的なシナリオの要件を満たすことが、最も確実な方法なのだ。

オルランは、それ以前の作品でも、売買春やポルノ、そしてヌードを利用して注目を集めた。一九七七年のあるパフォーマンスでは、お金と引き換えにキスを提供し、後に「アートと売春」と題した展覧会を開催した (Wilson, 1996, p. 10)。彼女は、精液の染みがついたベッドシーツを展示しようとしたり、アートディーラーに性的な関係を求めようとしたりしたが、うまくいかなかった。男性支配の社会では、女性の作品は、男性に適用されるのと同じルールでは判断されない。男性の注目を集めるためには、女性は自分自身を性的に客体化しなければならない。裸の女性や切り刻まれた女性を見るのが好きな男性知識人にとって、これは効果的なようで、その結果、オルランは単なる自傷行為をする女性の一人ではなく、天才的な芸術家とみなされるようになった。

オルランのパフォーマンスには解離が必要である。解離とは、女性や少女が児童性虐待や売買春という侵害を生き延びるために必要な、身体から感情を切り離す行為のことだ（Herman, 1992）〔ジュディス・ハーマン『心的外傷と回復』みすず書房、一九九六年〕。外科医が彼女の一部を切除するのを見るときには苦痛の感情から自らを引き離すよう、オルランは観客に助言している。「これらの映像を見るときは、テレビのニュースを見るときと同じようにするようお勧めする。つまり映像に影響されることなく、その背後にあるものを考え続けるということだ」（Orlan, 1996, p. 84）。彼女は手術の痛みを和らげるために麻酔をかけられているが、彼女が言うように、それでも手術は苦痛を与えている。「痛みについて少しお話ししましょう。私はこの仕事をできるだけマゾヒスティックなものにしないようにしているが、その代償である麻酔の注射はあまり気持ちのいいものではない。……術後は不快であったり、時に痛かったりする。だから私は鎮痛剤を飲んでいる」（ibid., p. 92）。

オルランの経験は、エリザベス・スターのように、ポルノ的な注目を集めるためにどんどん過激な手術を受けようとする他の美容整形中毒者の経験と何が違うかというと、オルランの崇拝者たちからアートとして持ち上げられているという点だけである。しかし、エリート男性向けにデザインされたポルノの中には、常にアートと呼ばれるものがある（Kappeler, 1986）。オルランのパフォーマンスの消費者で、自らをアート愛好家とみなしている人々は、身体の一部を切断された女性が登場するポルノサイトから性的興奮を得る男性「マニア」である普通のポルノ愛好家たちと、いくつもの特徴を共有している（Jeffreys, 2000）。どちらの場合も、女性が切り刻まれ、それが男性マニアの自慰ネタとして利用されている。オルランは、より神聖なプロジェクトに従事していると自分を欺く必要があるかもしれないが、解離によって生じる心理的ダメージが彼女自身に与える影響は――そして彼女の崇拝者たちに与える〔自慰ネタとしての〕効果も――ほとんど変わらないだろう。オルランは、一九九〇年代の身体改造ムーブメントのヒロインとなり、彼女の自傷ショーの実践は、身体改造愛好家たちが行なっているものとかなりの類似性がある。

身体改造

一九九〇年代には、インターネットを利用して代理的自傷行為を行なうことが、身体改造（ボディ・モディフィケーション）という「ムーブメント」に発展した。インターネットの検索エンジンでこの言葉を検索すると、二〇一四年には一二六万件のウェブページが表示されたことからも、現在の「身体改造」人気の高さがわかる。この「ムーブメント」は、ピアッシングやカッティングといった他の自傷系ファッションと同様に、パンク、ゲイSM、そして最近ではゴスロリ文化にその起源があるように思われるが、そこでの身体損傷はきわめてハードである。身体改造は、タトゥーから焼き印《ブランディング》、陰茎切除、去勢〔睾丸切除〕まで多岐にわたる。ピアス職人からスタートした焼き印職人のキース・アレキサンダーは、自分の技術をこう説明する。

焼き印用のコテを素早く離すと、より軽い傷跡になる。コテを長く同じ所に当てておくと……たいていより重い傷跡が残る。強く押してはいけない。柔らかいボール紙や常温の鶏の胸肉で練習するのは必須である。ベジタリアンの焼き印《ブランディング》職人は豆腐で練習する。嘘じゃない。（Alexander, n.d.）

身体改造に関する主なインターネット・リソースは、「ボディモディフィケーション・Eマガジン」

である（Body Modification Ezine, n.d.a）。このサイトでは、「身体改造」というアンブレラタームの下に含まれるさまざまな行為が紹介されているが、時とともにますます、それらの行為は身体組織を破壊するという点で着実にハードなものになっていっている。このサイトでは、ピアス職人、カッティング職人、焼き印職人などの広告が、その身体損傷行為の写真とともに掲載されており、血や傷を見て性的興奮を得ようとする人にとってはポルノ的役割を果たしている。このサイトは当初、サイト訪問者から料金を徴収していなかったが、現在はマニア向けポルノを商業的に提供してもいる。また、このサイトは、お互いに連絡を取り合い、「身体改造」コミュニティを構築したいと考えている身体改造者に、連絡先やネットワークを提供する役割も果たしている。

身体改造の写真はさまざまな分類見出しの下に並べられている。「ピアッシング」という見出しのところには、「風変わりな耳ピアス」「ローブ・ストレッチング」＆「イヤー・スキャルペリング」〔耳たぶを広げて大きな穴を空け、そこに大きなピアスなどを入れること〕「舌ピアス」「鼻ピアス」「眉・鼻梁ピアス」「唇ピアス」（唇に大きな穴を空けたりなどの施術を含む）「へそピアス」「乳首ピアス」「男性器ピアス」「女性器ピアス」「特殊なピアス」（「口蓋垂ピアス」「ポケッティング」〔シャフトの部分が見えていてキャッチの部分が皮膚の中に入っているピアッシング方法〕を含む）などがある。「儀式・文化」と題された写真のカテゴリーには、「自殺吊り」のように、背中や膝から肉を貫いたフックで吊るすものや、「唇の縫いつけ」などがある。「スカリフィケーション」〔皮膚に切れ込みや焼き印をした際に形成されるケロイドを利用して肉体に文様を描くもの〕というカテゴリーには、「皮膚焼き作品集」が含まれている。「ハード」と題されたカテゴリーには、「去勢プレイ」「男性用貞操具」「男根拷問プレイ」といったゲイＳＭの定番が含まれている。

また、「ハードに改造された男」「ピアスされた男」「タトゥーされた男」「釘打ち」など、ゲイの男性をターゲットにしたと思われるカテゴリーもある。また、皮膚の下に物を入れる「インプラント」や、一九六〇年代から七〇年代にかけて女性の胸に行なわれて深刻な健康被害をもたらしてきた「シリコン注入」もある。「歯のアート」、コルセット、男性器と女性器への生理食塩水の注入、尿道の拡張とペニスの拡張、尿道のルート変更、頭部や亀頭の部分切開と分割、舌の分割、口蓋裂などがある。また、女性のヌロ〔性器切除した人のこと〕、宦官、男性のヌロの写真もあり、去勢や性器切除を示唆するものとなっている。

ゲイのSMは、身体改造が主流になっていく上で重要なルートの一つである。SMの象徴である黒革と鋲は、一九七〇年代から八〇年代にかけてゲイであることの象徴のようになった (Woods, 1995)。パフォーマンスアートにおける身体損傷の実践は、「規範侵犯的」と表現されてはいるものの、一部のゲイ男性が受けた虐待や抑圧、そしてエイズの蔓延に対する絶望感を示していると見ることができる。ロン・エイシーというパフォーマンス・アーティストの作品はその典型である。エイシーは、「HIV感染を公言している」「クィア・パフォーマー」である。彼はまた自分の唇を縫い合わせたことがある。

> 自らの感染した身体を提示し、それにもとづいてパフォーマンスを行なっている。彼は、ピアスやタトゥーを施された皮膚を見せ……ムチで打たれ……そして、ステージ上で、観客の目の前で体にピアスの穴が開けられ、ビニールで覆われた床に血が滴り落ちる。(McGrath, 1995, p. 3)

現在、男性同士で行なわれている代理的自傷行為の中で、とくに残酷なのが去勢手術〔睾丸を除去する手術〕で、これはゲイSMから派生したもののようだ。アメリカには、「性的快楽のために男性を去勢したとして有罪判決を受けた」施術者がいる (McKenna, 2003)。ワン・シュオシャンは、オーストラリアで去勢者としてのキャリアをスタートさせ、四人の男たちに対して去勢手術を行なった後、アメリカに渡って、数年間で五〇回もの去勢手術を行なうようになった。オーストラリアでの最初のケースでは、ワンは手術を始めたばかりだったので、犬の飼い主とその三人の友人の去勢手術をする前に、飼い犬の去勢手術を行なった。これらの男たちはこの素人手術に同意していたと言えるが、犬は同意できる立場ではなかった。アメリカでのケースでは、ある被害者が手術後に血を流しながら路上をさまよっているところを発見され、これが原因でワンは「無免許で医療行為を行ない、無免許で処方薬を調合した」として起訴されることになった（ibid.）。ワンは、「睾丸を切除されることをフェチとする男たちの国際ネットワークのウェブサイト」で自分のサービスを宣伝して、被害者を見つけ出していた。このことから、インターネットが自傷行為を助長していることは明らかである。ワンは四〇分の施術に対して料金を請求せず、「患者と一緒にデザートを食べてから帰した」という。麻酔なしで施術を行ない、両者が満足したことがワンの報酬になったのだろう。

性器の切断のほかに、現在流行している最も極端な形態の身体改造は、手足の切断である（Elliott, 2000）。手足を切断したいという願望に囚われるのは、圧倒的に男性である。手足の切断を求める「志願者」たちは、この行為の法的容認と公的医療保険制度を用いて手足の切断手術ができるよう求める政治運動を起こした。この戦略は、トランスジェンダー運動の戦略を忠実に再現している。この目的のために、その主な提唱者で「志願者」でもあった故グレッグ・ファース（心理療法家）と、二度の自発的な足切断手術を執刀したスコットランドの外科医ロバート・スミスによって、この願望は「四肢切断同一性障害（amputee identity disorder）」と改名された（Furth and Smith, 2002）。関わった医師や精神科医は、ほとんどの場合、以前に「性同一性障害」と認定された患者を手術したり診断したりしたことのある人々であった。二〇〇〇年には、四肢切断手術を抑圧された少数派の合理的な要求として表現した最初の本とドキュメンタリーが登場した（Furth and Smith, 2002; BBC, 2000）。四肢切断手術の信奉者による要求は、インターネット上で「トランス障害者」と呼ばれる男たちを中心とした運動を生み出した。彼らは手足の切断だけでなく、下半身を不随にする手術も求めている（Jeffreys, 2014）。

自傷行為と社会的ヒエラルキー

二一世紀初頭に女性や少女、弱い立場にある男性の身体に行なわれている身体切除の実践は、野蛮であり、その残虐性をますます増している。このような行為を求める背景には、社会的地位の低い人々、とくに女性やゲイ男性の絶望がある。これらの人々がこうむっているさまざまな被害、すなわちミソジニー、性的・身体的虐待、ゲイヘイトなどのせいで、自傷行為を行なう人々は自分の身体から感情を解離させる能力を発達させた。そして、自分たちの苦しみに対する罰を身体に与える。ロロ・フェラーリ、オルラン、ロン・エイシーらの身体損傷は、一九世紀の見世物小屋よりも残酷であり、芸術やパフォーマンスとして正当化されるべきではない。むしろ、この自傷行為の蔓延をどうやって食い止めるかを考える必要がある。このような身体損傷のパフォーマンスは、従属的地位の結果であって、それを実行する人々や、性的興奮をもってそれを見る男性たちは、このような被害に寄生し、それを永続させる手助けをしているのである。

インターネット技術は、虐待と絶望を生き抜こうと苦闘する人々のオンライン・コミュニティを通じて、身体損傷の形態をエスカレートさせる方法を提供している。身体改造者たちは現在、自分たちの私的な自傷行為を肯定的な評価が得られる活動に転化する手段を有しており、引き続き注目を得るためにはますます過激な行為が求められている。別の著作で説明したように、男性のゲイＳＭは、性的・身体的虐待の被害や、子ども時代のいじめや嫌がらせなどと関係している（Jeffreys, 2003）。子どもの頃の虐待と成人のＳＭとの関連性については、信頼できる研究はないが、いくつかの状況証拠がある。自己嫌悪に陥った成人ゲイは、自分の身体には罰を与える以外の価値がないと考えることがあり、それが死にまで及ぶことがある。英国の有名なＳＭ事件であった「スパナー作戦」〔一九八〇年代後半に男性間ＳＭに関連して英国警察によって行なわれた大規模な捜査と大量検挙〕裁判の主犯格の被告は、インタビュアーのクリス・ウッズに「焼き印職人やピアス職人に殺されてもかまわない」と発言している。彼がＳＭをやっていたのは、「父との関係が辛かった」からであり、「ある時は、拷問されて死ぬという考えにまで至った」(Woods, 1995, p. 53)。彼は「精神的におかしくなった人」に必要なのは拷問ではなく「助け」だと指摘している。ウッズの言うところによると、被告人たちは「ゲイ解放運動前の中年同性愛者の男性で、中には自分を卑下するあまり、ＳＭの追求が自己抹殺の試みにまでなっている者もいた」(ibid.) という。

ドイツの人食い男アルミン・マイヴェスに接触した男たちもこのカテゴリーに当てはまるだろう (Wild, 2003)。彼らもまた殺されることを覚悟しており、そのうちの一人、ベルント・ユルゲン・ブランデスは実際に殺されて食べられてしまった。マイヴェスはインターネット上の「食人ディスカッションサイト」を通じて犠牲者を見つけ、この媒体を通じて何千人もの人食い男たちが連絡を取り合っていたと述べている。インターネットは、あらゆる形態の身体改造の普及と発展に欠かせない。法医学心理学者のキース・アシュクロフトは、マイヴェス事件を極端なＳＭの事例とみなし、被害者のペニスを双方が切除して食したことを身体醜形障害（ＢＤＤ）に結びつけている。ＢＤＤは、自分の足を切断したいとさえ思わせるので、四肢切断同一性障害でもあると言う (ibid.)。彼は、「自分と身体とがつながっていると感じられず、したがって自分と世界とがつながっていると感じられない」という解離は、ＢＤＤの一要素であると言っている。解離というのは、子どもが虐待から逃れようとする幼少期の性的・身体的虐待を通して最も効果的に学習される (Herman, 1992)〔前掲ハーマン『心的外傷と回復』〕。興味深いことに、アシュクロフトは、マイヴェスが行なったようなフェティシズム的行動を、靴フェチになぞらえている。「靴であれ何であれ、フェチ対象がそうであるように、ストレスと心配をもたらすのは恐ろしい不安だ。そこに喜びはない」（Wild, 2003）。伝統的な心理学者は、行動に対する社会的・政治的な説明をせず、心理学や精神医学で伝統的にそうであったように（Jeffreys, 1982）、男性の暴力や被害者の自傷行為を女性のせいにする傾向がある。このことを洞察したのはフェミニストの心理学者だけだ（Herman, 1992; Shaw, 2002）。それゆえアシュクロフトは、マイヴェスの母親は「支配的」であり、彼の被害者であるブランデスは、自動車事故で母親が死んだことで自分を責めていたと言っている（Wild, 2003）。このような説明は、これらの被害を生み出した男性支配の文化の力と、その背景にある可能性の高い男性の暴力的な行動を覆い隠している。

第6章で見たように、身体醜形障害（BDD）を構成する行動の定義は、日常的な美容行為において文化的に女性に求められていること、すなわち鏡での過剰で強迫的なチェックや外見の修正と驚くほど似ている（Phillips, 1998）［キャサリン・A・フィリップス『歪んだ鏡――身体醜形障害の治療』金剛出版、一九九九年］。男性にとって女性がより性的に魅力的になるという理由で社会的に承認されている身体損傷の諸形態、すなわち美容整形やピアッシングやタトゥーの一部は、通常、身体改造に関わるより極端ないし異常な種類の自傷行為から切り離されている。しかし、切り離すべきかどうかは必ずしも自明ではない。たとえば、豊胸手術に伴う深刻な侵襲的手術は、身体改造で行なわれていることと比較すれば、十分残酷なものとみなされるかもしれない。しかし、女性が自分の外見について抱いている普通の悩みを解消するという名目で外科医がそういうことを行なう場合は、何の問題もないとみなされている。欧米は、ますます深刻化する自傷行為の流行に直面しており、どうすれば身体への攻撃を止められるのかを問う時期に来ているのかもしれない。このような自傷行為を正当化し促進するファッション、美容、ポルノ、医療の各業界は、男性支配の西洋社会が女性や少女、弱い立場にある少年や男性に与えるダメージに寄生しているのだ。

終章　自傷の文化から抵抗の文化へ

本書で検討してきたさまざまな慣行や行為が示しているのは、女性の外見に関する西洋の文化的要件からして、西洋文化が非西洋文化と比較して「進歩的」とは言えないということである。とはいえ、女性が従わなかったからといって、街中や家族の中で殴られることは通常ないので、強制のメカニズムはそれほど厳しくないとは言える。しかし、女性の健康や生活に与える影響の大きさという点では、西洋における美容行為は国連の言う「有害な伝統的・文化的慣行」の基準を十分に満たしている。有害な伝統的・文化的慣行と認められたからといって、ただちに解決策が与えられるわけではないが、西洋の女性たちが自分の身体に要求されていることを、単なるファッションや医療行為や選択として表現している神秘のベールを取り除くことには役立つ。このような西洋の慣行が文化的に構築されたものであると同時に有害なものであるという理解が深まることで、抵抗の文化が育まれていくのだ。

西洋の美容行為は、有害な伝統的・文化的慣行の第一の、そして最も重要な基準を満たしている。つまり、女性と少女の健康を害するものであるという要件だ。たとえば、ますます残酷になってきている美容整形が、健康問題や死につながることは疑いの余地がない。映画『ファースト・ワイフ・クラブ』〔一九九六年のアメリカ映画、ダイアン・キートンなどが主演〕の原作となった小説の著者である米国のオリヴィア・ゴールドスミスの死は、たとえ富や社会的特権があっても、女性の性的役務を遂行するためになされる破壊行為から女性が守られているわけではないことを示している（Kingston, 2004）。彼女は、首の皮膚を伸すごくありきたりの美容整形手術をした際、麻酔への副反応のせいで心臓発作を起こした。アメリカの社会学者であるデボラ・H・サリヴァンは、美容整形産業を発展させてきたアメリカ医学界に関する著書の中で、死傷者の数を確定するのは難しいと説明している。しかし、彼女は、フロリダ州の『サンセンティネル』紙が、同州だけで起きた美容整形による重大な死傷事件の数を明らかにするために、医療保険の請求、訴訟、検死記録、新聞記事などを調査したことを紹介している（Sullivan, 2002）。その結果、調査期間が終了した一九九九年の第一・四半期までの二六ヵ月間に、一八人もの死者が出ていることがわかった。脂肪吸引は、美容整形の中でもとくに危険な手術である。米国の女性は、この手術で死亡する確率の方が交通事故で死亡する確率よりも高いのだが、その推定値には大きな幅がある。吸引による女性の死亡率が交通事故による死亡率の四倍高いという調査結果から（Stern, 2006）、交通事故の死亡者数が一〇万人あたり一六人という数字に対して、脂肪吸引による死亡者数が一〇万人あたり二〇～一〇〇人と推定されるというものまで、さまざまだ（FDA, 2014）。

女性器切除（ＦＧＭ）とは異なり、美容整形は文化によって厳格に強制されているわけではないが、その形態はますます一般的になり、多様化している。二一世紀には、美容整形があまりにも普通のことになっているため、女性を美容整形で変身させることをテーマとしたテレビ番組が主流になっているほどだ。たとえば、文化的に受け入れられやすい外見にするために自分の体に多くのハードな手術を施すことを競う『エクストリーム・メイクオーバー（極端な変身）』〔二〇〇二年から二〇〇七年にかけて放映されたアメリカＡＢＣのリアリティショー〕や、美容整形を題材にしたドラマシリーズである『NIP/TUCK マイアミ整形外科医』〔二〇〇三～二〇一〇年に放映されたマイアミの二人の美容形成外科医を主人公としたドラマ。日本でも放映〕などだ（Moran and Walker, 2004）。二〇一四年、英国美容整形外科協会は、このような番組が、女性に本格的な形態の美容整形手術を、簡単で日常的な手術であるかのように宣伝・推進していることに強い懸念を示し、それが危険であるとの警告を発した（MailOnline, 2014）。美容整形外科協会は、MTVの『有名人の顔になりたい』〔二〇〇四年から二〇〇五年まで放映されたリアリティショーで、素人の若者が整形手術をして有名人の顔に似せるというもの〕とチャンネル7の『美容整形ライブ』をとくに懸念すべき番組として取り上げた。

また、ピアッシングやカッティング、ヒールの高い靴を履くなど、他の美容行為でも深刻な被害が出ている。ハンマートゥ〔足指の変形症の一つで、第二、第三関節が大きく屈曲する〕、外反母趾、ふくらはぎやかかとの損傷などは、明らかに有害である。また、認識されにくい影響として、街中や職場で日常的に美容行為を実践し、性的対象となる衣装を身につけなければならないことで、メンタルヘルスに及ぼす負担も存在する。

西洋の美容行為は、女性の従属から生まれたものであるだけでなく、おそらくこのような従属の最も公然と目に見える証拠とみなされるべきものだ。たとえば、高いヒールや短いタイトスカートを履かせて足の動きを阻害することは、男性支配の残忍さをよく示している。西洋の美容行為が男性のためのものであることは、男性が女性の身体を切り刻むことを声高に要求し、それによって得られる性的刺激を喜ぶ無数のウェブサイトを見れば明らかだろう。これらの行為の中には、ことさらに残酷にしたものやまったく新しい種類のものもあるが、それらは多くの文化において伝統的に女性に要求されてきた、女性の低い地位を示す行為に類似している。それらは、有害な文化的慣行の明らかな産物である性的差異をまぎれもなく生み出している。それは伝統の名において正当化されている。たとえば、女性は常に美しくありたいと願っており、男性が「美しい」女性に惹かれるのは自然なことだという通念がそれだ。したがって、これらのことは女性のせいにされ、これらの慣行を強制したり要求したりする男たちの役割は隠蔽される。

しかし、西洋では、有害な美容行為が文化に刻まれ女性に強制される仕方に大きな違いがある。それは、多国籍企業が大儲けする一大産業として構築され、グローバル経済の大きな一翼を担っていることだ。化粧品業界、性産業、ファッション業界、広告業界、医療業界にとって、これらの行為が大いに利潤を上げるものであることは、女性がこれらの行為に抵抗し根絶することを妨げる大きな障害となっている。有害な文化的慣行を商業化することにもとづいたこれらの産業には莫大な資金があり、それは巨大な政治力となって、女性の苦痛を継続させている。たとえば、イギリスの美容整形業界だけでも、二〇一五年には六〇億ドルもの規模になると議会報告書で推定されている (Houses of Parliament, 2013)。非西洋文化では、有害な慣行は家族やコミュニティによって強制されているが、それが莫大な利益を生む巨大産業の基盤になっていることは通常ない。そのため、それはより特定しやすく、ターゲットになりやすいと言える。このような慣行をなくすための取り組みにおいて、意識や態度を変えるのに教育を用いることができる。しかし西洋では、これらの産業は政治的・経済的に巨大な影響力を持っており、教育だけでは十分ではない。宗教や家族に代わって、強力な資本主義産業の圧倒的力が文化的空間を占めているからだ。

性産業は今や主流化され巨大な利潤を上げており、美の創造と美容行為の推進に多大な影響力を持っている。文化のポルノ化や、より野蛮で侵襲的で残忍な美容行為を求めるなど、すでに非常に深刻な影響を及ぼしている。ポルノ産業と売春産業は、娯楽産業や広告産業と結合し、売春におけるような服装やポーズをとった女性のイメージを、ビルボードやミュージックビデオ、さらには『セックス・アンド・ザ・シティ』のような主流のテレビ番組で作り出している。このように、性的玩具としての女性像を文化的にそこら中にあふれさせることで、女性に性的役務を強いる強力な力が生まれるのである。体裁はかなぐり捨てられ、「美」として理解されているものはますます売春の外観に似てきている。

西洋では、女性たちはエンパワーされ、ほんの一世代前には想像もできなかったような機会や選択肢を持っているとされている。しかし、その同じ女性たちが、一九七〇年代のフェミニスト世代が想像もできなかったような形で、その服や靴によって不自由にされ、手術によって傷つけられているのだ。それどころか、手術の多くは、まさにあの七〇年代世代の女性に対しても行なわれており、女性に課される性的役務には年齢制限がないことを思い知らされる。この過酷な無償労働にもはや定年はないのだ。

美容行為が新たな野蛮さを帯びたことの一因としては、女性の機会拡大がもたらした男女関係の変化に男性がうまく適応できていないということもあるかもしれない。男性が女性のより大きな平等に適応できないのは、セックス産業の盛況ぶりを見れば明らかだ。買春ツアーに関する研究によると、男たちは、明らかに不平等で無力な女性たちへの性的アクセスを、西洋で女性に対する支配力を失ったと感じていることへの埋めあわせと考えているようだ（O'Connell Davidson, 1995; Jeffreys, 2009）。メールオーダーの花嫁斡旋会社のウェブサイトでは、ロシアやフィリピンのような悲惨な貧困にあえぐ国々から、従順で控えめな女性を西洋の男たちに提供している。西洋では、男たちは自分たちの完全な文化的・政治的・経済的支配に対する脅威に直面しており、そのことの埋めあわせを、女性が街中や職場で実行しなければならない性的役務がいっそう活況を呈し、いっそう野蛮になっていることのうちに見出すことができる。女性は公共の場を歩く権利や、外で働く権利を持っているかもしれないが、不快感や痛みを通して自分たちの服従を示さなければならないのだ。その代償はきわめて大きい。

抵抗の文化を作り出すためには、女性たちは美容行為がもたらす、健康や地位への害悪を認識するだけでなく、美容行為を放棄する覚悟を持つ必要がある。フェミニストの中にも、美容行為を正当化したり、この問題の重要性を軽視したりする人がいるのには、それなりの理由がある。彼女たちは、ほとんどの女性たちと同じく、日常的に食事に気を配り、体や顔を脱毛し、「女らしい」服を当たり前のように着て、口紅を塗って、三〇年以上過ごしてきたのかもしれない。美の「儀式」に慣れ親しんでいるために、それを問題視することが難しいのかもしれない。しかし、美の「儀式」が肉体的・精神的な苦痛を与えており、また、アンチエイジング・クリームの代わりにボトックスが使われたり、ガードルの代わりに脂肪吸引がなされたり、脇の下や脚の毛を剃る代わりにブラジリアンワックス脱毛が使われたりというように、美の「儀式」はますます深刻な形で行なわれるようになってきている。

フェミニスト哲学者のサンドラ・バートキー（Bartky, 1990）は、女性が西洋の美容行為を批判することがなぜ難しいのかをよく理解している。彼女は、女性が「美容・ファッション複合体」への依存から脱け出せなくなる理由について説明している。それは、この複合体が、「かつての教会」のように、自分自身の欠陥の感覚を女性たちに植えつけ、その上で「それ自身が生み出した罪悪感や羞恥心を（贖罪によって）取り除くことのできる唯一の手段として自らを提示する」からである（ibid., p. 41）。それは、聖餐式のような「ボディケアの儀式」を提供する。その結果、「美容・ファッション複合体」に囚われた女性たちは、フェミニズムが自分たちの「満足感と自尊心の深い根源」を脅かすものであると同時に、「多くの女性が身体上の欠陥という感覚を和らげるために依存している儀式、手順、制度」を攻撃していると考えるようになる（ibid.）。

美容行為に対するフェミニストの批判は、「女性を一種の熟練解体（de-skilling）で脅かすのであり、人々は通常それに抵抗する」と彼女は説明している（ibid., p. 77）。つまり女性たちは、美しくなるために多くの時間とお金を費やして学習し練習し習得する。とりわけ、自分はそのスキルに長けていると思っている女性の場合はなおさら、そのいっさいが無駄だった、そのスキルには価値がなかったというのは受け入れがたいことだろう。また女性は、「規範を遵守したことの見返り」（そこには男性の注目も含まれる）を手放したくないと思うかもしれない。女性の価値というものが他人や自分自身によって美容行為に基づいて理解されている場合、フェミニズムはそのような女性たちにとって、「性的魅力を奪うもの、場合によっては自分の存在を全否定する」恐れのあるものとみなされるかもしれない（ibid.）。

バートキーによれば、女性にとって化粧や女らしさのすべての実践を個人の選択であると主張することが可能であるのは、女性に対して「美の規範」に従うよう求める明白な制度が存在しないからである。それゆえ「女らしさの創出」は、「完全に自発的なものか、あるいは自然なもの」のどちらかに見える（ibid., p. 75）。このことが、「化粧は単なる芸術的な遊びであり、初めて履くハイヒールは成長過程の無邪気な一段階であり、現代の纏足に相当するものではない」という「誰もが共感する嘘」につながっていると彼女は言う。しかし、バートキーは、公式の制裁がないということは、女性が「まったく制裁を受けない」ということではないことを丁寧に明らかにしている。女性は、男性の支配下では「非常に厳しい制裁」に直面する、すなわち「男性による愛顧を受けられなくなる」という制裁に直面するのである（ibid., p. 76）。このことは、異性愛者の女性にとっては「切実に必要としている親密さを失う」ことを意味し、異性愛とレズビアンのどちらの女性にとっても「まともな生活ができなくなる」ことを意味する。それは、彼女の存在を支えてきた重要な社会的ネットワークに適合することができず、そこから排除されることを意味するかもしれない。

バートキーの作品は、一九七〇年代の強力な女性解放運動から生まれた。欧米諸国の女性たちが意識向上グループにつどい、個人的生活の政治学、とくに西洋の美の文化が女性たちに自分自身の身体に嫌悪感を抱かせ、有害な美の儀式を行なわせていることを明らかにした。一九七三年、私はこの運動の一環として美の儀式をやめたが、それは、私の周りにいた何千人もの異性愛者やレズビアンの女性たちが、同じように美の儀式を拒否していたことに勇気づけられたものだった。髪を「金褐色」に染めるのをやめ、ショートヘアにした。化粧もやめた。ハイヒールを履くのもやめ、結局、スカートもやめた。脇の下や脚の毛を剃るのもやめた。女性解放運動の力がこれらの文化的要件を拒否することを支える力ではなくなっていた一九九〇年代から二〇〇〇年代初頭にかけての最も暗い時代にも、私はこれらの慣行に戻ることはなかった。

一九八〇年代から一九九〇年代にかけての政治文化は、ならずもの資本主義の全盛期だった。このことに後押しされて、政府はビジネスの規制を緩和し、国家の役割を縮小し、市民には自分たちの生活をコントロールするための選択権を持つ消費者であると吹き込んだ。このような考えを反映して、当時における一般的な政治哲学が生まれた。一つは、ナオミ・ウルフのような女性たちのリベラル・フェミニズムで、女性たちは力を持つことを「選択する」ことができると語った（Wolf, 1993）。もう一つは、アカデミズムで流行したポストモダン・フェミニズムで、女性には主体性（agency）があり、同じく、選択することで力を得ることができると語った（Davis, 1995）。スーザン・ボルドは、パラレルな関係にあるこの二つの哲学が、ナイキの「ジャスト・ドゥ・イット」広告に代表されるように、当時の消費者文化と呼応していると説明している（Bordo, 1997）。女性は、自分の生活を束縛する物質的な力に目を向けることを強力に抑制された。この時代の女性たちは、「自分のため」、あるいは「他の女性のため」に化粧をすると言っていた。男性至上主義の文化の中では、自分の利益ではなく男の利益に貢献する必要があるので美容行為を行なっているのではないかと発言することは、無粋なことだとみなされた。

しかし、時代は変わる。この一〇年で、フェミニズムの運動がますます活発になり、女性たちが美容行為を拒否しその否定的影響に対抗する力を得る新たな可能性が見えてきた。このような抵抗をサポートする新しいフェミニズム運動が生まれたことで、女性が西洋の美容行為のルールから抜け出すことはより容易になるだろう。今では女性たちがその性的役務を拒否する可能性も高まっているように思われる。女性が抵抗すればするほど、そしてその抵抗をさらに推し進めれば推し進めるほど、他の女性たちも参加しやすくなるだろう。このような抵抗の姿勢は、美容行為を起克した世界を作りだすのに役立つ。しかし、美容行為への反発は、個人の責任だけに帰すべきではない。女性差別撤廃条約（一九七九年）は、有害な文化的慣行の根底にある文化的価値観に対抗するための行動を各国に求めている。このような文化的価値観に対抗するためには、それを生み出す上で重要な役割を果たしている強力な産業を国が規制または排除する必要がある。

医療専門家の行為を規制する責任は政府にある。というのも、ＰＩＰ社の豊胸インプラント事件で見られたように、自主規制では、被害のさらなる拡大をもたらしている外科医たちの行為を防ぐことができないのは明らかだからだ。デボラ・サリヴァンが論じているように、美容整形手術を推進しそこから利益を得ている医療専門家たちは、強欲に駆られており、医療を一九世紀的状況に逆戻りさせようとしている。すなわち、ヤブ医者たちが金銭的利益のために、健康に重大なリスクを伴うような詐欺行為を行なっていた時代にだ（Sullivan, 2002）。医療専門家たちは、美容目的であれ、一般に「性別適合（sex-reassignment）」手術と呼ばれるものであれ、美容整形を通じて政治的・文化的統制に関与している。「性別適合」という表現は、この政治的目的をよく表わしている。ある地位カテゴリーの内部で不満足な人々は、国家の代理人としての医療専門家によって、新しい地位カテゴリーに再配置（reassign）される。私は別の著作で、この種の手術はこうした理由から人権侵害であると理解されるべきだと論じた（Jeffreys, 1997b）。ゲイ嫌悪の一九五〇年代の欧米で同性愛者に対して行なわれていたロボトミー手術が、政治的抑圧を目的とした手術として認識されたのと同じように、これは政治的な手術であると認識されるべきである（Jeffreys, 2014）。美容外科医による人工処女膜の形成は、女性の低い地位の文化的要件を満たすために行なわれる政治的・文化的統制と理解されているが、欧米の女性になされる豊胸手術やラビアプラスティの政治的・文化的役割はそれほど明確ではないように見える。しかし、その動機は同じである。

明確でないように見えるのは、医療専門家が男性支配の有能な召使いであるために、その活動が批判的な精査や規制から免れやすいからかもしれない。しかし、そうした医療専門家といえども、「美容・ファッション複合体」の一部門としての役割を拡大するのではなく、その活動を健康の回復と維持に制限するよう求めることもできるはずだ。規制の対象となれば、当然ながら、想像上の身体的欠陥による精神的苦痛を和らげるために必要な美容整形手術であるのかどうかが議論されることになる。オランダではすでにこのような議論が行なわれており、メンタルヘルス上必要と判断された場合には、乳房へのインプラント手術が公費で認められている (Davis, 1995)。しかし、精神的苦痛を手術の理由として認めることには問題がある。それは、医療専門家が、そもそも苦痛を生み出している社会的メカニズムの一要素にすぎないということだ。外科的な解決策を推進することそれ自体が、文化的に忌避された身体的属性は摘出したり変更したりするべきであるとの発想につながる。医学は、人工処女膜や巨乳を作ることによって、文化の規範に従うと同時にそうした規範を創出しているのだ。外科医が与えようとしているダメージの度合いが、豊胸手術、ラビアプラスティ、手足の切断、「性別適合」手術などといったレベルに達した場合には、外科医たちの手を止めるための法律を導入する正当な理由がある。

また、有害な美容行為の根底にある考え方に対して、国家が介入できる分野がある。私は本書の中で、国際的な性産業が、とくにポルノという形態で、過去二〇年間に野蛮な外科的美容行為を生み出す強力な原動力となってきたことを証明しようとした。しかし、それだけでなく、それは有害なファッションや日常の美容行為をも生み出してきた。ポルノ産業のノーマライゼーションは、性産業におけるスタイルを採用することによって、若い女性が公共の場で男性に無償の性的興奮を与えることをファッションに求めるようになった。

ポルノの制作を禁止することには、ポルノが有害な美容行為を創出する上で大きな役割を果たしてきたからという以上の正当な理由がある。ポルノの被害には、その制作に用いられた女性、少女、若い男性たちの経験が含まれる。すなわち、何時間も男性のペニス、指、さらには腕を自分の口、膣、肛門に挿入されつづけ、そのことによって被害者たちは感情的に自己解離させたり、ドラッグに頼ることで何とか生きのびている。ポルノにおけるこのような諸行為は、それ自体が性暴力の一形態である（Jeffreys, 2009; Dines, 2010; Tyler, 2011; Tankard Reist and Bray, 2011）。また、それはすべての女性の地位や男女間の平等な関係の可能性にもダメージを与えている。美に関して言えば、ポルノ産業、およびより広く国際性産業は、女性の顔、胸、体、性器、服、靴などがどのようなものであるべきかという現代文化の諸要件を構築している。これは、女性の精神的・肉体的な健康や、女性の平等の可能性に多大な悪影響を及ぼしている。女性の平等に関心のある国々は、ポルノや売買春における女性の商業的性搾取を規制し、その根絶を目指すことができる。ヨーロッパのいくつかの国（スウェーデン、ノルウェー、アイスランド、フランス）は、売買春に対して、「性的サービスの購入」を罰する法律を導入することで、このようなアプローチをとっている（Coalition Against Trafficking in Women Australia, 2013）。この法律は、ポルノにも適用することができるだろう。

男性の需要を処罰することで性産業を終わらせることができれば、女性が生き生きと尊厳をもって活動できるような新しい文化の創造に向けた長い道のりを歩むことができるだろう。現在、西洋において女性の「自傷の文化」を生み出しているもう一つの要素は、性差別を利用して女性に美容商品や美容行為など多くのものを売り込んでいる広告業界である。スーザン・ボルド（Bordo, 1994）を初めとするフェミニスト理論家は、この業界が女性に害を及ぼす力を持っていることを指摘している。文化を変えるためには、国が広告を規制して、女性差別撤廃条約が言うような、有害な文化的慣行の根底にある態度の最も強力な源とならないようにすることが必要である。

有害な美容行為のない世界とはどのようなものだろうか。そのような世界では、外見による性的な「差異／服従」が生み出されることはなくなる。女性は性的役務を日々遂行する必要はなくなる。女性が自分の体に施す身体的ケアは、男性の性的関心に奉仕するためのものではなくなる。女性が肉体的な苦痛を感じ、費用がかかり、精神的・時間的なエネルギーを浪費する原因となっている女らしさの諸実践に従事する必要はなくなる。脱毛や化粧も不要になる。女性は、立ったり、歩いたり、バスに向かって走ったりといった活動に適した履き心地の良い靴を履くことができるようになる。もし女性がスカートを履くことを選択するとしても、それは強制されたものではなくて、快適さや特定の活動に適しているという理由からである。スカートの着用が一般的でなくなれば、座っているときに足の置き方を気にしたり、誰かに下着を見られていないか、風の強い日や前かがみになったときに下着が見えていないかなどを気にして過ごさなければならない少女や女性は、ずっと少なくなるだろう。

さらに、有害な美容行為がなくなった未来では、たとえば胸の谷間が見えすぎていないかとか、逆に足指の谷間があまり見えていないのではないかなど、一日のうちに何度も服装の状態を気にする必要がなくなるだろう。朝、鏡を見るときも、誰に見られているか、何を見られているかを気にすることなく、家を出て行く前にざっと見るだけで済むようになる。こうしたことは現在、男性の特権となっているが、女性もそれを手に入れることができる。すっぴんでいること、両足をしっかり地面につけて歩くこと、腕を振って歩くこと、ハンドバッグの代わりになる大きなポケットに手を入れて歩くこと、男性からの指図や口笛、品定めするような視線に邪魔されずに一日を過ごすことは、男性だけの特権ではなくなるだろう。実際、一部の女性はすでにこのような自由を持っているかのように生活しており、他の女性たちのためにこのような自由を作り出す手助けをしている。世界人権宣言（国連）や国際人権団体において、「尊厳」という言葉がよく使われている。この言葉が女性の外見、つまり服や靴、髪や顔に適用された場合、どのような意味を持つのかを考えてみる価値がある。有害な美容行為をなくすことで、女性に身体的・精神的な自由を与えることは、国際的な取り組みとして行なう価値のあることだ。

有害な美容行為をなくすためには、性的な「差異／服従」の文化を覆す必要がある。性的な「差異／服従」は西洋文化の根幹にあり、それゆえ、それを超克した世界を想像することは至難の業である。男性支配にとって、女性という従属的な性階級が識別可能なものであることが必要であるため、この「差異／服従」が公的に解体される徴候が生じただけで、耐えがたく感じるのかもしれない。一九三〇年に心理学者のフリューゲルが指摘したように、識別可能な性的差異は男性にとっても快感である。それは、男性によるトランスジェンダリズムの必須条件でもある。公共の場で女性が男性に性的奉仕を提供するというこの強制的な要件を取り除くことは、大きな怒りと抵抗に出くわすことだろう。男性は自分たちにとって価値あるものを失うが、女性は多くのものを得ることができる。美容行為を通じて構築された性的差異は生物学的なものではなく、女性の従属性を提示し維持するための文化的要求なのだ。西洋で女性の地位が本格的に向上するためには、この男性支配の砦を打ち破らなければならない。

訳者解題

シーラ・ジェフリーズによる本書『美とミソジニー』の初版は二〇〇五年に出版され、二〇一四年末に、新版序文を付し内容を大幅にバージョンアップした第二版が出版された[1]。本訳書はこの第二版を定本とし、特別に日本語版序文を筆者から寄せていただいた。本書執筆の動機となったのは、次のことに対する筆者の危機感であった。欧米において女性に求められるさまざまな美容行為《ビューティー・プラクティス》／美の実践が、一九七〇年代にフェミニズム運動の結果として大きく後退した後に、新自由主義が席巻する一九八〇年代以降に復活しただけでなく、ますます極端で華美で侵襲的なものになっていたこと、しかし、それにもかかわらず、そうした諸行為に対するフェミニストの批判がむしろ後景に退き、逆に美容行為を女性のエンパワーメントとして賛美する動きが主流の（リベラル&ポストモダン）フェミニズムなどで支配的になってきたことである。

ジェフリーズは本書において、欧米における美容行為の現実が、国連の規定する「有害な文化的慣行」（女性器切除など）に十分該当することを指摘し、「先進的で自由な西洋vs有害な文化的慣行を持った後進的な非西洋」という旧来のリベラルな枠組みを批判している。第三世界ではおおむねそうした「有害な文化的慣行」が制度的・法的に、あるいは子ども時代に他者（親や宗教勢力）から押しつけられ強制されている点でより直接的であるが、しかし欧米では、強力な文化的・構造的誘導と社会的圧力を通じて、そして、しばしば「代理的自傷行為（self-mutilation by proxy）」として行なわれており、その結果は同じように女性の健康、尊厳、平等

1　第二版で最新資料に基づく新たな叙述が大幅に加えられた結果として、初版にあった記述がかなり割愛されている。その中には、今日から見ても興味深いものが多数あり、それらを紹介できないことを残念に思う。たとえば、初版の第4章にはカルバン・クラインによる児童ポルノ的な広告を批判した長い記述がある。

な地位にとって著しく有害である。

ジェフリーズは美容行為を、男性の支配と女性の従属という大きな枠組みの中で分析しており、美容行為の数々が従属的な性的階級としての女性に徴《しる》しをつけ、性的差異を創出する行為であること、その主要な目的が男性の性的興奮と満足であり、女性にとっては生涯続く「性的役務（sexual corvée）」と化していることを明らかにする。とりわけ美容行為の発展において、どちらも男性が支配する産業であるファッション業界と性産業（ポルノと売買春）とが果たしている重要な役割にメスを入れている。

ジェフリーズはまた、ラビアプラスティ（女性器形成術）や豊胸手術のようなきわめて侵襲性の高いものを批判的に検討しているだけでなく、化粧や脱毛、ハイヒールのような日常的な美容行為も鋭い批判の俎上に載せており、女性政治家のように男性的権威の地位にあるような女性でさえ、タイトスカートやハイヒールを身に着けることによって、自分が男性権力の脅威とならない存在であることを自己表示するよう余儀なくされていることを明らかにしている。

本書では、女性に押しつけられる「女らしさ」だけでなく、男が自ら「女性的」な装いをするトランスヴェスティズムや、自らを女性だと考え身体改造まで行なうトランスセクシュアリズムの問題も批判的に取り上げられている。初版の執筆が二〇〇〇年初頭という当時の状況を反映して、主として「トランスセクシュアリズム」という言葉が使われているが、今日では、トランスヴェスティズムをも含むアンブレラタームとして「トランスジェンダリズム」という概念を用いる方が一般的である。女性に課せられる美容行為を批判する著作でトランスジェンダリズムの問題が取り上げられるのは場違いに思うかもしれないが、そうではない。両者は、その起源と機能の両方において深く関係している。

すでに述べたように、女性に対する美容行為の圧力は一九六〇～七〇年代の女性解放運動の影響で一時的に大きく後退した。若者文化では、男性も髪の毛を長く伸ばし、女性は化粧もドレスも身に着けなくなった。しかし、これは長続きしなかった。この運動が挫折したあとに新自由主義の時代が始まると、女性たちに再び

「美の基準」が強固に課せられるようになっただけでなく、それはますます面倒で複雑になり、そして全身に及ぶものになっていった（興味深いことに、西洋におけるこの過程と並行して、イスラム圏では、本書でも詳しく論じられているように、ヴェールの再着用の強力な動きが進行した。これもまた方向を異にしているとはいえ、女性の再ジェンダー化に他ならない）。この（再）ジェンダー化の過程は子どもにまで押しよせ、本書の第6章で紹介されているように、少女たちは一〇歳にもならない頃から、お化粧をし、ドレスを着て、女らしさの技法を学ばせられるようになった。社会の隅々に広まったこのような極端なジェンダー化こそが、トランスジェンダリズム隆盛の基盤の一つとなっている。

早い時期からのジェンダー化が極端になればなるほど、それに違和感を覚える子どもたちは増えるだろう。とくに、女の子への過剰なジェンダー化は、それに反発する女の子を増やす。また、化粧やドレスを身に着けたがることに生物学的根拠はないのだから、そうしたものを「可愛い」「美しい」と思う男の子は一定数存在するし、本書で指摘されているように、そうしたものに性的興奮を覚える男性も少なからず存在する。ジェンダー化の過度な進行はそうした少年や男性をも明らかに増大させる。そして、このようなジェンダー化が生物学的性別としてのセックスと不可分なものとされている状況下では、化粧や長い髪やフリルのドレスが好きな男性ないし男の子は実は女性ないし女の子であるとされ、逆にそれを嫌悪する女性ないし女の子は実は男性ないし男の子だとされるようになる。インターネットの一方的な情報散布はそうした傾向をいっそう助長する。

男女のこの再ジェンダー化を一つの基盤にしているトランスジェンダリズムは、その機能においてもジェンダー化と同じ役割を果たす。それは、女らしくない女性と男らしくない男性をそれぞれの性別から排除して他方の性別に再配置することで、結局は男女のジェンダー秩序を再確認し、再生産し、再強化しているのである。

さらに、この数十年間で急速に発展した医療・美容技術とそれを不断の儲けの源泉にしようとする「美容・ファッション・医療複合体」は、ホルモン治療や外科的措置を含むあらゆる手段を用いて（生物学的）女性をいっそう（ジェンダー的な意味で）「女性的」にしようとするだけでなく、女性になりたい生物学的男性をも

「女性的」にしようとしている。以上の意味で、トランスジェンダリズムは、本書で分析されている美容行為の派生物でもあり、その帰結の一つなのである。

＊＊＊

本書『美とミソジニー』は、シーラ・ジェフリーズがオーストラリアのメルボルン大学の教員であったときに書かれた。本書にオーストラリアでの実例が多いのはそれが理由だ。この本は出版されるとすぐにペーパーバック版としても発売され、学術誌や主要メディアで多くの書評が掲載された。その一つは同じイギリスのラディカル・フェミニストとして有名なジュリー・ビンデルによるものだ[2]。

本書における「美」への批判の土台になっているのが、一九六〇〜七〇年代に生まれたラディカル・フェミニズムの思想である。二〇二〇年に出版された自伝『トリガー・ウォーニング（閲覧注意）——レズビアン・フェミニストとしての生涯』に記されているように、ジェフリーズは二〇代後半から、ラディカルなレズビアン・フェミニストとしての観点にもとづいて、男性のセクシュアリティをめぐる慣行、制度、イデオロギーを批判する研究、教育、活動に携わってきた。つまり、ポルノや売買春などに抵抗する運動と、レズビアン・フェミニストのコミュニティや文化を促進する運動の両方に関わっていた。ジェフリーズが二〇一八年に出版した『レズビアン革命』で述べているように、セクシズムに対抗するためのこの両輪的アプローチは、当時の多くのフェミニストが採用した戦略でもある。ジェフリーズはその後の四〇年間とその間に書かれた一〇冊もの著作を通じてこの戦略を拡張し、発展させた。しかし、彼女がそうしたのは、まさに欧米フェミニズムが新自由主義とポストモダン・イデオロギーに敗北していった時代でもあった。

この敗北がオーストラリアほど圧倒的な国はなかった。ジェフリーズは、メルボルン大学に着任するために一九九一年に英国から移住したのだが、それは二〇一五年にイギリスに帰国するまでの約二〇年間にわたる政治的な旅の始まりだった。一九九〇年代初頭のオーストラリアは、リベラル・フェミニストの拠点となっており、売買春、美容行為、個人の消費主義的「選択」は、この国が近代的でグローバルな国家としての地位を獲得した証拠として手放しで称賛されていた。この時期はちょうどオーストラリアが長い経済成長期に入った頃でもあり（逆に日本では長期停滞期に入っていた）、そのため、彼女の平等主義的、集団主義的、ラディカルなフェミニストとしての男性社会批判は、同地できわめて敵対的に受け止められた。それにもかかわらず、ジェフリーズは到着後すぐに、現地のフェミニストといっしょに「オーストラリア女性人身売買反対連合」を設立し、地元の大学生数百人にフェミニズムやレズビアンの政治理論を教え始め、スピニフィックス出版のレナテ・クラインと共同でさまざまな書籍の出版や多様な活動のプロジェクトを開始した。

ジェフリーズの諸著作のうち五冊はオーストラリアで書かれており、これらの本の中での売買春や文化相対主義に対する批判は、とくに一九九〇年代から二〇〇〇年代にかけてのオーストラリアの状況（売買春の合法化ないし非犯罪化など）に由来するものである。彼女の諸著作は、ポルノと売買春、レズビアン、クィア理論、サドマゾヒズム、性科学（セクソロジー）、トランスジェンダリズムなど、さまざまなテーマを扱っているが、先に少し述べたように、一貫して二つの理論的方向を追求している。

一つ目は、男性のセクシュアリティがジェンダー秩序を形成・確立しており、それによって男性は女性に対して支配的な性階級（sex class）の地位に置かれていることへの批判だ。そしてこのセクシュアリティは固定的なものではなく、時代によって変化し、状況に適応し、歴史的に動的なものである。彼女の最初の著書は、一九八五年に出版された『オールドミスとその敵――フェミニズムとセクシュアリティ』であり、そこでは、二〇世紀初頭のセクソロジーの台頭が、フェミニズムの第一波を打ち負かした男性の性的権利運動であったことが明らかにされている。二冊目の著書『アンチクライマックス――フェミニスト的視点から見た性革命』

2　Julie Bindel, The ugly side of beauty, *The Guardian*, Sat 2 Jul 2005, https://www.theguardian.com/world/2005/jul/02/gender.politicsphilosophyandsociety

（一九九〇年）では、一九六〇年代の性革命を欧米諸国における男性権利運動の発展の第二の歴史的分岐点であったとしている。その性革命を通じて、売買春やポルノが欧米において主要な慣行となり、それが性の解放として正当化されていった。その後、ペドフィリア（小児性虐待）、サドマゾヒズム、トランスジェンダリズムなど、彼女が「性的倒錯」と呼ぶものがしだいに正当化されていく。女性と子どもの政治的利益に対抗する組織的な運動として、支配的性階級としての男性が発展させてきたその歴史的な適応力とイノベーションに関する彼女の四〇年にわたる考察は、フェミニズム理論へのジェフリーズの主要かつ独創的な貢献である。

以上の貢献を補完するのが、彼女の作品群の第二の方向性である。すなわち、政治的レズビアニズムがフェミニストの組織化にとって効果的な対抗戦略であるとする考えがそれだ。この立場は、『レズビアン・ヘレシー――フェミニスト的観点から見たレズビアン性革命』（一九九三年）と『クィア政治を解体する』（二〇〇三年）で最も力強く示されている。

＊＊＊

ジェフリーズはこれまで日本とはあまり縁がなく、本書は彼女の著書の中で初めて日本語に翻訳されたものであり[3]、彼女の理論は日本語の研究ではほとんど引用されていない。また、彼女は日本を訪れたことがなく、日本についての議論が彼女の著作に登場することはほとんどない。本書でも日本についての言及はごくわずかだ。しかし、二〇〇九年に出版された『産業化するヴァギナ――グローバル性産業の政治経済学』には重要な記述がある。メルボルンの同僚であった田中利幸（英語圏ではYuki Tanakaとして知られる）の研究を引用し、戦時中の「慰安婦」制度と現代の人身売買・売買春との類似性と連続性を指摘していることだ。今回の『美とミソジニー』の日本語訳が生まれたきっかけとなったのは、日本とのつながりではなく、むしろ韓国とのつながりであった。

本書は二〇一八年に、『コルセット――美とミソジニー』というタイトルで韓国語版が出版されている[4]。

この韓国語版は発売してすぐに版を重ね、五〇〇〇部以上が売れた。この韓国語版が出版される以前から、韓国ではきわめて大規模な「脱コルセット運動[5]」が起こっていたことはよく知られている。韓国は世界的にもきわめて美容産業と美容整形が繁栄した国であった。そして韓流ドラマやKポップを通じて、アジア中にその美容文化が輸出された。こうした状況のもとで、韓国の女性たちによる脱コルセット運動が起こったのである。それは何より彼女たち自身の体験と探求とから発生した独自の運動であったが、シェフリーズのこの著作が脱コルセット運動により広い歴史的・国際的なバックボーンを与えることになった。

ジェフリーズが初めて韓国を訪れたのは、『美とミソジニー』の初版が出版された二〇〇五年、フェミニストの国際会議「ウイメンズ・ワールド」に参加するためだった。その後、韓国の反性売買団体の招きで、何度も韓国を訪れている。この旅行で得た人脈のおかげで、ラディカル・フェミニストの出版社であるヨルダブックスから彼女の著作の韓国語訳が二〇一八年以降に立て続けに出ることになった。二〇一八年初頭にまず彼女の諸論文を集めた『ラディカル・フェミニズム』が独自に編集出版され、同年七月、すでに述べたように、『コルセット——美とミソジニー』が翻訳出版。さらに、翌二〇一九年に『有害なジェンダー』（原著の出版は二〇一四年。韓国語版の題名は『ジェンダーを粉砕する——ジェンダーの廃絶に向けて』）が出版され、二〇二一年には『レズビアン革命』が翻訳出版された。ジェフリーズは『ジェンダーを粉砕する』が出版された後の二〇一九年、新型コロナ・パンデミックの直前に、韓国の三つの都市で講演ツアーを行なっている。このツ

3　オンライン記事として以下のものが唯一翻訳されている。シーラ・ジェフリーズ「クィア政治とは何か」、https://note.com/f_overseas_info/n/na7587cf2a5d9

4　韓国版序文の翻訳は以下に掲載。ク・ジヘ「シーラ・ジェフリーズ『美とミソジニー』韓国語版序文」、https://appinternational.org/2021/01/03/foreword_beauty_and_misogyny_korean_edition/

5　韓国の脱コルセット運動については、以下を参照。本書の内容と共振するような証言と分析とが展開されている。イ・ミンギョン他『脱コルセット——到来した想像』生田美保他訳、タバブックス、二〇二二年。

アーが可能になったのは、二〇一六年から韓国で起きたラディカルなフェミニスト政治を支持する若い女性たちの運動が大きく盛り上がったからである[6]。

本書の日本語版序文でも触れられているように、韓国での講演ツアーで会場を埋め尽くした若い女性たちはみなショートヘアであり、まさにショートヘアの海がジェフリーズの目の前に広がっていた。そんな光景は欧米でも見られないものだった。この韓国での大きなうねりが日本にも反響し、本書『美とミソジニー』を日本語で翻訳しようという機運がつくられていったのである。その意味で、まさに韓国のフェミニストたちの先進的な闘いのおかげで、本書が出版されたと言っても過言ではない。

＊＊＊

シーラ・ジェフリーズもその作品も、日本の読者にとってはまだ目新しいものだが、本書が明らかにした女性と少女にとって有害な文化的慣行である美容行為の数々は、そのほとんどが日本の状況にも当てはまるものである。たとえば最も残酷なものの一つである豊胸手術やラビアプラスティなどをネットで検索してみれば、多くの日本語サイトがヒットすることがわかるだろう。日本語版序文で取り上げられているつけ爪やまつ毛のエクステンションもこの日本でも大はやりだ。若い女性たちの間ではやっているまっすぐな長い髪も、必ずしも昔からの風習ではない。一九六〇~七〇年代まではむしろ女性（とりわけ働く女性）の髪は、男性より若干長かったとはいえ、総じて肩にかからない程度の長さだった。日本における長いストレートな髪の流行も、ジェフリーズが指摘する女性の再ジェンダー化から生じたのである。さらに日本ではアジア特有の美容行為もある。外見を白人風にするために、髪の毛をブロンドに染めたり、カラーコンタクトを入れて目の色を変えたりすることがそれだ。アジアにおけるこうした動向について本書では触れられていないが、西洋において黒人が白人的な「美」に近づけようとしたことについては指摘されており、美の基準における人種差別主義の一種として理解することができるだろう。

本書の第7章で取り上げられている靴と足のフェティシズムの問題も、同じく深刻だ。職場において必要もないのに女性だけがヒールの高い靴やパンプスを履かせられ、それが大きな苦痛と不必要な負担を強いられている問題については、よく知られているように「#Ku Too」(「靴」と「苦痛」と「MeToo」を掛け合わせた言葉)というネット上の運動を生んだ。

また、本書の第3章が取り上げているトランスジェンダリズムも、欧米より十数年ほど遅れてこの日本でも急速に広がりつつあり、女性の人権と安全を深刻に脅かしている。その意味で本書は、直接的には欧米における有害な文化的慣行を取り上げているにもかかわらず、この日本でもきわめてアクチュアルで切実なものとして受け止められるだろう。

世界のどこでも、アカデミズム系のフェミニズムの多くは、ネオリベラリズム、ポストモダニズム、クィア理論の悪影響を受けている。本書の第7章では、中国の纏足でさえ「実践の多様性と意味の不安定さ」というポストモダンな決まり文句のもとで正当化されていることが明らかにされている。ポストモダニズムやクィア理論は、売買春とポルノから纏足やハイヒール、SMやペドフィリアにいたるまで、女性と少女に対する抑圧と暴力のあらゆるものを正当化するための知的道具として機能している。この日本でもそうであり、このことは、多くの草の根のフェミニストや女性たちがこの間のトランスジェンダリズムの動きを通じて実感していることだ。

しかし、このトランスジェンダリズムとの闘いを通じて新たにラディカル・フェミニズムの運動が盛り上がっているイギリスなどヨーロッパ諸国のジェンダー・クリティカル系(GC)フェミニスト、そして世界の女

6 この韓国のラディカルなフェミニスト運動の高揚については、以下を参照。ジェン・アイザクソン&キム・テギョン「私たちは花ではない、火だ——韓国女性運動が示すラディカル・フェミニズムの可能性」(https://appinternational.org/2020/11/14/korean_movement_not_flowers_but_a_fire/)、キム・イミョン他『根のないフェミニズム——フェミサイドに立ち向かったメガリアたち』大島史子訳、李美淑監修、アジュマブックス、二〇二一年。

性運動を今やリードする存在になっている韓国のフェミニストたちは、市井の女性たちの草の根の運動こそがフェミニズムを再生させる唯一の鍵であることを理解している。本来、アカデミズム世界のフェミニズムはそうした運動に学び、それに貢献し、それに知的・理論的支えを与えるものでなければならないはずだ。そして、本書はまさにそういう著作であり、ジェフリーズ自身がアカデミシャンというよりは、根っからの闘士なのである。この『美とミソジニー』日本語版の出版が日本の女性たちを勇気づけ、男性支配社会への「抵抗の文化」を育み、男性の権利運動に対抗する闘争に貢献することを心より願っている。

＊＊＊

訳語についてだが、本書のキーワードである「beauty practices」は基本的に「美容行為」と訳したが、ときに抽象的に「美の実践」と訳した場合もある。同じく「femininity」は基本的に「女らしさ」と訳し、文脈によって「女性性」と訳した。「transgressive」は文脈に応じて「越境的」ないし「規範侵犯的」と訳している。本訳書では、読者にとっての読みやすさを考慮して、若干、改行箇所や小見出しを増やし、章の題名や小見出しの表現を変えた場合がある。本書で引用された文献の中に既訳があるものについては、できるだけそれらを参照し、該当頁も記しておいたが、訳文は必ずしも既訳に従っていない。

本書の翻訳は、欧米のジェンダー・クリティカル（ＧＣ）な著作を日本で系統的に翻訳紹介しようとする有志たちのプロジェクトとして企画され、翻訳され、出版される。本書を出版するにあたって、慶應義塾大学出版会の村上文さんに大変お世話になった。また、きわめて入念かつ丁寧な校正をしていただいた中村孝子さんにも記して感謝したい。

キャロライン・ノーマ、森田成也（ＧＣジャパン翻訳グループを代表して）

二〇二二年四月三〇日

著者

シーラ・ジェフリーズ（Sheila Jeffreys）

イギリス出身のフェミニスト学者。1991年にオーストラリアに移住、メルボルン大学社会政治学部で教授を務めた。性の政治学、レズビアンフェミニズムなどのテーマについて多数の著作がある。国際的な女性運動にも携わり、オーストラリア女性人身売買反対連合（CATWA）を創設した。2015年に大学を退職し、イギリスに戻って活発な著述活動をしている。

著書に、*Unpacking Queer Politics: A Lesbian Feminist Perspective*, 2003; *The Industrial Vagina: The Political Economy of the Global Sex Trade*, 2009; *Gender Hurts: A Feminist Analysis of the Politics of Transgenderism*, 2014など。韓国では本書と、*Gender Hurts*、*The Lesbian Revolution*などが訳され反響を呼んでいる。

訳者

GCジャパン翻訳グループ

森田成也（もりた せいや）

大学非常勤講師。専門はマルクス経済学。主要著作に、『資本主義と性差別』（青木書店、1997年）、『家事労働とマルクス剰余価値論』（桜井書店、2014年）、『マルクス主義、フェミニズム、セックスワーク論』（慶應義塾大学出版会、2021年）、他多数。主要翻訳に、キャサリン・マッキノン『女の生、男の法』上下（共訳、岩波書店、2011年）、マルクス＆エンゲルス『共産党宣言』（光文社古典新訳文庫、2020年）、他多数。

キャロライン・ノーマ（Caroline Norma）

ロイヤルメルボルン工科（RMIT）大学講師。専門は慰安婦問題と戦後日本の性産業の研究。主要著作に、*The Japanese Comfort Women and Sexual Slavery During the China and Pacific Wars*（Bloomsbury USA Academic, 2015）; *Comfort Women and Post-Occupation Corporate Japan*（Routledge, 2018）; *Voices from the Contemporary Japanese Feminist Movement*（co-authoerd, Palgrave Macmillan, 2022）など。

千田有紀（せんだ ゆき）

武蔵大学社会学部教授。専門はジェンダーの社会学、現代社会論、家族社会学、教育社会学。主要著作に、『日本型近代家族――どこから来てどこへ行くのか』（勁草書房、2011年）、『女性学／男性学』（岩波書店、2009年）、共著に、千田有紀・中西祐子・青山薫『ジェンダー論をつかむ』（有斐閣、2013年）など。

佐藤律（さとう りつ）

早稲田大学大学院教育学研究科修士課程在籍中。

人名索引

タ行

ナ行

ハ行

マ行

ラ行

ワ行

文献一覧

ABGender. (n.d.). America's most popular transgender resource and shopping directory. www.abgender.com/ (accessed 17 September, 2002).

Abu-Odeh, Lama. (1995). Post-colonial feminism and the veil: considering the differences. In Olsen, Frances E. (Ed.), *Feminist legal theory*, Volume I. Aldershot, Singapore, Sydney: Dartmouth. pp. 523-534.

Adams, Gerald. (1985). Attractiveness through the ages: implications of facial attractiveness over the life cycle. In Graham, Jean Ann and Kligman, Albert M. (Eds), *The psychology of cosmetic treatments*. New York: Praeger. pp. 133-151.〔ジーン・アン・グラハム＆アルバート・M・クリグマン監修『化粧の心理学』早川律子訳・監修、週刊粧業、1988 年〕

Adult Video News. (2000). Houston on eroticbid: pussy debut busted by cops. Loose lips. Rocco and the stripper. www.adultvideonews.com/archieves/200007/loose0700. html (accessed 12 February, 2004).

Adult Video News. (2002a). The 25 events that shaped the first 25 years of video porn. August. www.adultvideonews.com/cover/cover0802_01.html (accessed 12 February, 2004).

Adult Video News. (2002b). Innerviews. Getting her jolly's and looking for more. August. www.adultvideonews.com/inner/iv0802_01html (accessed 12 February, 2004).

Afshar, Haleh. (1997). Women, marriage and the state in Iran. In Visnathan, Nalini, Duggan, Lynn, Nisonoff, Laurie and Wiegersma, Nan (Eds), *The women, gender and development reader*. London and New Jersey: Zed Books. pp. 317-320.

Alexander, Keith. (n.d.). Keith Alexander's modern American body art. www.modernameri- can.com/aboutb.htm (accessed 12 October, 2003).

Alter, Gary. (n.d.). Remodelling of labia major and pubis. www.altermd.com/female/Publis. htm (accessed 24 September, 2002).

Ananova. (2001). High heels still biggest cause of women's foot pain. 19 September. www.ananova.com/news/story/ (accessed 6 October, 2001).

Anders, Charles. (2002). *The lazy crossdresser*. Emeryville, CA: Greenery Press.

APA. (2007). Task force on the sexualization of girls: executive summary. American Psychological Association. www.apa.org/pi/women/programs/girls/report.aspx (accessed 13 December, 2013).

Atwan, Shachar. (2012). Feminist fashion show – with pole-dancers. *Israel: Haaretz*, 11 July. www.haaretz.com/culture/arts-leisure/feminist-fashion-show-with-pole-dancers-1.450312 (accessed 12 November, 2013).

Avedon, Richard. (1998). *The naked and the dressed. Twenty years of Versace*. London: Jonathan Cape.

Bahr, David. (1998). Eye candy. *The Advocate*, 22 December, p. 59.

Bailey, Reg. (2011). Letting children be children. Report of an independent review of the commercialisation and sexualisation of childhood. UK: Department of Education. www. gov.uk/government/uploads/system/uploads/attachment_data/file/175418/Bailey_ Review.pdf (accessed 16 November, 2013).

Barnard, Malcolm. (Ed.). (2007). *Fashion theory: a reader*. London: Routledge.

Barry, Kathleen. (1995). *The prostitution of sexuality*. New York: NYU Press.

Bartky, Sandra Lee. (1990). *Femininity and domination. Studies in the phenomenology of oppression*. New York: Routledge.

Bates, Laura. (2014). Plastic surgery apps for little girls? Horrendous, but not surprising. *Guardian*, 17 January. www.theguardian.com/lifeandstyle/womens-blog/2014/jan/17/ plastic-surgery-apps-for-little-girls-horrendous-sexism (accessed 20 February, 2014).

BBC. (1997). Cutting up rough. The works. Arts documentaries for BBC2, 20 July. www.bbc.co.uk/works/s3/mcqueen/subinfo/shtml (accessed 14 June, 2002).

BBC. (2000). Complete obsession. *Horizon*, 17 February. www. bbc.co.uk/science/horizon/1999/obsession_script.shtml (accessed 18 February, 2004).

BBC. (2001). Feet suffer for fashion. *BBC News*, 6 March. http://news.bbc.co.uk/1/hi/health/1205560.stm (accessed 5 June, 2002).

Beckett, H. with Brodie, I., Factor, F., Melrose, M., Pearce, J., Pitts, J., Shuder, L. and Warrington, C. (2013). *'It's wrong ... but you get used to it'. A qualitative study of gang-associated sexual violence towards, and exploitation of, young people in England.* London: Office of the Children's Commissioner.

Benjamin, Harry and Masters, R.E.L. (1964). *Prostitution and morality: a definitive report on the prostitute in contemporary society and an analysis of the causes and effects of the suppression of prostitution.* London: Souvenir Press.

Ben-Tovim, David I., Walker, Kay, Gilchrist, Peter, Freeman, Robyn, Kalucy, Ro and Esterman, Adrian. (2001). Outcome in patients with eating disorders: a 5-year study. *The Lancet*, 21 April, Vol. 357, No. 9264, pp. 1254–1257.

Bentley, Toni. (1984). The heart and sole of a ballerina's art: her toe shoes. *Smithsonian*, Vol. 15, June, pp. 88–89.

Berer, Marge. (2010). Editorial: cosmetic surgery, body image and sexuality. *Reproductive Health Matters*, Vol. 18, No. 35, pp. 4–10.

Bergler, Edmund. (1987). *Fashion and the unconscious.* Madison, CN: International Universities Press. (Original work published 1953.)

Beusman, Callie. (2014). Another model comes forward with horrible Terry Richardson allegations. *Jezebel*, 10 March. http://jezebel.com/another-model-comes-forward-with- horrible-terry-richard-1540412871 (accessed 4 November, 2014).

Blanchard, Ray. (1989). The concept of autogynephilia and the typology of malegender dysphoria. *Journal of Nervous and Mental Disease*, Vol. 177, No. 10, pp. 616–623.

Blanchard, Ray. (1991). Clinical observations and systematic studies of autogynephilia. *Journal of Sex and Marital Therapy*, Vol. 17, No. 4, Winter, pp. 236–251.

Blanchard, Ray. (1993). The she-male phenomenon and the concept of partial autogynephilia. *Journal of Sex and Marital Therapy*, Vol. 19, No. 1, Spring, pp. 69–76.

Blank, Hanne and Kaldera, Raven. (Eds). (2002). *Best transgender erotica.* Cambridge, MA: Circlet Press.

Blow, Isabella and LaChapelle, David. (1998). The new surrealists (stylist Isabella Blow and photographer David LaChapelle). Interview, September. www.findarticles.com/cf_0/ m1285/n9_v28/21076317/p1/article.jhtml (accessed 5 March, 2002).

Body Modification Ezine. (n.d.a). BME site map. www.bmezine.com/sitemap.htm (accessed 4 June, 2003).

Body Modification Ezine. (n.d.b). Couples who met through BME. www.bmezine.com/ ritual/love5.htm (accessed 4 June, 2003).

Boggan, Steve. (2013). Getting in on the act: how the porn industry intends to reinvent itself. *Independent*, 16 February. www.independent.co.uk/life-style/love-sex/sex-industry/ getting-in-on-the-act-how-the-porn-industry-intends-to-reinvent-itself-8493699.html (accessed 16 October, 2013).

Boland, Barbara. (2013). Obama had senate-office 'portrait session' with pornographer. *CSN News*, 21 November. www.cnsnews.com/news/article/barbara-boland/obama-had-senate- office-portrait-session-pornographer#sthash.u5ekHeAu.dpuf (accessed 8 February, 2014).

Bomis: The Lipstick Fetish Ring. (n.d.). www.bomis.com/rings/lipstick/ (accessed 24 February, 2004).

Bordo, Susan. (1994). *Unbearable weight: feminism, Western culture and the body.* Berkeley, CA: University of California Press.

Bordo, Susan. (1997). *Twilight zones: the hidden life of cultural images from Plato to O.J.* Berkeley, CA: University of California Press.

Bornstein, Kate. (1994). *Gender outlaw: on men, women and the rest of us*. London: Routledge.

Brownmiller, Susan. (1984). *Femininity*. London: Paladin.〔スーザン・ブラウンミラー『女らしさ』幾島幸子・青島淳子訳、勁草書房、1998 年〕

Buford, Gregory A. and House, Steven E. (2010). *Beauty and the business: practice, profits and productivity, performance and profitability*. New York: Morgan James.

Burns, Janice B. (2003). Thought for the day. Quote of the week. *The Age*, 26 July.

Butler, Judith. (1990). *Gender trouble: feminism and the subversion of identity*. London and New York: Routledge.〔ジュディス・バトラー『ジェンダー・トラブル――フェミニズムとアイデンティティの攪乱』竹村和子訳、青土社、1999 年〕

Butler, Judith. (1993). *Bodies that matter: on the discursive limits of sex*. New York: Routledge.〔ジュディス・バトラー『問題＝物質となる身体――「セックス」の言説的境界について』佐藤嘉幸監修、武内和子・越智博美ほか訳、以文社、2021 年〕

Brady, Shirley and Figler, Andrea. (2003). Porn sent packing. *CableWorld*, 11 August, p. 31.

Califia, Pat. (1994). Public sex. The culture of radical sex. Pittsburgh, PA: Cleis Press.〔パット・カリフィア『パブリック・セックス――挑発するラディカルな性』東玲子訳、青土社、1998 年〕

Callaghan, Karen A. (Ed.). (1994). *Ideals of feminine beauty: philosophical, social, and cultural dimensions*. Westport, CT: Greenwood Press.

Camphausen, Rufus C. (1997). *Return of the tribal: a celebration of body adornment, piercing, tattooing, scarification, body painting*. Rochester, VT: Park Street Press.

Cardona, Mercedes M. (2000). Young girls targeted by makeup companies; marketers must walk fine line not to upset parents. *Advertising Age*, 27 November, Vol. 71, p. 15.

Carnal Knowledge Network. (n.d.). Personal grooming. Removing unpleasant or unsightly hair! www.carnal.net/public/module/html (accessed 4 December, 2002).

Carter, Keryn. (2000). Consuming the ballerina: feet, fetishism and the pointe shoe. *Australian Feminist Studies*, Vol. 15, No. 31, pp. 81–90.

Carvel, John. (2002). Women still earn half as much as men, DTI admits. *Guardian*, 13 July.

Castleman, Michael. (2000). Porn-star secrets. Salon.com, September 6. http://archive.salon. com/sex/feature/2000/09/06/hair_removal/print.html (accessed 19 October, 2002).

Chapman, Donna and Caldwell, Benjamin. (2012). Attachment injury resolution in couples when one partner is trans-identified. *Journal of Systemic Therapies*, Vol. 31, No. 2, pp. 36–53.

Chi-Hung, Lin. (2009). This is hardcore – Helmut Newton. *WestEast Magazine*, 4 March. http://westeastmag.com/2009/03/04/this-is-hardcore-helmut-newton/ (accessed 6 October, 2013).

Cindoglu, Dilek. (1997). Virginity tests and artificial virginity in modern Turkish medicine. *Women's Studies International Forum*, March. Vol. 20, No. 2, pp. 253–262.

Clarke, Laura Hird and Griffin, Meridith. (2008). Visible and invisible ageing: beauty work as a response to ageism. *Ageing and Society*, Vol. 28, No. 5, pp. 653–674.

CNN Wire Staff. (2011). Dior moves to fire Galliano after Hitler comments. *CNN*, 2 March. http://edition.cnn.com/2011/SHOWBIZ/celebrity.news.gossip/03/01/portman.galliano/ (accessed 12 February, 2014).

Coalition Against Trafficking in Women Australia. (2013). Demand change. Understanding the Nordic approach to prostitution. Melbourne: Coalition Against Trafficking in Women. http://catwa.org.au/files/images/Nordic_Model_Pamphlet.pdf (accessed 12 February, 2014).

Confessore, Nicholas. (2002). Porn and politics in a digital age. *Frontline*, February 7. American Porn.

Public Broadcasting Service. www.pbs.org/wgbh/pages/frontline/shows/ porn/special/politics.html (accessed 4 October, 2002).

Coomaraswamy, Radhika. (1997). *Report of the Special Rapporteur on violence against women, its causes and consequences.* E/CN.4/1997/47. www.unhchr.ch/Huridocda/ Huridoca.nsf/TestFrame/043c76f98a70 6362802566b1005e9219?Opendocument (accessed 28 February, 2004).

Coomaraswamy, Radhika. (2002). *Cultural practices in the family that are violent towards women: report of the special rapporteur on violence against women.* E/CN.4/2002/83. www.unhchr.ch/Huridocda/Huridoca.nsf/TestF rame/42e7191fae543562c1256ba7004e963c?Opendocument (accessed 28 February, 2004).

Cosmetic Surgery Resource. (n.d.). Cosmetic foot surgery. www.cosmeticsurgeryresource. com/Cosmetic-Foot-Surgery.html (accessed 21 January, 2004).

Coy, Maddy and Garner, Maria. (2012). Definitions, discourses and dilemmas: policy and academic engagement with the sexualisation of popular culture. *Gender and Education*, Vol. 24, No. 3, pp. 285–301.

Coy, Maddy, Kelly, Liz, Elvines, Fiona, Garner, Maria and Kanyeredzi, Ava. (2013). *'Sex with- out consent, I suppose that is rape': how young people in England understand sexual consent.* London: Office of the Children's Commissioner.

Daily Mail Reporter. (2010). Think before you ink: quarter of tattooed Britons admit they regret their body art. *Daily Mail*, 12 July. www.dailymail.co.uk/news/article-1294223/ Quarter-tattooed-Britons-admit-regret-body-art.html#ixzz2saKVsidu (accessed 15 October, 2013).

Daly, Mary. (1979). *Gyn/Ecology: the metaethics of radical feminism.* London: The Women's Press.

Davies, Caroline. (2011). Harrods 'ladies' code' drives out sales assistant. *Guardian*, 2 July. www. theguardian.com/law/2011/jul/01/harrods-dress-code-sales-assistant (accessed 20 October, 2013).

Davies, Jessica. (2001). A vogue for porn. *The Times*, 20 April.

Davis, Fred. (2007). Antifashion: the vicissitudes of negation. In Barnard, Malcolm (Ed.), *Fashion theory: a reader.* London: Routledge. pp. 89–102.

Davis, Kathy. (1995). *Reshaping the female body: the dilemma of cosmetic surgery.* New York: Routledge.

Davis, Kathy. (1997). 'My body is my art'. Cosmetic surgery as feminist utopia? In Davis, Kathy (Ed.), *Embodied practices: feminist perspectives on the body.* London: Sage. pp. 168–181.

Debaise, Colleen. (2013). 5 reasons why 2013 was good for women in politics. *Huffington Post*, 30 December. www.huffingtonpost.com/colleen-debaise/5-reasons-why-2013-was-good-for-women-in-politics_b_4518893.html (accessed 25 January, 2014).

Dellinger, Kirsten and Williams, Christine L. (1997). Makeup at work: negotiating appearance rules in the workforce. *Gender and Society*, April/May, Vol. 11, No. 2, pp. 151–178.

Delphy, Christine. (1993). Rethinking sex and gender. *Women's Studies International Forum*, Vol. 16, No. 1, pp. 1–9.

Devor, Holly. (1994). Transsexualism, dissociation, and child abuse: an initial discussion based on nonclinical data. *Journal of Psychology and Human Sexuality*, Vol. 6, No. 3, pp. 49–72.

Devor, Holly. (1999). *FTM: female-to-male transsexuals in society.* Bloomington and Indianapolis, IN: Indiana University Press.

Dines, Gail. (2010). *Pornland.* Melbourne: Spinifex.

Dines, Gail and Murphy, Wendy J. (2011). SlutWalk is not sexual liberation. Women need to take to the streets to condemn violence, but not for the right to be called 'slut'. *Guardian*, 9 May. www. theguardian.com/commentisfree/2011/may/08/slutwalk-not-sexual-liberation (15 January, 2014).

Doezema, Jo. (1998). Interviews NWSP Coordinator, Cheryl Overs. In Kempadoo, Kamala and Doezema, Jo (Eds), *Global sex workers: rights, resistance, and redefinition.* New York and London: Routledge. pp. 204–209.

DollBaby Makeup. (n.d.). DollBaby makeup artist. Kids' parties. www.dollbabymakeupartist.com. au/mobile-makeup-artist-sydney-kids-parties.php (accessed 22 August, 2014).

Donohue, Maureen. (2000). Body piercing and branding are the latest fads. *Family Practice News*, 15 February, Vol. 30, No. 4, p. 18.

Dorkenoo, Efua. (1994). *Cutting the rose: female genital mutilation: the practice and its prevention*. London: Minority Rights Publications.

Dr Becky. (1998). Janice Raymond and Autogynephilia. www.drbecky.com/Raymond.html (accessed 10 October, 2002).

Driscoll, Brogan. (2014). Porn star, Elizabeth Starr, fears her supersize 'string' breast implants could kill her. *Huffington Post*, 14 January. www.huffingtonpost.co.uk/2014/01/14/porn-star-eliza-beth-starr-dangerous-breast-implants_n_4594458.html (accessed 18 February, 2014).

Duits, Linda and van Zoonen, Liesbet. (2006). Headscarves and porno-chic: disciplining girls' bodies in the European multicultural society. *European Journal of Women's Studies*, Vol. 13, pp. 103–117.

Duschinsky, Robbie. (2013). The emergence of sexualization as a social problem: 1981–2010. *Social Politics*, Vol. 20, No. 1, pp. 137–156.

Dworkin, Andrea. (1974). *Woman hating*. New York: E. P. Dutton.

Eagleton, Terry. (1996). *The illusions of postmodernism*. Oxford: Blackwells.〔テリー・イーグルトン『ポストモダニズムの幻想』森田典正訳、大月書店、1998 年〕

The Economist. (2003). Special report: pots of promise – the beauty business. 24 May.

The Economist. (2014). Cosmetics. Because it's no longer worth it. 11 January. http://www. economist.com/news/business/21593466-foreign-cosmetics-makers-arescaling-back- their-ambitions-china-because-its-no-longer-worth (accessed 11 February, 2014).

Egan, Timothy. (2001). Wall Street meets pornography. *New York Times*, 23 October.

Eicher, Joanne B. (2001). Dress, gender, and the public display of skin. In Entwhistle, Joanne and Wilson, Elizabeth (Eds), *Body dressing*. Oxford and New York: Berg. pp. 233–252.

Elliott, Carl. (2000). A new way to be mad. *The Atlantic Magazine*. www.theatlantic.com/magazine/archive/2000/12/a-new-way-to-be-mad/304671/ (accessed 10 March, 2004).

Ellis, Henry Havelock. (1913). *Studies in the psychology of sex, Volume 2. Sexual inversion*. Philadelphia: F. A. Davis.〔ハヴロック・エリス『性の心理』第 4 巻『性対象倒錯』佐藤晴夫訳、未知谷、1995 年〕

Ellis, Henry Havelock. (1926). *Studies in the psychology of sex. Erotic symbolism, the mechanism of detumescence and the psychic state in pregnancy*. Philadelphia: F.A. Davis.〔ハヴロック・エリス『性の心理』第 5 巻『性愛の象徴化』佐藤晴夫訳、未知谷、1996 年〕

Enloe, Cynthia. (1989). *Bananas, beaches and bases: making feminist sense of international politics*. London: Pandora.〔シンシア・エンロー『バナナ・ビーチ・軍事基地——国際政治をジェンダーで読み解く』望戸愛果訳、人文書院、2020 年〕

Erickson, Kim. (2002). *Drop dead gorgeous. Protecting yourself from the hidden dangers of cosmetics*. Chicago: Contemporary Books.

Eriksen, Shelley J. (2012). To cut or not to cut: cosmetic surgery usage and women's age-related experiences. *International Journal of Aging and Human Development*, Vol. 74, No. 1, pp. 1–24.

Etcoff, Nancy. (2000). *The survival of the prettiest: The science of beauty*. New York: Anchor Books.〔ナンシー・エトコフ『なぜ美人ばかりが得をするのか』木村博江訳、草思社、2000 年〕

Euromonitor. (2013). *Multinationals further consolidate the market, with stronger competition. Beauty and personal care in China. Euromonitor International Country Report*. April. www.euromonitor.com/beauty-and-personal-care-in-china/report (accessed 14 February, 2014).

Evans, Caroline. (2001). Desire and dread: Alexander McQueen and the contemporary femme fatale. In

Entwhistle, Joanne and Wilson, Elizabeth (Eds), *Body dressing*. Oxford and New York: Berg. pp. 201–214.

Evans, David T. (1993). *Sexual citizenship: the material construction of sexualities*. London: Routledge.

Fahs, Breanne. (2012). Breaking body hair boundaries: classroom exercises for challenging social constructions of the body and sexuality. *Feminism and Psychology*, Vol. 22, pp. 482–506.

Fallon, Patricia, Katzman, Melanie A., Wooley, Susan C. (Eds). (1994). *Feminist perspectives on eating disorders*. New York: Guilford Press.

Farley, Melissa, Baral, Isin, Kiremire, Merab and Sezgin, Ufuk. (1998). Prostitution in five countries: violence and post-traumatic stress disorder. *Feminism and Psychology*, Vol. 8, No. 4. pp. 405–426.

Farrow, Kevin. (2002). *Skin deep: a guide to safe, chemical-free skincare and cleaning products*. Melbourne: Lothian Books.

Fashion Icon. (n.d.). Everything you always wanted to know about bikini waxing ... but didn't know who to ask. www.fashion-icon.com/brazil.html (accessed 11 September, 2002).

Favazza, Armando. (1996). *Bodies under siege: self-mutilation and body modification in culture and psychiatry*. Baltimore, MD and London: The Johns Hopkins University Press.〔アルマンド・R・ファヴァッツァ『自傷の文化精神医学——包囲された身体』松本俊彦監訳、金剛出版、2009 年〕

FDA. (2014). Medical Devices. What are the risks or complications? Food and Drug Administration. www.fda.gov/MedicalDevices/ProductsandMedicalProcedures/ SurgeryandLifeSupport/Liposuction/ucm256139.htm (accessed 9 March, 2014).

Ferguson, Michaele L. (2010). Choice feminism and the fear of politics. *Perspectives on Politics*, Vol. 8, No. 1, pp. 247–253.

Fetters, Ashley. (2011). The new full-frontal: has pubic hair in America gone extinct? *The Atlantic*, 13 December. www.theatlantic.com/health/archive/2011/12/the-new-full- frontal-has-pubic-hair-in-america-gone-extinct/249798/ (accessed 6 February, 2014).

Finkelstein, Joanne. (1991). *The fashioned self*. Cambridge, UK: Polity Press.

Finkelstein, Joanne. (1996). Heel! *The Australian Financial Review Magazine*, 30 August.

Flugel, J.C. (1950). *The psychology of clothes*. London: The Hogarth Press. (Original publication 1930.)

Freedland, Jonathan. (2002). Nation in bondage. When porn is used to sell Pot Noodle, it is time for society to change its attitude towards sex. *Guardian*, 16 July.

Freeman, Hadley. (2013). Terry Richardson: fashion's shameful secret. *Guardian*, 19 November. www.theguardian.com/fashion/2013/nov/18/terry-richardson-fashion- shameful-photographer (accessed 16 February, 2014).

Frost, Liz. (1999). 'Doing looks': women, appearance and mental health. Arthurs, Jane and Grimshaw, Jean (Eds), *Women's bodies: discipline and transgression*. London and New York: Cassell. pp. 117–136.

Frye, Marilyn. (1983). *The politics of reality: essays in feminist theory*. Trumansburg, New York: The Crossing Press.

Furth, Gregg M. and Smith, Robert. (2002). *Amputee identity disorder: information, questions, answers and recommendations about self-demand amputation*. Bloomington, IN: 1stBooks.

Fyfe, Melissa. (2001). Magazine in row over genital surgery article. *The Age*, 8 January.

GenderPAC. (n.d.). www.gpac/index.html (accessed 18 March, 2001).

Gill, Rosalind. (2007). Critical respect: the difficulties and dilemmas of agency and 'choice' for feminism: A reply to Duits and van Zoonen. *European Journal of Women's Studies*, Vol. 14, pp. 69–80.

Giobbe, Evelina. (1991). Prostitution: buying the right to rape. In Wolpert Burgess, Ann (Ed.), *Rape and sexual assault III. A research handbook*. New York: Garland Publishing. pp. 143–160.

Girlguiding. (2013). *Equality for girls: girls' attitudes survey*. London: Girlguiding.

Girl Talk. (2001/2002). Online discussion board. http://boards.substance.com/messages/get/

sbcell17/57.html (accessed 10 July, 2002).

Goddess Tika's Lipsticked Luvs. (n.d.). http://members.aol.com/lpstkluv/tika.html (accessed 5 June, 2002).

Gottschalk, Karl-Peter. (1995). Leigh Bowery. Goodbye to the boy from Sunshine. http://easy web.easynet.co.uk/~karlpeter/zeugma/inters/bowery.htm (accessed 23 February, 2004).

Graham, Dee L. R. with Edna I. Rawlings and Roberta K. Rigsby. (1994). *Loving to survive: sexual terror, men's violence and women's live.* New York: New York University Press.

Greer, Germaine. (2000). Sex 2000? *HQ*, November. pp. 98–101.

Grosz, Elizabeth. (1994). *Volatile bodies: toward a corporeal feminism.* St. Leonards, NSW: Allen and Unwin.

Guillaumin, Colette. (1996). The practice of power and belief in nature. In Leonard, Diana and Adkins, Lisa (Eds), *Sex in question: French materialist feminism.* London: Taylor and Francis. pp. 72–108.

Hadgraft, Beverley. (2014). Two of US. *Sydney Morning Herald*, 1 March. www.smh.com. au/lifestyle/two-of-us-20140224-33b6g.html (accessed 10 March, 2014).

Haiken, Elizabeth. (1997). *Venus envy: a history of cosmetic surgery.* Baltimore, MD: The Johns Hopkins University Press.〔エリザベス・ハイケン『プラスチック・ビューティー――美容整形の文化史』野中邦子訳、平凡社、1999年〕

Hakim, Catherine. (2010). Erotic capital. *European Sociological Review*, Vol. 26, No. 5, pp. 499–518.

Hakim, Catherine. (2011). *Honey money: the power of erotic capital.* London: Allen Lane.〔キャサリン・ハキム『エロティック・キャピタル――すべてが手に入る自分磨き』田中未知訳、共同通信社、2012年〕

Halberstam, Judith. (1998). *Female masculinity.* Durham, NC and London: Duke University Press.

Halbfinger, David M. (2002). After the veil, a makeover rush. *New York Times*, 1 September.

Hann, Michael. (2013). Miley Cyrus's new Wrecking Ball video says young women should be sexually available. *Guardian*, 10 September. www.theguardian.com/music/musicblog/2013/sep/10/miley-cyrus-wrecking-ball (accessed 25 January, 2014).

Harris, Gardiner. (2003). Cosmetic foot surgery a 'scary trend'. *New York Times*, 7 December. www.broward.com/mld/charlotte/living/health/7455892.htm (accessed 3 February, 2004).

Hausman, Bernice. (2001). Recent transgender theory. *Feminist Studies*, Summer, Vol. 27, No. 2, pp. 465–490.

Health Committee. (2012). Annex: summary note on the Health Committee web forum on PIP breast implants. Health committee, PIP Breast implants and regulation of cosmetic interventions. 16th report of Session, 2010–2012. HC 1816. Opened 12 May, 2012, closed 31 May, 2012. www.parliament.uk (accessed 21 November, 2013).

Henley, Jon. (2000). Larger than life. *Guardian*, 16 March.

Henley, Jon. (2002). Husband arrested for Lolo Ferrari's murder. *Guardian*, 2 March.

Henley, Nancy. (1977). *Body politics: sex, power and nonverbal communication.* Englewood Cliffs, NJ: Prentice-Hall.

Henry, Astrid. (2012). Fashioning a feminist style, or how I learned to dress from reading feminist theory. In Tarrant, Shira and Jolles, Marjorie (Eds), *Fashion talks: undressing the power of style.* New York: State University of New York Press. pp. 13–32.

Herald Scotland. (2013). Political drama as Sturgeon meets Borgen star in Edinburgh. Scotland: *The Herald*, 3 February. www.heraldscotland.com/news/home-news/political- drama-as-sturgeon-meets-borgen-star-in-edinburgh.1359916738 (accessed 3 February, 2014).

Herman, Judith. (1992). *Trauma and recovery: the aftermath of violence – from domestic abuse to political terror.* New York: Basic Books.〔ジュディス・L・ハーマン『心的外傷と回復』中井久夫訳、みすず書房、1996年。1999年に増補版〕

Hidden Woman. (n.d.). www.hiddenwoman.com (accessed 17 September, 2002).
Hill, Amelia. (2002). I'll be ready in 21 minutes, dear. *The Observer*, 21 April.
Hint Fashion Magazine. (n.d.). Chic happens. from www.hintmag.com/chichappens/ chihappens1-3-01.htm (accessed 1 March, 2001).
Hirschberg, Lynn. (2001). Questions for Jean-Paul Gaultier. An artist? Moi? *The New York Times Magazine*, 8 July, p. 13.
Hirschman, Nancy J. (2010). Choosing betrayal. *Perspectives on Politics*, Vol. 8, No. 1, pp. 271–278.
Holland, J, Ramazanoglu, C., Sharpe, S. and Thomson, R. (1998). *The male in the head: young people, heterosexuality and power*. London: Tufnell Press.
Hollander, Anne. (1994). *Sex and suits*. New York: Alfred A. Knopf.〔アン・ホランダー『性とスーツ——現代衣服が形づくられるまで』中野香織訳、白水社、1997 年〕
Hoodfar, Homa. (1997). Return to the veil: personal strategy and public participation in Egypt. In Visnathan, Nalini, Duggan, Lynn, Nisonoff, Laurie and Wiegersma, Nan (Eds), *The women, gender and development reader*. London and New Jersey: Zed Books. pp. 320–325.
Horvath, Miranda A.H., Alys, Llian, Massey, Kristina, Pina, Afroditi, Scally, Mia and Adler, Joanna. (2013). *'Basically ... porn is everywhere'. A rapid evidence assessment on the effects that access and exposure to pornography has on children and young people*. London: Office of the Children's Commissioner.
Houses of Parliament. (2013). Review of the Regulation of Cosmetic Interventions. UK: Government UK. www.gov.uk/government/uploads/system/uploads/attachment_data/ file/192028/Review_of_the_Regulation_of_Cosmetic_Interventions.pdf (accessed 3 February, 2014).
Hudepohl, Dana. (2002). I had cosmetic surgery on my genitals. *Marie Claire*, February.
Hudson, Tori. (2001). Body piercing. *Townsend Letter for Doctors and Patients*, May, p. 156.
Huffington Post. (2013). The most popular music videos of, 2013 are Miley Cyrus' 'Wrecking Ball' and 'We Can't Stop'. 7 December. www.huffingtonpost.com/2013/12/07/most- popular-music-videos-of-2013_n_4405069.html (accessed 11 February, 2014).
Implantinfo Support Forum. (2004). 6 June. http://forums.inplantinfo.com/cgi-local/sup- port (accessed 7 June, 2004).
iVillage. (n.d.). Why get a Brazilian bikini wax? www.substance.com/b...hremoval/article/0,11462,217750,00.htm (accessed 19 September, 2001).
Jackson, Christopher. (2012). From ASCII to streaming video: how the Internet created a multi-billion dollar porn industry. *The Next Web*, 7 October. http://thenextweb.com/ insider/2012/10/07/cybersex-ascii-pinups-celebrity-fakes-how-the-internet-created-a- 97-billion-porn-industry/#!zvPjq (accessed 17 February, 2014).
Jackson, Stevi and Scott, Sue. (2002). *Gender: a sociological reader*. London: Routledge.
Jackson, Sue, Vares, Tina and Gill, Rosalind. (2012). 'The whole playboy mansion image': girls' fashioning and fashioned selves within a postfeminist culture. *Feminism and Psychology*, Vol. 23, pp. 143–162.
Jameson, Fredric. (1998). *The cultural turn: selected writings on the postmodern, 1983–1998*. London and New York: Verso.〔フレドリック・ジェイムスン『カルチュラル・ターン』合庭惇・河野真太郎・秦邦生訳、作品社、2006 年〕
Jeffreys, Sheila. (1982). The sexual abuse of children in the home. In Friedman, Scarlet and Sarah, Elizabeth (Eds), *On the problem of men*. London: The Women's Press. pp. 56–66.
Jeffreys, Sheila. (1985/1997a). *The spinster and her enemies: feminism and sexuality 1880–1930*. London: Pandora; Melbourne: Spinifex.
Jeffreys, Sheila. (1990). *Anticlimax: a feminist perspective on the sexual revolution*. London: The Women's Press; New York: New York University Press.
Jeffreys, Sheila. (1996). Heterosexuality and the desire for gender. In Richardson, Diane (Ed.), *Theorising*

heterosexuality: telling it straight. Buckingham, UK: Open University Press. pp. 75–90.
Jeffreys, Sheila. (1997b). *The idea of prostitution*. Melbourne: Spinifex Press.
Jeffreys, Sheila. (2000). Body art and social status: piercing, cutting and tattooing from a feminist perspective. *Feminism and Psychology*, November, pp. 409–430.
Jeffreys, Sheila. (2003). *Unpacking queer politics: a lesbian feminist perspective*. Cambridge, UK: Polity Press.
Jeffreys, Sheila. (2009). *The industrial vagina: the political economy of the global sex trade*. London: Routledge.
Jeffreys, Sheila. (2012). The transgendering of children: gender eugenics. *Women's Studies International Forum*, Vol. 35, pp. 384–393.
Jeffreys, Sheila. (2014). *Gender hurts: a feminist analysis of the politics of transgenderism*. London: Routledge.
Jenny. (n.d.). How to wear high heels. http://freespace.virginnet.co.uk/jenny.ntegroup/ wearing5/htm (accessed 20 October, 2000).
Johnson, Douglas F. (1985). Appearance and the elderly. In Graham, Jean Ann and Kligman, Albert M. (Eds), *The psychology of cosmetic treatments*. New York: Praeger. pp. 152–160.〔前掲グラハム&クリグマン監修『化粧の心理学』〕
Johnson, Merri Lisa. (Ed.). (2002). *Jane sexes it up: true confessions of feminist desire*. Berkeley, CA: Seal Press.
Kaplan, E. Ann. (1993). Madonna politics: perversion, repression, or subversion. In Schwichtenberg, Cathy (Ed.), *The Madonna connection. Representational politics, subcultural identities, and cultural theory*. St. Leonards, NSW: Allen and Unwin. pp. 149–165.〔キャシー・シュウィッチェンバーグ編著『マドンナ・コネクション――誘惑・倒錯・破壊・イメージ操作』久木葉一訳、ディーエイチシー、1994 年〕
Kappeler, Susanne. (1986). *The pornography of representation*. Cambridge, UK: Polity Press.
Kaufman, Marc. (2003). Breast implants linked to suicide. *Washington Post*, 2 October.
Kennedy, Maev. (2011). Design Museum to pay tribute to shoe genius Christian Louboutin. *Guardian*, 1 October. www.theguardian.com/fashion/2011/sep/30/design-museum- tribute-christian-louboutin (accessed 6 February, 2014).
King, Elizabeth. (2001). The new frontier. *The Age*, 28 November.
Kingston, Anne. (2004). Olivia Goldsmith's death offers useful lessons to us all. *Saturday Post*, 24 January. http://permalink.gmane.org/gmane.music.dadl.ot/3616 (accessed 4 November, 2014).
Kirkpatrick, Jennet. (2010). Introduction: selling out? Solidarity and choice in the American feminist movement. *Perspectives on Politics*. Vol. 8, No.1, pp. 241–245.
Ko, Dorothy. (1997a). The body as attire: the shifting meanings of footbinding in seventeenth-century China. *Journal of Women's History*, Winter, Vol. 8, No. 4, pp. 8–28.
Ko, Dorothy. (1997b). Bondage in time: footbinding and fashion theory. *Fashion Theory*, Vol. 1, No. 1, pp. 2–28.
Ko, Dorothy. (2001). *Every step a lotus: shoes for bound feet*. Berkeley, LA and London: University of California Press.〔ドロシー・コウ『纏足の靴――小さな足の文化史』小野和子・小野啓子訳、平凡社、2005 年〕
Kwek, Glenda. (2012). World's press compares Julia Gillard to Cinderella and Elvis: how the international media reported the prime minister's dramatic restaurant exit. *Sydney Morning Herald*, 27 January. www.smh.com.au/national/worlds-press-compares-julia-gillard-to-cinderella-and-elvis-how-the-international-media-reported-the-prime-ministers-dramatic-restaurant-exit-20120127-1qkd8.html#ixzz2n7Y2getr (accessed 16 November, 2014).
LabiaplastySurgeon. (n.d.). Frequently asked questions and things you should know. www.labiaplastysurgeon.com/faq.html (accessed 10 November, 2002).
LaBruce, Bruce. (2001). New York's steep slopes. *Eye Weekly*, 15 March. www.eye.net/eye/ issue/issue_03.15.01/columns/feelings.html (accessed 19 September, 2001).

LaBruce, Bruce. (2002). Porn free. *Guardian*, 29 November.

Lamb, Sharon, Graling, Kelly and Wheeler, Emily E. (2013). 'Pole-arized' discourse: an analysis of responses to Miley Cyrus's Teen Choice Awards pole dance. *Feminism and Psychology*, Vol. 23, No. 2, pp. 163–183.

Lane, Megan and Duffy, Jonathan. (2004). The stigma of plastic surgery. *BBC News Online Magazine*, 13 January. http://news.bbc.co.uk/2/hi/uk_news/magazine/3389229.stm (accessed 3 February, 2004).

Lasertreatments. (2004). Re: labiaplasty. http://lasertreatments.com/www.board/messages/ 3717.html (accessed 18 March, 2004).

Lavigne, E., Holowaty, E. J., Pan, S.Y., Villeneuve, P. J., Johnson, K.C., Fergusson, D.A., Morrison, H. and Brisson, J. (2013). Breast cancer detection and survival among women with cosmetic breast implants. Systematic review and meta-analysis of observational studies. *British Medical Journal*, Vol. 346, f2339. doi: 10.1136/bmj.f2399.

Lawrence, Anne. (n.d.). Sexuality and transsexuality: a new introduction to autogynephilia. Transsexual women's resources. www.annelawrence.com (accessed 17 September, 2002).

Lee, Jane and Spooner, Rania. (2014). Attorney-General looking at Queensland bikie law for Victora. *The Age*, 8 January. www.theage.com.au/national/attorneygeneral-looking-at-queensland-bikie-law-for-victoria-20140107–30fk9.html (accessed 23 February, 2014).

Leganeur, J.J. (n.d.a). East (Chinese) footbinding vs. West (French) high heels. www.2heels. com/b.html (accessed 22 September, 2002).

Leganeur, J.J. (n.d.b). High heel foot problems. www.2heels.com/contents.html (accessed 24 February, 2004).

Leganeur, J.J. (2000). *All about wearing high heels*. New York: Xlibris Corporation.

Lehrman, Karen. (1997). *The lipstick proviso: women, sex & power in the real world*. New York: Anchor Books.

Leibovich, Lori. (1998). From liposuction to labiaplasty. *Salon.com*, 14 January. http:// archive.salon.com/mwt/feature/1998/01/14feature.html (accessed 24 February, 2004).

Lemon, Brendan. (1997). Gucci's gay guru. *The Advocate*, 10 June, No. 735, pp. 28–33. http:// web2. infotrac.galegroup.com/itw/infomark/ (accessed 14 July, 2003).

Leo, John. (1995). The 'modern primitives'. *U.S. News and World Report*, 31 July, Vol. 119, No. 5, p. 16.

Lerner, Gerda. (1986). *The creation of patriarchy*. New York: Oxford University Press. 〔ゲルダ・ラーナー『男性支配の起源と歴史』奥田暁子訳、三一書房、1996 年〕

Levine, Martin P. (1998). *Gay macho: the life and death of the homosexual clone*. New York: New York University Press.

Levy, Howard S. (1966). *Chinese footbinding. The history of a curious erotic custom*. New York: William Rawls.

Liberty Women's Health. (n.d.). Expert labial, labia reduction surgery. wysiwyg://33http:// www. libertywomenshealth.com/9.htm, 200 (accessed 21 October, 2002).

Lichtarowicz, Ania. (2003). Modern life increases rickets risk. *BBC News*, 24 October. http://news.bbc. co.uk/1/hi/health/3210615.stm (accessed 24 February, 2004).

Lipstick and Leather Books. (n.d.). http://lipstickandleather.info/ (accessed 12 October, 2002).

Lister, Ruth. (1997). *Citizenship: feminist perspectives*. Basingstoke and London: Macmillan.

Little Ladies. (n.d.). Little ladies mobile beauty pampering. http://littleladies.com.au/ (accessed 22 August, 2014).

Lloyd, Fran. (1994). *Deconstructing Madonna*. London: Batsford.

Lloyd, Joan Elizabeth. (n.d.). Lovers' feedback forum. Shaving. www.joanelloyd.com (accessed 12 October, 2002).

Long, Julia. (2012). *Anti-porn: the resurgence of anti-pornography feminism*. London: Zed Books.

Low, Lenny Ann. (2003). Designs from artist who broke every taboo. *Sydney Morning Herald*, 17 December.

www.smh.com.au/articles/2003/12/17/1071336997757.html?from=storyrhs (accessed 4 February, 2004).

Loy, Jen. (2000). Pushing the perfect pussy. *Fabula*, 29 May. www.alternet.org/story. html?StoryID=9217 (accessed 12 October, 2002).

Mackay, Jill Campbell. (2001). Sick chic. Cyprus Mail, 16 September. www.cyprus-mail. com/ September/16/column2.htm (accessed 22 September, 2002).

MacKinnon, Catharine. (1989). *Towards a feminist theory of the state*. Cambridge, MA: Harvard University Press.

MacKinnon, Catharine. (2006). *Are women human? And other international dialogues*. Cambridge, MA: Harvard University Press.

Mackrell, Judith. (2000). The magical feet of ballerina Sarah Wildor. *Guardian*, 4 January.

Maguire, Kevin. (2002). Blair risks new row by inviting porn tycoon to tea. *Guardian*, 28 May.

MailOnline. (2014). Plastic surgery shows are 'dangerous'. *Daily Mail*, 24 February. www. dailymail.co.uk/ tvshowbiz/article-317344/Plastic-surgery-TV-shows-dangerous.html (accessed 27 May, 2014).

Manning, Anita. (2007). Breast implants linked to higher suicide rates. *USA Today*, 6 August. http:// abcnews.go.com/Health/Cosmetic/story?id=3451575 (accessed 20 November, 2013).

Marwick, Arthur. (1988). *Beauty in history: society, politics and personal appearance c. 1500 to the present*. London: Thames and Hudson.

Masson, Jeffrey Moussaieff. (1984). *The assault on truth: Freud's suppression of the seduction theory*. New York: Farrar, Strauss and Giroux.

McCann, Edwina. (2003). Cabaret Kylie brings Galliano guests to heel. *The Weekend* Australian, 8-9 March.

McCloskey, Deirdre N. (1999). *Crossing: a memoir*. Chicago: Chicago University Press. 〔ディアドラ・N・マクロスキー『性転換――53歳で女性になった大学教授』野中邦子訳、文春文庫、2001年、ただし抄訳〕

McCouch, Hannah. (2002). What your bikini waxer really thinks. *Cosmopolitan*, April, pp. 92-94.

McDowell, Colin. (2000). *Manolo Blahnik*. London: Cassell.

McGrath, John Edward. (1995). Trusting in rubber. Performing boundaries during the AIDS epidemic. *The Drama Review*, Summer, Vol. 39, No. 2 (T146), pp. 21-38.

McKenna, Michael. (2003). Fetish 'doctor' castrated 50 men. *The Sunday Mail*, 6 April.

Medew, Julia. (2014). Recall of French Cereform breast implants sparks new plea for registry. *The Age*, 25 February. www.theage.com.au/national/recall-of-french-cereform-breast-implants-sparks-new-plea-for-registry-20140224-33d53.html (accessed 10 March, 2014).

Miller, Rachel. (1996). *The bliss of becoming one*. Highland City, FL: Rainbow Books.

Moran, Jonathan and Walker, Kylie. (2004). Going to extremes. *Townsville bulletin/Townsville Sun*, 17 January.

Mower, Sarah. (2002). Alex in wonderland. *Vogue*, June, pp. 44-45.

Moye, David. (2013). Porn industry in decline. *Huffington Post*, 19 January. www. huffingtonpost. com/2013/01/19/porn-industry-in-decline_n_2460799.html (accessed 13 February, 2014).

Mugler, Thierry. (1998). *Fashion, fetish, fantasy*. London: Thames and Hudson.

Musafar, Fakir. (1996). Body play: state of grace or sickness? In Favazza, Armando, *Bodies under siege: self-mutilation and body modification in culture and psychiatry*. Baltimore, MD and London: The Johns Hopkins University Press. pp. 325-334.

National Transgender Advocacy Coalition. (2000). www.ntac.org/ (accessed 17 September, 2002).

NHS Choices. (2012). PIP Breast Implantslatest from the NHS UK: National Health Service, 18 June. www.nhs.uk/news/2012/01January/Pages/government-review-advises-on-french-pip-breast-implants.aspx (accessed 10 March, 2014).

Nigam, P. K. and Nigam, Anjana. (2010). Botulinum toxin. *Indian Journal of Dermatology*, Vol. 55, No. 1, pp.

8–14.
Nussbaum, Martha. (2000). *Sex and social justice*. New York: Oxford University Press.
O'Brien, Glenn. (Ed.). (1992). *Madonna. Sex*. London: Martin Secker and Warburg.〔マドンナ『SEX by MADONNA——マドンナ写真集』スティーブン・マイゼル撮影、中谷ハルナ訳、同朋舎出版、1992年〕
O'Connell Davidson, Julia. (1995). British sex tourists in Thailand. In Maynard, Mary and Purvis, June (Eds), *(Hetero) sexual politics*. London: Taylor and Francis. pp. 42–65.
O'Hagan, Sean. (2004). Good clean fun? *Observer*, 17 October.
Onfray, Michel. (1996). Surgical aesthetics. In McCorquodale, Duncan (Ed.), *Orlan: ceci est mon corps, ceci est mon logiciel*. London: Black Dog Publishing. pp. 31–39.
Orlan. (1996). This is my body ... This is my software. In McCorquodale, Duncan (Ed.), *Orlan: ceci est mon corps, ceci est mon logiciel*. London: Black Dog Publishing. pp. 82–93.
Ousterhout, Douglas. (1995). Feminization of the transsexual. www.drbecky.com/dko.html (accessed 17 September, 2002).
Paglia, Camille. (1992). *Sex, art, and American culture: essays*. New York: Vintage Books.〔カミール・パーリア『セックス、アート、アメリカンカルチャー』野中邦子訳、河出書房新社、1995年〕
Papadopoulos, Linda. (2010). Sexualisation of young people: a review. UK: Home Office. http://codexproject.files.wordpress.com/2011/03/sexualisation-of-young-peo- ple-2010.pdf (accessed 27 November, 2013).
Parriott, Ruth. (1994). *Health experiences of twin cities women used in prostitution: survey findings and recommendations*. Unpublished. Available from Breaking Free, 1821 University Avenue, Suite 312, South, St. Paul, Minnesota 55104.
Paschal, Jan. (2008). Pole dancers model lingerie at NY Fashion Week. *Reuters*. https://timesofmalta.com/articles/view/pole-dancers-model-lingerie-at-ny-fashion-week.223527 (accessed 27 December, 2013).
Peakin, William. (2000). Dangerous curves. *The Australian Magazine*, 18–19 November, pp. 42–52.
Peiss, Kathy. (1998). *Hope in a jar: the making of America's beauty culture*. New York: Metropolitan Books, Henry Holt and Company.
Peiss, Kathy. (2001). On beauty... and the history of business. In Scranton, Philip (Ed.), *Beauty and business. Commerce, gender, and culture in modern America*. New York: Routledge. pp. 7–23.
Pepper, Rachel. (2012). *Transitions of the heart: stories of love, struggle and acceptance by mothers of gender variant children*. Berkeley, CA: Cleis Press.
Pertschuk, Michael J. (1985). Appearance in psychiatric disorder. In Graham, Jean Ann and Kligman, Albert M. (Eds), *The psychology of cosmetic treatments*. New York: Praeger. pp. 217–226.〔前掲グラハム&クリグマン監修『化粧の心理学』〕
Phillips, Katharine A. (1998). *The broken mirror: understanding and treating body dysmorphic disorder*. Oxford: Oxford University Press.〔キャサリン・A・フィリップス『歪んだ鏡——身体醜形障害の治療』松尾信一郎訳、金剛出版、1999年。ただし抄訳〕
Pietras, Emma. (2013). Kim Kardashian vampire facial tested. *Daily Mirror*, 6 August. www. mirror.co.uk/lifestyle/health/kim-kardashian-vampire-facial-tested-2128739 (accessed 11 February, 2014).
Ping, Wang. (2000). *Aching for beauty: footbinding in China*. Minneapolis: University of Minnesota Press.
Plastic Surgery Message Board. (2004). 4 and 6 June. http://beautysurg.com/forums/print- thread.php (accessed 7 June, 2004).
Plummer, David. (1999). *One of the boys: masculinity, homophobia, and modern manhood*. Binghamton, NY: Harrington Park Press.
Porter, Charlie. (2003). How Stella lost her groove. *Guardian*, 9 December.

Porter, Charlie. (2008). Heels prove too tall an order for Milan models. *Observer*, 28 September. www.theguardian.com/lifeandstyle/2008/sep/28/fashion.extreme.shoes (accessed 12 December, 2013).

Psurg. (n.d.). www.psurg.com/women/htm (accessed 17 September, 2002).

Puwar, Nirmal. (2004). Thinking about making a difference. *British Journal of Politics and International Relations*, Vol. 6, pp. 65–80.

Ramaswamy, Chitra. (2012). Interview: Christian Louboutin, shoe designer. *The Scotsman*, 8 May. www.scotsman.com/lifestyle/fashion/interview-christian-louboutin-shoe-designer- 1-2278783 (accessed 12 December, 2013).

Raymond, Janice G. (1994). *The Transsexual Empire*. New York: Teachers College Press. (Original publication 1979.)

Renshaw, Helen. (2002). Plastic surgery disasters. *NW*, 21 January, pp. 16–19.

Reyes, Renee. (n.d.). T-Girls survival guide. www.reneereyes.com (accessed 17 September, 2002).

Reynaud, Emmanuel. (1983). *Holy virility: the social construction of masculinity*. London: Pluto Press.

Rhodes, Deborah. (2010). *The beauty bias: the injustice of appearance in life and law*. New York: Oxford University Press. 〔デボラ・L・ロード『キレイならいいのか――ビューティ・バイアス』栗原泉訳、亜紀書房、2012 年〕

Rich, Adrienne. (1993). Compulsory heterosexuality and lesbian existence. In Abelove, H., Barale, M.A. and Halperin, D.M. (Eds), *The lesbian and gay studies reader*. London: Routledge. pp. 227–254. 〔アドリエンヌ・リッチ『血・パン・詩。――アドリエンヌ・リッチ女性論 1979-1985』大島かおり訳、晶文社、1989 年〕

Robotham, Julie. (2001). Hair dye linked to cancer. *The Age*, 27 June.

Rocky Mountain Laser Clinic. (n.d.). Permanent hair removal for trans-genders. www. rockymountainlaser.com/ (accessed 17 September, 2002).

Rofes, Eric. (1998). The ick factor: flesh, fluids, and cross-gender revulsion. In Miles, Sara and Rofes, Eric (Eds), *Opposite sex; Gay men on lesbians, lesbians on gay men*. New York: New York University Press. pp. 44–65.

Rogers, Lesley. (1999). *Sexing the brain*. London: Weidenfeld and Nicolson.

Roiphe, Katie. (1993). *The morning after: sex, fear and feminism on campus*. Boston, New York, Toronto, London: Little, Brown and Co.

Roof, Judith. (1998). 1970s lesbian feminism meets 1990s butch-femme. In Munt, Sally R. (Ed.), *Butch/femme. Inside lesbian gender*. London: Cassell. pp. 27–35.

Rose, Pania. (2003). New York Times. *The Sunday Age Magazine. Sunday Life*, 2 November.

Rossi, William A. (1989). *The sex life of the foot and shoe*. Ware, UK: Wordsworth Editions. (Original publication 1977.)

Rottnek, Matthew. (Ed.). (1999). *Sissies and tomboys: gender, nonconformity and homosexual childhood*. New York: New York University Press.

Rudd, Peggy J. (1999). *My husband wears my clothes: crossdressing from the perspective of a wife*. Katy, TX: PM Publishers.

Russell, Diana. (Ed.). (1993). *Making violence sexy: feminist views on pornography*. Buckingham, UK: Open University Press.

Saban, Stephen. (2002). Mr Outrageous. *The Age*, 29 June.

Saeed, Fouzia. (2001). *Taboo! The hidden culture of a red light area*. Karachi: Oxford University Press. 〔フォージア・サイード『タブー――パキスタンの買春街で生きる女性たち』太田まさこ監訳、コモンズ、2010 年〕

Saharso, Sawitri. (2003). Culture, tolerance and gender: a contribution from the Netherlands. *The European Journal of Women's Studies*, February. Vol. 10, No. 1, pp. 7–27.

Sanghani, Radhika. (2014). Why are breast enlargements soaring despite PIP scandal? *Telegraph*, 4 February.

Schulze, Laurie, White, Anne Barton and Brown, Jane D. (1993). 'A sacred monster in her prime': audience construction of Madonna as low-other. In Schwichtenberg, Cathy (Ed.), *The Madonna connection. Representational politics, subcultural identities, and cultural theory*. St. Leonards, NSW: Allen and Unwin. pp. 15–37.〔前掲ウィッチェンバーグ『マドンナ・コネクション』〕

Schwichtenberg, Cathy. (1993). Madonna's postmodern feminism: bringing the margins to the center. In Schwichtenberg, Cathy (Ed.), *The Madonna connection. representational politics, subcultural identities, and cultural theory*. St. Leonards, NSW: Allen and Unwin. pp. 129–145.〔前掲ウィッチェンバーグ『マドンナ・コネクション』〕

Scott, Linda. (2005). *Fresh lipstick: redressing fashion and feminism*. New York: Palgrave Macmillan.

Shave My Pussy. (n.d.). More fine no cost XXX sites. www.allbjsinc.com/shavemypussy/ (accessed 11 September, 2002).

Shaw, Sarah Naomi. (2002). Shifting conversations on girls' and women's self-injury: an analysis of the clinical literature in historical context. *Feminism and Psychology*, May, Vol. 12, No. 2, pp. 191–219.

Shears, Richard. (2012). Oops Prime Minister! The moment Australian leader Julia Gillard took an embarrassing tumble as she laid wreath at Gandhi's grave. *Daily Mail*, 17 October. www.dailymail.co.uk/news/article-2218930/ (accessed 13 December, 2013).

Shiva, Vandana. (1989). *Staying alive: women, ecology and development*. London: Zed Books.〔ヴァンダナ・シヴァ『生きる歓び——イデオロギーとしての近代科学批判』熊崎実訳、築地書館、1994年〕

Shop Naturally. (n.d.). Shop naturally. Pure poppet. www.shopnaturally.com.au/pure-poppet-kids-makeup.html (accessed 22 August, 2014).

Siddique, Haroon. (2014). Concern over number of girls admitted to hospital for stress. *Guardian*, 20 February. http://www.theguardian.com/society/2014/feb/19/concern-girls- admitted-hospital-stress (accessed 11 March, 2014).

Silkstone, Dan. (2004). Lawyer ridicules brainwashing, slavery claims. *The Age*, 20 February, p. 5.

Smith, Joan. (2000). Falling for Madonna. *Guardian*, 22 March.

Standing Committee on Environment, Communications and the Arts. (2008). *The sexualisation of children in the media*. Parliament of Australia, Canberra: Senate Standing Committee. www.aph.gov.au/binaries/senate/committee/eca_ctte/sexualization_of_ children/report/report.pdf (accessed 13 December, 2013).

Steele, Valerie. (1996). *Fetish. fashion, sex and power*. Oxford: Oxford University Press.

Stern, Lois. (2006). *Sex, lies and cosmetic surgery*. Philadelphia: Infinity Publishing Co.

Stewart, Mary White. (1998). *Silicone spills: breast implants on trial*. Westport, CN: Praeger.

Stirn, Aglaja, Hinz, Andres and Brahler, Elmar. (2006). Prevalence of tattooing and body piercing in Germany and perception of health, mental disorders, and sensation seeking among tattooed and body-pierced individuals. *Journal of Psychosomatic Research*, Vol. 60, No. 5, pp. 531–534.

Strong, Geoff. (2001). Ban on cosmetic chemical mooted. *The Age*, 26 December.

Strong, Marilee. (1998). *A bright red scream: self-mutilation and the language of pain*. New York: Viking.

Strovny, David. (n.d.). Mutual grooming: shaving for sex. www.askmen.com/love/love tip_60/63_love_tip.html (accessed 22 September, 2002).

Stuart, A. and Donaghue, N. (2012). Choosing to conform: the discursive complexities of choice in relation to feminine beauty practices. *Feminism and Psychology: An International Journal*, Vol. 22, No. 1, pp. 98–121.

Sullivan, Deborah A. (2002). *Cosmetic surgery: The cutting edge of commercial medicine in America*. New Brunswick, NJ: Rutgers University Press.

Summers, Anne. (2013). *The misogyny factor.* Sydney: University of New South Wales Press.

Summers, Leigh. (2001). *Bound to please: a history of the Victorian corset.* Oxford and New York: Berg.

Surgicenteronline. (2003). Cosmetic foot surgery to beautify feet has serious risks, 30 December. www.surgicenteronline.com/hotnews/3ch30102541.html (accessed 12 February, 2003).

Swain, Jon. (1998). Seriously chic. *The Weekend Australian*, 28 February–1 March.

Sydney Morning Herald. (2013). Faulty breast implant maker jailed. 10 December. https://www.smh.com.au/world/faulty-breast-implant-maker-jailed-20131210-hv569.html (accessed 7 December, 2013).

Tankard Reist, Melinda and Bray, Abigail. (Eds). (2011). *Big porn inc. Exposing the harms of the global pornography industry.* Melbourne: Spinifex.

Terry, Gareth and Braun, Virginia. (2013). To let hair be, or not let hair be? Gender and body hair removal practices in Aotearoa/New Zealand. *Body Image.* Vol. 10, pp. 599–606.

Tggalaxy. (n.d.). Transgendered galaxy. http://tggalaxy.com/contacts.html (accessed 17 September, 2002).

Tgnow. (n.d.). Personal advice and answers. www.tgnow.com (accessed 17 September, 2002).

Thompson, Denise. (2001). *Radical feminism today.* London: Sage.

Tinsley, Emily G., Sullivan-Guest and McGuire, John. (1984). Feminine sex role and depression in middle-aged women. *Sex Roles*, Vol. 11, Nos 1/2, pp. 25–32.

Toerien, Merran, Wilkinson, Sue and Choi, Precilla Y.L. (2005). Body hair removal: the 'mundane' production of normative femininity. *Sex Roles*, Vol. 52, Nos 5/6, pp. 399–406.

Tom, Emma. (2002). Stick with your job if it fits. *The Weekend Australian*, 29–30 June.

Tongue piercing. (2000). Chemist and Druggist, 8 April, p. 22.

Townsel, Lisa Jones. (1996). Working women: dressing for success. *Ebony*, September, pp. 60–65.

Transformation. (n.d.). Transvestite transformation. www.transformation.co.uk (accessed 17 September, 2002).

Transgender Forum. (n.d.). All I gotta do is, act naturally. www.geocities.com/westholly- wood/village/1003/BeautyTips.htm (accessed 17 September, 2002).

Transgender Magazines. (n.d.). www.transgender.magazines.co.uk (accessed 17 September, 2002).

Transsexual Magic. (n.d.). www.geocities.com/aureliamagic/ (accessed 17 September, 2002).

Tyler, Meagan. (2011). *Selling sex short: the pornographic and sexological construction of women's sexuality in the West.* Newcastle, UK: Cambridge Scholars Press.

Tyrell, Rebecca. (2001). Better than sex. *The Age.* Today, 14 November, p. 5.

UN. (1979). *Convention on the elimination of all forms of discrimination against women.* Geneva: United Nations. www.unhchr.ch/html/menu3/b/e1cedaw.htm (accessed 3 March, 2004).

UN. (1995). *Fact sheet* no. 23 on Harmful traditional practices affecting the health of women and children. Geneva: United Nations.

USA Today. (2000). Other ways to stay forever young. 14 November. www.usatoday.com/ life/health.alternative/lhalt014.htm (accessed 12 June, 2002).

Valenti, Jessica. (2011). Slutwalks and the future of feminism, 8 June. http://host.madison. com/news/opinion/column/jessica-valenti-slutwalks-and-the-future-of-feminism/ article_bcd1828b-7c59-5115-bee4-a7fddb9482b1.html#ixzz2kOG7hEbi (accessed 14 November, 2013).

Vance, Carole A. (Ed.). (1984). *Pleasure and danger: exploring female sexuality.* London: Routlege and Kegan Paul.

Veronica Vera. (n.d.). Miss Vera's finishing school for boys who want to be girls. www.miss- vera.com (accessed 22 September, 2001).

Vitzhum, Virginia. (1999). A change of dress. *Washington City Paper*, 7–13 May.

Wagstaff, Keith. (2012). Naked on the cover. Scarlett Johansson and Keira Knightley, *Vanity Fair*, 28 February. http://content.time.com/time/specials/packages/article/0,28804,

2107768_2107767_2107763,00.html (accessed 17 November, 2013).

Walker, Susannah. (2001). Black is profitable. The commodification of the Afro, 1960–1975. In Scranton, Philip (Ed.), *Beauty and business. Commerce, gender, and culture in modern America*. New York: Routledge. pp. 254–277.

Walkowitz, Judith. (1992). *City of dreadful night: narratives of sexual danger in late-Victorian London*. London: Virago.

Walter, Natasha. (1999). *The new feminism*. London: Virago.

Walter, Natasha. (2010). *Living dolls: the return of sexism*. London: Virago.

Webb, Terri. (1996). Autobiographical fragments from a transsexual activist. In Ekins, Richard and King, Dave (Eds), *Blending genders*. London and New York: Routledge. pp. 190–195.

Weeks, Jeffrey. (1977). *Coming out. Homosexual politics in Britain from the nineteenth century to the present*. London: Pluto Press.

Weinberg, Martin S., Williams, Colin J. and Calhan, Cassandra. (1994). Homosexual foot fetishism. *Archives of Sexual Behaviour*, Vol. 23, No. 6, pp. 611–626.

Wild, Abigail. (2003). Why on earth would someone want to be eaten by this man? *The Herald (Glasgow)*, 6 December.

Wilson, Cintra. (1999). The emperor's new guitars. *Salon.com*, 30 June. www.salon.com/ people/col/cintra/1999/06/30/clapton/ (accessed 12 September, 2001).

Wilson, Elisabeth. (1985). *Adorned in dreams: fashion and modernity*. Berkeley, CA: University of California Press.

Wilson, Sarah. (1996). L'histoire d'O, sacred and profane. In McCorquodale, Duncan (Ed.), *Orlan: ceci est mon corps, ceci est mon logiciel*. London: Black Dog Publishing. pp. 8–11.

Winter, Bronwyn, Thompson, Denise and Jeffreys, Sheila. (2002). The UN approach to harmful traditional practices: some conceptual problems. *International Feminist Journal of Politics*, April, Vol. 4, No. 1, pp. 72–94.

Witte, Tracy K., Didie, Elizabeth R., Menar, William and Phillips, Katharine A. (2012). The relationship between body dysmorphic disorder behaviors and the acquired capability for suicide. *Suicide and Life-Threatening Behavior*, Vol. 42, No. 3, pp. 318–331.

Wittig, Monique. (1996). The category of sex. In Leonard, Diana and Adkins, Lisa (Eds), *Sex in question: French materialist feminism*. London: Taylor and Francis. pp. 24–29.

Wolf, Naomi. (1990). *The beauty myth*. London: Chatto and Windus. 〔ナオミ・ウルフ『美の陰謀——女たちの見えない敵』曽田和子訳、ティービーエス・ブリタニカ、1994 年〕

Wolf, Naomi. (1993). *Fire with fire: the new female power and how it will change the 21st century*. New York: Random House.

Woods, Chris. (1995). *State of the queer nation. A critique of gay and lesbian politics in 1990s Britain*. London: Cassell.

Young, Lola. (1999). Racializing femininity. In Arthurs, Jane and Grimshaw, Jean (Eds), *Women's bodies: discipline and transgression*. London and New York: Cassell. pp. 67–89.

Zawadi, Aya. (2000). Mutilation by choice. *Soul Magazine*, October. www.soulmagazine.com/Neo/Body/ (accessed 15 January, 2001).

Zuckerman, Diana, Nagerlin-Anderson, Elizabeth and Santoro, Elizabeth. (2013). What you need to know about breast implants. *National Research Center for Women and Families*. http://center4research.org/medical-care-for-adults/breast-implants-and-other-cosmetic- procedures/what-you-need-to-know-about-breast-implants/ (accessed 13 December, 2013).

美とミソジニー
——美容行為の政治学

2022年７月25日　初版第１刷発行

著　者————シーラ・ジェフリーズ
訳　者———— GC ジャパン翻訳グループ
発行者————依田俊之
発行所————慶應義塾大学出版会株式会社
〒108-8346　東京都港区三田2-19-30
TEL　〔編集部〕03-3451-0931
〔営業部〕03-3451-3584〈ご注文〉
〔　〃　〕03-3451-6926
FAX　〔営業部〕03-3451-3122
振替　00190-8-155497
https://www.keio-up.co.jp/
装　丁————成原亜美［成原デザイン事務所］
組　版————株式会社キャップス
印刷・製本——中央精版印刷株式会社

Printed in Japan ISBN978-4-7664-2817-9

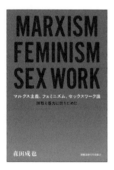

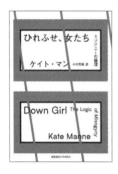